山东省世界社会主义共产主义运动研究基地
聊城大学世界社会主义共产主义运动研究所　主办

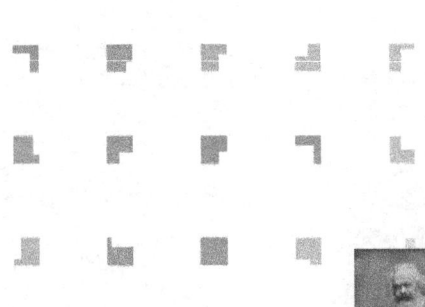

*International Communist Movement History and Socialism Research Edits Publication*

# 国际共运史与社会主义研究辑刊

## 2014年卷（总第4卷）

程玉海　张祥云　秦正为／主编

中央编译出版社
Central Compilation & Translation Press

# 聊城大学世界共运研究所简介

聊城大学世界社会主义共产主义运动研究所（简称世界共运研究所），始建于1985年4月，时名"共产国际研究室"。1987年改名为"共产国际研究所"，1995年改名为"世界共运研究所"。目前共有研究人员22人，其中教授8人，副教授5人，博导2人，硕导12人，校聘优秀人才7人，博士13人，在读博士4人。经过近30年的建设，聊城大学世界共运研究所发展成为国内国际共产主义运动史、中国特色社会主义理论、国际政治等领域教学科研、资料建设、建言献策、人才培养的重要基地之一。

在学科与学位点建设上，依托世界共运研究所，聊城大学2001年获批科学社会主义与国际共产主义运动硕士点，2003年获批国际政治硕士点，2006年获批马克思主义基本原理硕士点、国外马克思主义研究硕士点，2010年获批政治学一级学科硕士点。自1991年起，聊城大学科学社会主义与国际共产主义运动学科连续被遴选为山东省"八五"、"九五"、"十五"、"十一五"、"十二五"重点学科、特色学科和"重中之重"强化学科。2004年，聊城大学世界共运研究所成为山东省马克思主义研究中心下设的4个研究所之一。2005年经山东省哲学社会科学领导小组批准设立山东省世界社会主义共产主义运动研究基地。

在教学和人才培养方面，世界共运研究所主要负责承担聊城大学思想政治教育、政治学与行政学等本科专业的政治学类、马克思主义理论类课程的教学工作以及科学社会主义与国际共产主义运动、国际政治等硕士专业的教学工作。多年来为国家和社会输送了一大批高层次专门人才和领导干部，为科教兴国、兴鲁、兴聊做出了较大的贡献。

在资料建设上，世界共运研究所拥有独立的资料室，现有藏书15万册，报刊 2 万余册，覆盖政治学、马克思主义理论、历史学等多个学科。特别是拥有《共产国际》（俄文版）、《社会党通讯》（英文版）等一批珍贵外文文献。1985—1998 年，世界共运研究所先后主办《共产国际研究资料》、《共产国际研究》和《世界共运研究》杂志。受山东省委宣传部委托，1989—1992 年主办《苏联东欧动态通报》内部资料。2000—2005 年，与中国人民大学合办复印报刊资料《国际共产主义运动》和《世界社会主义运动》杂志。2004—2006 年，与中共中央编译局合办《当代世界与社会主义》杂志。2011 年起，编辑出版《国际共运史与社会主义研究辑刊》学术年刊。

经过多年的学术积淀，世界共运研究所形成了国际共产主义运动史、当代世界社会主义、中国特色社会主义、大国政治与外交等数个相对稳定、富有特色的研究方向，并与中共中央编译局、中共中央对外联络部、中国社会科学院、北京大学、中国人民大学、山东大学、华中师范大学等单位建立了密切的联系，多次承办中央马克思主义理论研究和建设工程《国际共产主义运动史》重点教材编写研讨会、全国国际共运史年会等重要会议。近五年来，在《马克思主义研究》、《当代世界与社会主义》、《当代世界社会主义问题》、《俄罗斯中亚东欧研究》、《社会主义研究》等杂志发表学术论文 500 余篇，出版《世界社会主义共产主义运动新论》、《冷战后欧盟诸国社会民主党政坛沉浮研究》、《兴衰之路：民族问题视域下的苏联民族国家建设研究》等著作 20 余部，获得国家、省部级科研立项与奖励 20 余项。学科带头人程玉海教授，系中国国际共运史学会副会长、山东省国际政治和国际共运学会名誉会长、全国优秀教师、享受国务院政府特殊津贴专家、山东省有突出贡献的中青年专家、山东省中青年学术骨干、华中师范大学和山东师范大学博士生导师。学科带头人张祥云教授，系中国国际共运史学会理事、山东省国际政治和国际共运学会副会长、山东省中青年学术骨干、山东省优秀青年知识分子、山东省社科人才库专家。

# 目 录
## Contents

列宁联邦制理论与实践问题探析 …………………………………… 张祥云 / 1
马克思科学实践观的方法论意义及当代价值 …………………… 王敬华 / 20
马克思主义学术性与意识形态性相统一的历史风格及现实意义
　　　　………………………………………………… 陈兆芬　黄明理 / 30
试论苏共干部选用方面的主要教训 ……………………………… 于学强 / 44
英国工党主导思想嬗变特质的四维解读 ………………………… 李华锋 / 57
西方议员角色变化的历史演进、现实互动与发展趋势 ………… 孟宪艮 / 67
论析当代资本主义发展中的"新社会因素" ……………………… 陈兆芬 / 81
公共外交：中美良性互动的助推器 ……………………………… 李德芳 / 91
抗战时期毛泽东思想成熟的原因新论 …………………………… 秦正为 / 99
中国因此而不同：毛泽东思想的历史意义与现实价值 ………… 秦正为 / 109
浅析抗战时期"精兵简政"的历史经验 …………………………… 周浩集 / 124
"南方谈话"与马克思主义中国化、时代化、大众化 …………… 刘焕申 / 130
论构建中国执政党建设理论的话语体系 ………………… 姚　桓　邹庆国 / 144
坚定中国特色社会主义制度自信 ………………………………… 周浩集 / 154
"性格色彩理论"与领导能力提升 ………………………… 刘　伟　李卫红 / 162
高校党风廉政建设的问题与对策 ………………………… 徐传光　于学强 / 169
廉政教育生活化 …………………………………………………… 陈延庆 / 179

人民性：中国共产党廉政思想的根本特征和价值考量⋯⋯⋯ 秦正为/188
社会道德价值导向与国民幸福的实现⋯⋯⋯⋯⋯⋯ 黄富峰　王　坤/201
简论行政管理体制改革与现代国家建构⋯⋯⋯⋯⋯⋯⋯⋯ 陈延庆/209
《论语》中的生态文明思想及其现代价值⋯⋯⋯⋯⋯⋯⋯ 唐明贵/215
中国农村社区发展从传统到现代的嬗变⋯⋯⋯⋯ 赵常伟　索一冉/226
浅谈我国农村公共产品供给面临的困境及解决路径⋯⋯⋯ 张西勇/240
鲁西北平原农村土地流转现状及问题与对策⋯⋯⋯⋯⋯⋯ 张西勇/249
论思想政治教育学科建设的基础与关键⋯⋯⋯⋯⋯⋯⋯⋯ 李合亮/259
对思想政治教育本质的再认识⋯⋯⋯⋯⋯⋯⋯⋯ 李合亮　李　鹏/268
思想政治理论课在大学生思想政治教育中的功能分析⋯⋯ 王红霞/279
新媒体环境下青少年道德理性的养成⋯⋯⋯⋯⋯⋯⋯⋯⋯ 华　敏/285

# 列宁联邦制理论与实践问题探析*

张祥云

**内容提要**：十月革命前，列宁受马克思和恩格斯相关思想影响，原则上反对联邦制，主张单一制；十月革命后，为了防止俄国分裂，同时又能最大限度地满足各民族的自决权，列宁把联邦制作为解决国内民族问题的有效国家形式。在筹建苏联过程中，列宁为捍卫民主、自愿、平等的联合原则，以让步、谨慎、耐心的工作方针，投入了极大的精力，并在病中口授了《关于民族或"自治化"问题》，对斯大林等人在处理民族关系问题上的思路和做法提出了严肃批评，阐发了一系列处理民族问题的重要思想。

列宁关于联邦制的理论是依据马克思和恩格斯的有关论述，在领导俄国革命及创建苏联的过程中逐步形成的。在苏联成立及列宁口授《关于民族或"自治化"问题》90年后的今天，重温这段历史，研究、领会列宁关于联邦制国家建设的思想，将有助于进一步解读苏联解体这一历史事件。

---

\* 基金项目：本文是教育部人文社会科学重点研究基地重大项目"苏联（俄罗斯）民族问题和民族政策研究"（项目编号：11JJD71005）、山东省社科规划研究重点项目"列宁多民族国家构建理论与实践研究"（项目编号：12BKSJ01）的阶段性研究成果。

张祥云，男，1966年生，聊城大学政治与公共管理学院教授、法学博士，中国国际共运史学会理事，山东省国际政治和国际共运学会副会长。

## 一、列宁对联邦制国家形式的最初认识与理论定位

对于民族国家的结构形式问题，马克思主义的创始人从社会进步和无产阶级革命的要求出发，原则上反对联邦制，主张建立统一而不可分割的民主集中制的单一制国家。早在1850年，马克思和恩格斯在《中央委员会告共产主义者同盟书》中谈到德国的国家建设问题时，就坚决主张建立统一而不可分割的政权体制，反对联邦制的国家结构形式。他们认为，无产阶级的革命运动，只有在民主集中的条件下，才能发挥出自己的全部力量。德国的工人阶级应该反对共和派小资产阶级追求建立联邦制国家的企图，"不仅要力求建立统一而不可分割的德意志共和国，而且还要积极坚决地把这个国家的权利集中在国家政权手中"，在德国"实行最严格的中央集权制"是"真正革命党的任务"。① 后来恩格斯在《1891年社会民主党纲领草案批判》中，分析社会民主党纲领中的政治要求时，明确提出德国国家制度的改造必须结束小邦分立的状态，并将普鲁士分解为几个自治省，用单一而不可分割的共和国形式来代替。② 在恩格斯看来，只要小邦分立的状态不结束，在德国进行社会主义革命的条件就不具备。恢复自神圣同盟条约以来被分裂了的德国的统一，是"一切政治运动的第一步"。"因为没有民族统一，民族生存只不过是一个幻想"。恩格斯特别强调，"这种为欧洲民主派所承认的欧洲各个大的民族构成体对政治独立的权利，当然不能不得到特别是工人阶级方面的同样承认"。③

十月革命前，在国家结构形式问题上，列宁同马克思和恩格斯一样，也主张建立统一的民主集中制的共和国，而反对建立联邦制国家。

早在1903年2月，列宁针对亚美尼亚社会民主党人联盟提出的"将来自由的俄国必须建立一个联邦制的共和国"的主张，明确指出，"鼓吹联邦制和民族自治并不是无产阶级应做的事情，提出这类必然导致要求成立自治的阶级国家的要求，也不是无产阶级应做的事情。无产阶级应做的事情就是要把

---

① 《马克思恩格斯选集》第1卷，人民出版社1995年版，第373页。
② 参见《马克思恩格斯论民族问题》，民族出版社1987年版，第859—861页。
③ 《马克思恩格斯论民族问题》，民族出版社1987年版，第380—381页。

所有民族中尽可能广泛的工人群众更紧密地团结起来，以便在尽可能广阔的舞台上为建立民主共和国和社会主义而斗争。"① 1913 年 12 月，列宁在《给斯·格·邵武勉的信》中提出："我们无条件地拥护民主集中制。我们反对联邦制"，"我们在原则上反对联邦制，因为它削弱经济联系，它对于一个国家来说是不合适的形式"。② 同年 10—12 月，列宁在《关于民族问题的批评意见》中，进一步阐述了反对联邦制的观点，"马克思主义者是反对联邦制和分权制的，原因很简单，资本主义为了自身的发展要求有尽可能大尽可能集中的国家。在其他条件相同的情况下，觉悟的无产阶级将始终坚持建立更大的国家。""在各个不同的民族组成统一的国家的情况下，并且正是由于这种情况，马克思主义者是决不会主张实行任何联邦制原则，也不会主张实行任何分权制的。中央集权制的大国是从中世纪的分散状态向将来全世界社会主义的统一迈出的巨大的历史性的一步，除了通过这样的国家（同资本主义紧密相联的）外，没有也不可能有别的通向社会主义的道路。"③ 1914 年 4 月，他在《关于民族政策问题》中又强调说："一个民主国家必须承认各地区的自治权，特别是居民的民族成分复杂的地区和专区的自治权。这种自治同民主集中制一点也不矛盾；相反地，一个民族成分复杂的大国只有通过地区的自治才能够实现真正民主的集中制。"④ 直到十月革命前夕的 1917 年 8—9 月，列宁在《国家与革命》这篇重要著作中仍然坚持反对联邦制，主张实行民族区域自治原则，在无产阶级革命胜利后建立集中制大国。

从列宁相关的诸多论述中可以看出，他之所以原则上反对联邦制，理由大体有以下几点：

第一，反对联邦制是马克思和恩格斯的观点。列宁曾说，"马克思关于公社经验的论述中根本没有一点联邦制的痕迹"，"马克思是主张集中制的"。⑤ "恩格斯同马克思一样，从无产阶级和无产阶级革命的观点出发坚持民主集中

---

① 《列宁全集》第 7 卷，人民出版社 1986 年版，第 89 页。
② 《列宁全集》第 46 卷，人民出版社 1990 年版，第 379 页。
③ 《列宁全集》第 24 卷，人民出版社 1990 年版，第 148—149 页。
④ 《列宁全集》第 25 卷，人民出版社 1988 年版，第 73 页。
⑤ 《列宁全集》第 31 卷，人民出版社 1985 年版，第 50 页。

制,坚持单一而不可分割的共和国。"①

第二,列宁认为,原则上讲,联邦制是无政府主义的派生物。列宁在批判伯恩施坦歪曲马克思关于国家消亡的学说时指出,机会主义者已经堕落到把联邦制强加在马克思头上,把马克思同无政府主义的鼻祖蒲鲁东混为一谈的地步。列宁严正地指出:"马克思同蒲鲁东和巴枯宁不同的地方,恰巧就在联邦制问题上(更不用说无产阶级专政的问题了)。联邦制在原则上是从无政府主义的小资产阶级观点产生出来的。"②

第三,列宁认为,从无产阶级利益和经济发展角度考虑,实行联邦制是不利的。他指出,集中制所以必要,是因为,"工人阶级的利益要求一国之内各族工人在统一的无产阶级组织——政治组织、工会组织、合作教育组织等中打成一片。只有各族工人在这种统一的组织中打成一片,无产阶级才有可能进行反对国际资本、反对反动派的胜利斗争,粉碎各民族的地主、神父和资产阶级民族主义者的宣传和意图。"③ 而"联邦制之所以有害,是因为它把独特性和隔阂合法化,使之提高为原则,提高为法律。我们之间确实存在着极严重的隔阂,我们不应当把它合法化,不应当用遮羞布把它掩盖起来,而应当消除这种隔阂,我们应当坚决承认并且声明必须坚定移地努力实现最紧密的团结。正因为如此,我们在原则上、从门口起(借用一个有名的拉丁成语)就反对联邦制,反对我们之间有任何必然存在的壁障……我再说一遍:我们不承认任何必然存在的壁障,因此在原则上反对联邦制。"④ 从经济上看,他认为,资本主义经济的发展,要求有一个集中统一的大国,而无产阶级领导的国家,为了发展经济,更应反对中世纪的割据主义,欢迎各个大地域在经济上尽可能紧密的联合,如此,方有利于无产阶级建立反对资产阶级的经济基础。"在其他条件相等的情况下,大国比小国能有效得多地完成促进经济进步的任务,完成无产阶级同资产阶级斗争的任务"⑤;"资本主义生产力广泛而迅速地发展,要求有广阔的、联合和统一成为国家的地域,只有在这样

---

① 《列宁全集》第31卷,人民出版社1985年版,第68页。
② 《列宁全集》第31卷,人民出版社1985年版,第50页。
③ 《列宁全集》第24卷,人民出版社1990年版,第61页。
④ 《列宁全集》第7卷,人民出版社1986年版,第248—249页。
⑤ 《列宁全集》第25卷,人民出版社1988年版,第72页。

的地域里，资产者阶级，还有和它必然同时存在的死对头无产者阶级，才能各自团结起来，消灭一切古老的、中世纪的、等级的、狭隘地方性的、小民族的、宗教信仰的以及其他的隔阂。"①

第四，列宁认为，民主集中制较之联邦制能使地方上享有更多的自由和民主。列宁指出，"恩格斯用事实和最确切的例子推翻了一种非常流行的、特别是在小资产阶级民主派中间非常流行的偏见，即认为联邦制共和国一定要比集中制共和国自由。这种看法是不正确的。恩格斯所举的1792—1798年法兰西集中制共和国和瑞士联邦制共和国的事实推翻了这种偏见。真正民主的集中制共和国赋予的自由比联邦制共和国要多。换句话说，在历史上，地方、州等等能够享有最多自由的是集中制共和国，而不是联邦制共和国。"②

最后，列宁反对联邦制也与建党的原则有关。在俄国社会民主工党1903年的代表大会上，崩得派（即立陶宛、波兰和俄罗斯犹太工人总联盟）曾要求按联邦制原则建党，以求得同党的中央保持一种松散的"联盟"关系，从而保持该派不受约束的行动自由。以列宁为首的多数派坚决反对这一要求，主张用民主集中制原则建党，因而"代表大会坚决反对把联邦制作为俄国党的建党原则"。③

在回顾这一时期列宁关于国家结构形式的论述时，至少还应注意以下两点：

首先，列宁所主张的民主集中制的大国，决不是那种靠兼并来实现、靠武力来维持的"只捉不放"的大国制，而是在民族平等和相互信任的基础上，依靠自愿的协议来实现和维持的大国制。这种大国制不但与民族自决权的原则不矛盾，而且是相辅相成、辩证统一的，即民族自决权是实现这种大国制的必要前提，而这种大国制则是各民族在获得自决权后发展的必然要求和趋势。所以列宁多次谈到："觉悟的工人是不宣传分离的；他们知道大国的好处和广大工人群众联合起来的好处。但是，只有在各民族真正完全平等的情况

---

① 《列宁全集》第24卷，人民出版社1990年版，第148页。
② 《列宁全集》第31卷，人民出版社1985年版，第70—71页。
③ 《列宁全集》第7卷，人民出版社1986年版，第228页。

下，大国才可能成为民主国家，而各民族的这种平等，就意味着享有分离权。"① "……我们想建立大国，想使各民族接近乃至融合，但是这要在真正民主和真正国际主义的基础上实现；没有分离自由，这是不可想象的。"② "一个国家的民主制度愈接近充分的分离自由，在实际上要求分离的愿望也就愈少愈弱。"③

其次，列宁在原则上反对联邦制的同时，从未刻板而固执地认为，无论在什么样的时间、地点和条件下，无产阶级都必须反对联邦制。还在1903年，列宁就谈到，在个别的、特殊的情况下，无产阶级可以提出并积极支持"用比较松散的联邦制的统一代替一个国家政治上的完全统一"的要求。④ 1914年2月，他针对俄国资产阶级竭力反对乌克兰人要求实行联邦制和乌克兰自治制，在《再论民族主义》中提出这样一个问题："为什么这个'联邦制'既没有妨碍北美合众国的统一，也没有妨碍瑞士的统一呢？为什么'自治'并没有妨碍奥匈帝国的统一呢？为什么'自治'甚至在一个很长的时期内加强了英国和它的许多殖民地的统一呢？"⑤ 这说明，列宁已在思考特殊条件下联邦制的合理性问题。1916年，列宁在《社会主义革命和民族自决权》中论述民族自决权和维护国家统一的关系时指出："承认自决并不等于承认联邦制这个原则。可以坚决反对这个原则而拥护民主集中制，但是，与其存在民族不平等，不如建立联邦制，作为实行充分的民主集中制的唯一道路。主张集中制的马克思正是从这种观点出发的，宁愿爱尔兰与英国结成联邦，而不愿爱尔兰受英国人的暴力支配。"⑥ 这说明，列宁已考虑到在特殊情况下"联邦制"有可能作为向中央集权制国家过渡的途径。到1917年6月，列宁更进一步指出："甚至农民代表大会在这个问题上都比较接近真理，它谈到要建立'联邦'共和国，意思就是说，俄罗斯共和国不想用新的或旧的方式压

---

① 《列宁全集》第24卷，人民出版社1990年版，第351—352页。
② 《列宁全集》第27卷，人民出版社1990年版，第85页。
③ 《列宁全集》第27卷，人民出版社1990年版，第257页。
④ 《列宁全集》第7卷，人民出版社1986年版，第218页。
⑤ 《列宁全集》第24卷，人民出版社1990年版，第351页。
⑥ 《列宁全集》第27卷，人民出版社1990年版，第257—258页。

迫任何一个民族，不想靠强制办法同任何一个民族共处。"① 同年8—9月，在著名的《国家与革命》一书中，列宁又专门研究了"民族问题同国家结构的关系"，探讨了马克思和恩格斯在这个问题上的立场和观点，他指出，无论从历史、地理条件或共同语言来说，英国似乎已经把各个小地区的民族问题都解决了，"可是，甚至在这个国家里，恩格斯也注意到一个明显的事实，即民族问题还没有完全消除，因此他承认建立联邦制共和国是'前进一步'。自然，这里他丝毫没有放弃批评联邦制共和国的缺点，丝毫没有放弃为实现单一制的、民主集中制的共和国而最坚决地进行宣传和斗争。"恩格斯的伟大就在于，"他对国家形式问题不仅不抱冷淡态度，相反，他非常细致地努力去分析的正是过渡形式，以便根据每一个别场合的具体历史特点来弄清各该场合的过渡形式是从什么到什么的过渡。"②

以上的引述表明，十月革命前列宁虽然在原则上反对联邦制和坚持民主集中制，但是也并不否认在个别的和特殊的情况下采用联邦制的可能性，并且已经注意到民族问题与国家结构形式的关系，已经认识到联邦制是向民主集中制过渡的一种形式，这样也就为他在十月革命后接受联邦制作了理论上的某种准备。然而，这决不等于说，列宁在十月革命前就曾针对俄国复杂的民族状况，打算在革命胜利后的俄国实行联邦制。十月革命前，列宁钟情于民主集中制的大国在其思想上居于主导地位。

## 二、列宁联邦制建国构想的确立与实施

十月革命后，当苏俄政府宣布"俄国各民族都享有直至分离和建立独立国家的自决权"时，长期在民族压迫之下痛苦呻吟的俄国少数民族，便淋漓尽致地表现出了自己的实际心态和要求：他们对大俄罗斯人充满敌意，对苏维埃俄国能否真正保证他们享有充分的民主与平等存有疑虑。从1917年底至1920年，波兰、芬兰、乌克兰、白俄罗斯、立陶宛、拉脱维亚、爱沙尼亚、阿塞拜疆、格鲁吉亚、亚美尼亚等原沙俄地区陆续建立了独立的民族共和国。

---

① 《列宁全集》第30卷，人民出版社1985年版，第243页。
② 《列宁全集》第31卷，人民出版社1985年版，第68—69页。

这种局面的出现是列宁在十月革命前没有料到的,但这并没有动摇列宁让各民族都享有自决权的决心。为了促使非俄罗斯民族的劳动人民逐步摆脱资产阶级民族主义的影响,信任苏俄政权,并在条件成熟时发动社会主义革命,建立无产阶级政权。列宁认为,依据民族自决权原则,十月革命后独立的这些共和国不论是苏维埃共和国还是资产阶级共和国,苏俄政府都应予以承认。但是,既然分离事实上对各民族人民不利,那就不能任这种分离倾向蔓延而莫然不顾。为了防止革命后的俄国分裂,同时又能最大限度地满足各民族的自决权,列宁在实践中找到了维护民族团结的策略:接受联邦制作为解决国内民族问题的有效国家形式。

1917年11月,在《俄国各族人民权利宣言》中,虽没明确提出建立联邦制国家的问题,但却表示,要用"俄国各族人民真诚自愿的联盟政策"来取代沙皇政府和资产阶级临时政府推行的挑拨各民族相互对立的政策。1918年1月,由列宁起草的《被剥削劳动人民权利宣言》,第一次明确肯定了联邦制国家原则,宣布"俄罗斯苏维埃共和国是建立在自由民族的自由联盟基础上的各苏维埃民族共和国联邦"。① 同年3月,列宁在《苏维埃政权的当前任务》一文初稿中进一步明确提出,"实际上,甚至联邦制,只要它是在合理的(从经济观点来看)范围内实行,只要它是以真正需要某种程度的国家独立性的重大的民族差别为基础,那么它同民主集中制也丝毫不抵触。在真正的民主制度下,尤其是在苏维埃国家制度下,联邦制往往只是达到真正的民主集中制的过渡性步骤。俄罗斯苏维埃共和国的例子特别清楚地表明,我们目前实行的和将要实行的联邦制,正是使俄国各民族最牢固地联合成一个统一的民主集中的苏维埃国家的最可靠的步骤。"② 同年7月,俄罗斯苏维埃联邦社会主义共和国宪法反映了列宁关于联邦制国家的思想原则。至此,列宁所确定的联邦制国家结构形式便以法律的形式固定下来。1919年3月,俄共(布)第八次代表大会通过的党纲明确提出:"党主张按照苏维埃类型组织起来的各国家实行联邦制的联合作为走向完全统一的一种过渡形式"③。从此,

---

① 《列宁全集》第33卷,人民出版社1985年版,第228—229页。
② 《列宁全集》第34卷,人民出版社1985年版,第139页。
③ 《列宁全集》第36卷,人民出版社1985年版,第409页。

列宁不仅在俄罗斯决定实行联邦制国家制度，而且还将这种制度运用到俄罗斯与其他各苏维埃共和国的联合上，并把联邦制国家制度作为党在一定时期内的奋斗目标之一。

十月革命后，列宁接受并在实践中推动以联邦制形式建国，原因是多方面的。

从国内状况来看，十月革命后，俄国各民族实际上处于分裂状态，他们大都建立了自己的共和国，有一套与苏俄政府平行的政府机关。各民族人民在推翻旧政权、巩固新政权的斗争中作出了贡献，因而在国家结构形式上渴望反映各民族的实际情况，这就决定了十月革命后各民族联合的方法比以前想象的要复杂。在这种情况下，尊重各民族人民的愿望实行联邦制，不仅是各民族由分散、分裂走向接近、联合的必要步骤，而且也是各民族共和国已有的条约、协议等顺乎自然的发展。

从国际环境来看，十月革命后，西方势力试图扼杀新生的苏维埃政权，他们在武装干涉的同时，积极支持苏俄国内的反革命势力，而各民族中的民族主义势力正是他们利用的一支重要力量。在这种特殊的条件下，如果不建立各民族统一的国家，就会削弱反帝力量，而如果照单一制立国，又会造成少数民族的误解，使保卫苏维埃政权的斗争受到民族关系的制约。实行联邦制，既可以加强反帝力量，粉碎国内外反革命势力的进攻，又可以促进各民族在斗争中的互信与联合。另一方面，当时正值东方被压迫民族独立运动广泛兴起之时，各被压迫民族都寄希望于苏俄，正如列宁所说，"他们大家仰望着一颗明星，仰望着苏维埃共和国这颗明星"[①]。因此，俄国党在处理国家结构形式问题时，不仅要正确对待国内民族关系，而且要面向东方，使苏俄与其他独立共和国联合的方式成为一种典范，去影响和鼓舞东方各被压迫民族。

同时，列宁也注意到，十月革命后民族国家建设的实践表明，无论在俄罗斯联邦同其他苏维埃共和国的关系中，还是在俄罗斯联邦内部同从前既没有成立国家又没有实行自治的各民族的关系中，联邦制已经在实践上显示出它是适当的。

---

① 《列宁全集》第38卷，人民出版社1986年版，第188页。

对于列宁在联邦制问题上的这一转变，有两点需要特别注意。其一，联邦制的采用出乎以列宁为首的布尔什维克党的预料，缺乏充分的理论与思想准备，很大程度上表现为在国家体制上向少数民族作出让步。作为一种让步政策的联邦制，一方面它换取了各少数民族的支持和统一联盟国家的创立，另一方面，它也给民族分离主义利用双重主权的宪法规定从事分离活动留下了空间。其二，联邦制从来不是列宁所希望的苏维埃国家的最终国家体制，他曾多次对此作过这样一个明确的定位："联邦制是各民族劳动者走向完全统一的过渡形式"。至于这种"过渡"需要多长时间、采取何种形式等一系列具体问题，列宁却未能在有生之年加以说明，这不能不说是一种遗憾。斯大林作为后继者凭自己的理解来实现这种"过渡"，应该说是符合列宁当初设想的，只是在实现"过渡"的过程中，既未能从理论上论证实行"过渡"的必要性、可行性，也未能在宪法上及时体现国家体制的实际变化，合理调整中央与地方的分权模式，从而背离了列宁一贯主张的谨慎、稳妥的原则，以至于出现许多严重的错误。

## 三、列宁捍卫联邦制联合原则的斗争

为了顺利推进苏俄与各兄弟共和国的联邦制联合，列宁在肯定联邦制的同时也提出了民主、平等、自愿的联合原则以及让步、谨慎、耐心的工作方针："我们主张建立自愿的民族联盟，这种联盟不允许一个民族对另一个民族施行任何暴力，它的基础是充分的信任，对兄弟般团结一致的明确认识，完全的自觉自愿。这样的联盟是不能一下子实现的。应当十分耐心和十分谨慎地去实现这种联盟，不要把事情弄坏，不要引起不信任，要设法消除许多世纪以来由地主和资本家的压迫、私有制以及因瓜分和重新瓜分私有财产而结下的仇恨所造成的不信任心理。所以，在力求实现各民族统一和无情地打击一切分裂各民族的行为时，我们对民族的不信任心理的残余应当采取非常谨慎、非常耐心、肯于让步的态度。……民族的不信任心理往往是根深蒂固的，操之过急反而会加强这种心理，对实现完全彻底的统一这个事业造成危害。……经验表明：这种不信任心理的消除和消失非常缓慢；长期以来一直是压迫民族的大俄罗斯人表现得愈谨慎、愈耐心，这种不信任心理的消失就愈有保证。"①

列宁也清楚地意识到，各独立共和国同俄国才刚分离不久，对大俄罗斯人的不信任心理还远未消除，对于它们之间的联邦制联合，"如果企图预先一劳永逸地、'果断地'和'坚定不移地'决定这个问题，那就是见解狭隘，或者简直是愚蠢了，因为非无产阶级劳动群众在这样的问题上摇摆是十分自然的，甚至是不可避免的，但对无产阶级来说这是毫不足惧的。一个真正称得上国际主义者的无产阶级代表，对待这种摇摆应该极其审慎和容忍，应该让非无产阶级劳动群众自己根据亲身的经验来克服这种摇摆。"② 因此，党纲所讲的联邦制联合，主要是指党的努力方向，是一个较长时期内的奋斗目标。然而，在国内战争和外国干涉所造成的严峻条件下，出于形势发展的需要，各独立共和国联合的进程明显加快。

1918年夏至1920年间，为应对日益严峻的国内战争局势，保卫和巩固苏维埃政权，赢得战争的最后胜利，苏俄与各兄弟苏维埃共和国建立了军事、经济联盟，紧密有效的合作加速了各苏维埃共和国胜利的进程。到1920年夏天，战争进入最后阶段，红军胜利在望。在新的形势下，如何看待已建立起来的各兄弟共和国之间的军事、经济联盟，已显得极为重要。

对此，列宁作出了回答："既然承认联邦制是走向完全统一的过渡形式，那就必须力求建立愈来愈密切的联邦制联盟，第一，因为没有各苏维埃共和国最密切的联盟，便不能捍卫被军事方面无比强大的世界帝国主义列强所包围的各苏维埃共和国的生存；第二，因为各苏维埃共和国之间必须有一个密切的经济联盟，否则便不能恢复被帝国主义所破坏了的生产力，便不能保证劳动者的福利；第三，因为估计到建立统一的、由各国无产阶级按总计划调整的完整的世界经济的趋势，这种趋势在资本主义制度下已经十分明显地表现出来，在社会主义制度下必然会继续发展而臻于完善"。③

对于列宁的意见，各独立共和国给予积极的回应。1920年9月，俄罗斯与阿塞拜疆签署了军事与经济联盟条约、实行统一经济政策的协定。1920年

---

① 《列宁全集》第38卷，人民出版社1986年版，第46—47页。
② 《列宁全集》第38卷，人民出版社1986年版，第21页。
③ 《列宁全集》第39卷，人民出版社1986年版，第162—163页。

12月，俄罗斯与乌克兰签署了工农联盟条约。1922年2月，为了打破西方的外交孤立，改善与欧洲国家的关系，各共和国的联合又推进到了外交领域，乌克兰、白俄罗斯等8个共和国决定授权俄罗斯代表它们参加热那亚国际经济会议，同有关国家签署直接或间接的外交条约和协议，并采取相应措施履行条约和协议。这样，到1922年年中，各共和国进一步加强彼此间的联合，由军事、经济、外交联盟上升为统一的联邦制国家联盟的问题提上了日程。

为了研究各独立共和国的联合问题，1922年8月11日，根据俄共（布）中央政治局的决定，中央组织局成立了以斯大林为首的专门委员会，负责起草关于俄罗斯与各独立共和国相互关系的方案。不久，斯大林提出了《关于俄罗斯苏维埃联邦共和国同各独立共和国的相互关系的决议草案》①，即"自治化"草案。草案共6条，从内容上看，核心是第一条，即其他各苏维埃共和国作为自治共和国"加入"俄罗斯联邦，这就意味着让它们放弃自己享有的主权，从此不再同俄罗斯联邦处于平等地位。其他各条都是由第一条派生的。

决议草案提出后立即在各共和国引起意见纷争。除阿塞拜疆和亚美尼亚支持这个方案外，白俄罗斯主张保持各独立共和国之间的条约关系，实际上是反对"加入"而主张先维持现状。乌克兰虽未讨论该方案，但是内部却存在严重分歧。乌克兰党中央书记曼努伊尔斯基认为，各共和国的联合"应该朝着消除独立共和国而代之以广泛的、现实的自治的方向来解决。……现在的相互关系形式——取代统一领导而形成了好几个'主人'——已经过时，这不能不对经济产生极其有害的影响"。②而乌克兰党中央委员会、人民委员会主席拉柯夫斯基则认为，"这个草案忽略了一点，即苏维埃联邦不是一个单一民族的国家。在这方面决议草案是我们党整个民族政策的一个转折点。它的贯彻实行即正式取消独立共和国将成为无论在国外还是在联邦内部种种困难的根源。"③反应最为激烈的是格鲁吉亚，格共中央召开会议并通过决议："认为根据斯大林同志的提纲所建议的各独立共和国以自治形式实现统一为时

---

① 《列宁全集》第43卷，人民出版社1987年版，第531—532页。
② 《苏联历史档案选编》第5卷，社会科学文献出版社2002年版，第331页。
③ 《苏联历史档案选编》第5卷，社会科学文献出版社2002年版，第363—364页。

过早。我们认为在经济上统一力量和统一总政策是必要的，但要保存独立的全部属性。"①

面对因"自治化"草案出台而引起的意见分歧，从民主、平等和自愿联合的原则出发，列宁认为，该草案所显露的大俄罗斯主义倾向、各共和国在讨论时表现出的疑虑以及提到的主张不容忽视。收到相关材料后，列宁先后同草案专门委员会、格鲁吉亚共产党中央委员会的相关人员就成立苏维埃共和国联盟问题进行了谈话。1921年9月26日，列宁在同斯大林进行了长时间的谈话后，致信加米涅夫，认为斯大林"操之过急"，并对方案提出了初步修改意见，且要求将意见转告政治局委员。列宁意见的中心思想是：各苏维埃共和国必须保持平等地位，各苏维埃共和国要联合成为新的民主联盟国家，他希望"这一让步的精神是明白易懂的：我们承认自己同乌克兰社会主义苏维埃共和国以及其他共和国是平等的，将同他们一起平等地加入新的联盟，新的联邦，即'欧洲和亚洲苏维埃共和国联盟'。""重要的是，我们不去助长'独立分子'，也不取消他们的独立性，而是再建一层新楼——平等的共和国联邦。"②

对于列宁的建议，斯大林在给列宁的回信中只同意对第一条的修改，而对列宁其他各条的修改意见进行了反驳，不仅没有接受列宁对他"操之过急"的批评，反而认为列宁也同样是"操之过急"，是"民族自由主义"③。尽管如此，斯大林还是按照列宁的意见对决议草案作了修改，并提交中央全会审议。

但最终草案中有两点值得注意：其一，在关于新草案的说明中，斯大林等人仍认为，原草案"基本是正确的，无疑是可以接受的，只需确切说明主要涉及联盟中央机构的组成和部分涉及其职能的几点。"这表明，斯大林等人在刻意淡化列宁的批评意见，实际上模糊了列宁意见与"自治化"草案之间的原则区别。其二，最终草案的第一条被改为"认为乌克兰、白俄罗斯、外高加索共和国联邦和俄罗斯联邦之间缔结关于联合成'社会主义苏维埃共和

---

① 《苏联历史档案选编》第5卷，社会科学文献出版社2002年版，第334页。
② 《列宁全集》第43卷，人民出版社1987年版，第213—215页。
③ 《苏联历史档案选编》第5卷，社会科学文献出版社2002年版，第259—260页。

国联盟'而同时为每一个共和国保留自由退出'联盟'的权利的条约是必要的"①，原草案中的格鲁吉亚、亚美尼亚、阿塞拜疆三国被"外高加索共和国联邦"代替，这与列宁修改意见是不一致的。正是由于斯大林在新决议中的这一改动，又引起新的意见分歧，成为引发"格鲁吉亚事件"的一个重要原因。

1922年10月6日，俄共（布）中央召开全会讨论各共和国相互关系的新决议草案，列宁因病未能出席，但在给加米涅夫的便条中宣布要"同大国沙文主义进行决死战，我那颗讨厌的蛀牙一治好，我就要用满口的好牙吃掉它。在联盟的中央执行委员会中要绝对坚持由俄罗斯人乌克兰人格鲁吉亚人等等轮流担任主席。绝对坚持！"②这一表态再次表明列宁在联合问题上坚定的原则立场。全会通过了以列宁意见为基础的决议，并委托新的委员会制定关于成立苏联的法令草案。

俄共（布）中央10月全会结束后，针对决议中要求格鲁吉亚、亚美尼亚、阿塞拜疆三国通过"外高加索联邦"加入即将成立的苏联，以姆迪瓦尼为首的格共中央领导人表示坚决反对，他们要求直接加入苏联。然而，以奥尔忠尼启则为首的俄共（布）外高加索边疆区委员会对这一要求采取了高压政策。10月20日，外高加索边疆区委员会召开全会，奥尔忠尼启则在会上斥责"格鲁吉亚共产党的上层是沙文主义败类，应当立即抛弃"。全会认为格共领导人奥库查瓦、钦察泽和马哈拉泽违反党纪，给他们党内警告处分，同时解除奥库查瓦的格共中央书记、主席团委员职务。为此，格共领导人钦察泽等人当即越过斯大林领导的书记处，通过布哈林向列宁转交了直达电报，控告奥尔忠尼启则。收到电报后，10月21日，列宁针对电报中表现出的"口气不礼貌"进行了严肃的批评："我坚决谴责对奥尔忠尼启则的谩骂，坚决主张把你们的冲突以恰当的、礼貌的口气提交俄共中央书记处解决。"③然而事情的发展并未像列宁所期望的以"恰当"的方式来解决。10月22日，格共中央召开全会，会上奥尔忠尼启则又斥责格共领导人有"孟什维克主义倾向"，

---

① 《苏联历史档案选编》第5卷，社会科学文献出版社2002年版，第352—353页。
② 《列宁全集》第43卷，人民出版社1987年版，第216页。
③ 《列宁全集》第52卷，人民出版社1988年版，第509页。

搞"沙文主义",并表示对格共中央委员会"不信任"。在此背景下,格共中央委员会提出集体辞职,外高加索边疆区委员会随即组建了新的格共中央委员会,并在格政府部门撤换了大批干部。在事情发展过程中,奥尔忠尼启则甚至还动手打了与他发生争执的格共中央委员卡巴希泽。

从10月下旬开始,列宁就一直关注着格鲁吉亚事态的发展,当他惊悉事情已发展到动手打人的程度时,感到问题甚为严重,开始对斯大林、奥尔忠尼启则等人的工作表示不满,怀疑他们是否能够秉公处理这一问题。12月初,通过约谈前往格鲁吉亚调查冲突的捷尔任斯基和顺路去那里的李可夫,列宁感到调查委员会的工作有明显的倾向性,在有意袒护奥尔忠尼启则等人。此时,列宁把格鲁吉亚事件与建立苏联这一总问题联系起来,对各共和国联合时能否正确贯彻自愿、民主、平等的原则感到莫大的担忧。12月30日,正当苏联成立之时,列宁开始口授最后一篇关于民族理论和政策的重要文献——《关于民族或"自治化"问题》。此后,重病中的列宁仍对格鲁吉亚事件投入极大的关注。1923年1月24日,列宁让秘书向捷尔任斯基或斯大林索取格鲁古亚问题调查委员会的材料,并委托秘书们详尽地研究这些材料,为他在即将召开的党代会上准备一个报告①。得到材料后,列宁就研究材料时应注意的问题对秘书福季耶娃作了详尽的指示②,2月14日,列宁让秘书转告中央检查委员会主席团委员索尔茨,"他站在被侮辱者一边"③。3月3日秘书班子将关于格鲁吉亚事件的调查报告和结论送交列宁后,3月5日,列宁给托洛斯基写信,请他"务必在党中央为格鲁吉亚那件事进行辩护。此事现在正由斯大林和捷尔任斯基进行'调查',而我不能指望他们会不偏不倚。甚至会完全相反。如果您同意出面为这件事辩护,那我就可以放心了"。④ 3月6日,列宁又给被指责为"民族倾向分子"的穆迪瓦尼、马哈拉泽等写信,"我全心关注着你们的事。对奥尔忠尼启则的粗暴、斯大林和捷尔任斯基的纵容姑息感到愤慨。我正为你们准备信件和发言稿。"⑤ 列宁的上述活动表明,他决心以格

---

① 《列宁全集》第43卷,人民出版社1987年版,第466页。
② 《列宁全集》第43卷,人民出版社1987年版,第567—568页。
③ 《列宁全集》第43卷,人民出版社1987年版,第568页。
④ 《列宁全集》第52卷,人民出版社1988年版,第554页。
⑤ 《列宁全集》第52卷,人民出版社1988年版,第556页。

鲁吉亚事件为典型,向苏联建立过程中暴露出来的大俄罗斯主义发起新的攻势,以确保联邦制的联合朝着正确的方向发展。但是,由于病情恶化,3月10日列宁完全丧失了说话的能力,从此结束了一生的政治活动。

从列宁和斯大林等人在各共和国联合问题上的分歧可以看出,在建立联邦制国家问题上两者没有分歧,分歧在于建立联邦制国家的方式与原则。斯大林的主张实际上违背了列宁一贯倡导的民主、自愿、平等的联合原则以及让步、谨慎、耐心的工作方针,将俄罗斯联邦置于了其他共和国之上。斯大林之所以提出"自治化"方案,除去大俄罗斯主义传统的影响这一因素外,内战时期各共和国军事、经济联盟方式对斯大林思想的影响也不容忽视。在当时联合方式下,各独立共和国的军事、经济机构是作为俄罗斯联邦的相应下属机构存在,而且当时各独立共和国对此不仅是容忍的,而且是自愿的。斯大林"自治化"草案的中心意图就是要把经过战争考验且极为有效的联合方式,变成和平发展时期各共和国相互关系的一种常态。这里斯大林忽略了一个问题,即内战时期各共和国的军事、经济联盟是在面临共同威胁,为确保革命政权生存而建立的,不仅联合的范围有限,而且联合的方式也具有针对性、临时性的特点。而正在讨论的各独立共和国相互关系的问题,事关和平发展时期各共和国如何共同构建联盟国家的重大议题,其联合的方式一旦确立,将会变成一种固定的联盟国家体制而被长期执行。因而,各独立共和国对此表现出较为谨慎的态度是可以理解的。而作为设计者与决策者的斯大林不仅对此未给予充分而审慎的考量,反而不顾时间、条件的变化与限制,试图通过"自治化"体制使各共和国能较快地由联邦制的联合走向民主集中制的彻底联合。这种"操之过急"在一些共和国引起猜疑、争议、反对并招致列宁的严厉批评是必然的。

## 四、列宁民族问题"政治遗嘱"中的重要思想

《关于民族或"自治化"问题》即人们常说的民族问题"政治遗嘱"是列宁最后一篇关于民族理论和政策的重要文献,其中不仅严肃批评了斯大林等人在处理民族关系问题上的思路和做法,而且阐发了处理民族问题的一系列重要思想。

在"遗嘱"中，列宁对斯大林、捷尔任斯基、奥尔忠尼启则等人在筹建苏联过程中所表现出的"急躁和喜欢采取行政措施"、"有名的'社会民族主义'的愤恨"、"真正俄罗斯人的情绪"以及工作中的粗暴行为等提出了严厉的批评①，实际上提出了共产党人如何利用党的威望以保持和加强民族团结与联合的问题。

针对苏联筹建中表现出来的大俄罗斯主义，也针对当时格鲁吉亚等共和国确实存在的民族主义倾向，列宁专门谈了应如何认识和对待两种民族主义的问题。

列宁指出，抽象地谈民族主义问题是很不恰当的，必须把压迫民族的民族主义和被压迫民族的民族主义，大民族的民族主义和小民族的民族主义区分开来。"对于第二种民族主义，我们大民族的人，在历史的实践中几乎从来都是有过错的，我们施行了无数暴力，甚至施行了无数暴力和侮辱，自己还没有察觉。……因此，压迫民族或所谓'伟大'民族（显然只不过是因为施行暴力而伟大，只不过是像杰尔席莫尔达那样的伟大）的国际主义，应当不仅表现在遵守形式上的民族平等，而且表现在压迫民族即大民族要处于不平等地位，以抵偿在生活中事实上形成的不平等。谁不懂得这一点，谁就不懂得对待民族问题的真正无产阶级态度，谁就实质上仍持小资产阶级观点，因而就不能不随时滚到资产阶级的观点上去。"因此，"对无产者来说，不仅重要而且极其必要的是保证在无产阶级的阶级斗争中取得异族人的最大信任。……为此不仅需要形式上的平等。为此无论如何需要用自己对待异族人的态度或让步来抵偿'大国'民族的政府在以往历史上给他们带来的那种不信任、那种猜疑、那种侮辱。……因为没有什么比民族问题上的不公正态度更能阻碍无产阶级阶级团结的发展和巩固的了，因为'受欺侮'民族的人没有比对平等感，对破坏这种平等更敏感的了，哪怕是自己的无产者同志出于无心或出于开玩笑而破坏这种平等。因此，在这种情况下，在对少数民族让步和宽容这方面做得过些比做得不够要好。因此，在这种情况下，无产阶级团结以及无产阶级阶级斗争的根本利益，要求我们对待民族问题无论何时都不能拘泥形式，而要时刻考虑到被压迫民族（或小民族）的无产者在对待压

---

① 《列宁全集》第43卷，人民出版社1987年版，第350—351页。

迫民族（或大民族）的态度上必然有的差别。"①

"遗嘱"也谈到了应当采取的加强民族信任、民族团结和巩固苏联的具体措施，其中包括："应当保留和巩固社会主义共和国联盟，对这一措施是不可能有怀疑的"；对奥尔忠尼启则进行处分，"以儆效尤"；全面调查捷尔任斯基的委员会的全部材料，"以便纠正其中无疑存在的大量不正确的地方和不公正的判断"，使"斯大林和捷尔任斯基对这一真正大俄罗斯民族主义的运动负政治上的责任"；"在加入我们联盟的其他各民族共和国中使用民族语言这个方面应制定极严格的规章，并对这些规章进行非常认真的检查"；制定一个详细的法典，"这个法典只有居住在该共和国内的本民族的人才能够比较成功地拟定出来。而且决不应事先保证，由于做了这些工作，在下次苏维埃代表大会上就不会退回去，也就是说，只在军事和外交方面保留苏维埃社会主义共和国联盟，而在其他方面恢复各个人民委员部的完全独立"，等等。② 这说明，列宁在他生命的最后时刻，已经在考虑通过建立和完善组织、法律等制度，保障少数民族权利，规范民族工作，以确保国内民族关系的正常发展。

在"遗嘱"中，列宁还特别提醒人们不要急于追求各加盟共和国机关的统一。他指出，当前苏俄的国家机关"是我们从沙皇制度那里接收过来的，不过稍微涂了一点苏维埃色彩罢了。毫无疑问，应当等到我们能够说，我们可以保证有真正是自己的机关的时候，再采取这种措施。现在我们应当老实说，正好相反，我们称为自己机关的那个机关，实际上是和我们完全格格不入的，它是资产阶级和沙皇制度的大杂烩，在没有其他国家帮助，又忙于军'务'和同饥荒斗争的情况下，根本不可能在五年内把它改造过来"。在这种情况下，"我们用来替自己辩护的'退出联盟的自由'只是一纸空文，它不能够保护俄国境内的异族人，使他们不受典型的俄罗斯官僚这样的真正俄罗斯人，大俄罗斯沙文主义者，实质上是恶棍和暴徒的侵害"。③ 针对当时"各人民委员部的分散及其工作不协调的影响"，列宁认为，是"能够靠党的威信在相当程度上加以克服的，只要十分谨慎和公正地运用这种威信"，而且，"由

---

① 《列宁全集》第43卷，人民出版社1987年版，第352—353页。
② 《列宁全集》第43卷，人民出版社1987年版，第354—355页。
③ 《列宁全集》第43卷，人民出版社1987年版，第350页。

于各民族机关和俄罗斯机关没有统一起来而可能给我们国家造成的损害，比起那种不仅给我们，而且给整个国际、给继我们之后不久即将登上历史前台的亚洲几亿人民造成的损害要小得多。如果在东方登上历史前台的前夜，在它开始觉醒的时候，我们由于对我们本国的异族人采取哪怕极小的粗暴态度和不公正态度而损害了自己在东方的威信，那就是不可宽恕的机会主义"。①

　　病危中的列宁恳切地希望，体现在他的"遗嘱"中以及他缔建苏联的实践中对民族问题的一系列原则和思想，能够真正被理解。但后来的事实表明，在列宁重病缠身、无力顾及的情况下，1923年4月召开的俄共（布）"十二大"并没有完全遵循列宁"遗嘱"的精神。会上，斯大林明知列宁表示站在"受欺侮者"一边，却继续大批穆迪瓦尼等人，明知在处理国内民族关系上"大民族的国际主义应当不仅表现在遵守形式的民族平等，而且表现在压迫民族即大民族要处于不平等地位"的提法是列宁的意见，却打着批评布哈林发言的幌子，宣称创造出这样一种"新的理论"，就是"胡说八道"等等②。俄共（布）"十二大"最后批准斯大林的报告表明，斯大林在民族问题上的思路与做法已在党内悄然占据上风，其消极影响在随后的建设与发展中逐渐显现，并成为导致苏联解体的一个重要因素。

（此文载于《当代世界与社会主义》2013年第3期）

---

① 《列宁全集》第43卷，人民出版社1987年版，第355页。
② 参见《斯大林论民族问题》，民族出版社1990年版，第228—257页。

# 马克思科学实践观的方法论意义及当代价值

## ——对《关于费尔巴哈的提纲》第一条的解读与思考

王敬华*

**摘　要**：马克思主义哲学是以实践为基础的科学性与革命性相统一的理论。在《关于费尔巴哈的提纲》第一条中，马克思以批判旧唯物主义和唯心主义在主体与客体的关系问题上各执一端的错误思维方式为契机，内在地揭示了科学实践观在马克思主义哲学理论体系中的地位；作为方法论的马克思主义哲学实践观，在唯物史观的一系列主要原理中得到了验证和运用；"解放思想"与"实事求是"的统一，是马克思科学实践观的当代通俗表达，也是推进中国改革与发展的方法论。马克思主义哲学实践观，是马克思主义经典作家一以贯之的思想，也是指导建设有中国特色社会主义伟大实践的思想武器。

马克思主义哲学是以实践为基础的科学性与革命性相统一的理论。在马克思主义哲学发展史上，《关于费尔巴哈的提纲》（以下简称《提纲》）一文的发表，标志着马克思"新唯物主义"世界观的诞生，对马克思主义理论品质的形成有着举足轻重的历史地位。从《提纲》的总体内容来看，马克思突出强调的是实践的观点，这是马克思新世界观形成的重要标志。然而，由于

---

\* 王敬华，男，聊城大学政治与公共管理学院副教授，硕士生导师，哲学博士，主要从事马克思主义哲学、伦理学研究。

马克思在其经典著作中并没有明确界定"实践"概念,理论界对马克思实践观就形成了不同的解读模式。本文作者拟从马克思主义经典的文本出发,从方法论的视角解读马克思的科学实践观点及其当代价值。

## 一、马克思科学实践观的方法论意义

方法论,就是人们认识世界、改造世界的一般方法,是人们用什么样的方式、方法来观察事物和处理问题。作为一种哲学学说的方法论,从实践的角度理解,它关注的是主体与客体实践的对立统一的关系,目的是能够为主体提供出一种正确处理关于实践的方法的观点和理论。马克思主义哲学世界观和方法论自始至终都贯穿着的实践思维方式和思维逻辑,表征着马克思主义哲学开创了人类哲学思维把握存在的新境界。正如恩格斯所说:"马克思的整个世界观不是教条,而是方法。它提供的不是现成的教条,而是进一步研究的出发点和供这种研究使用的方法"。① 马克思的实践思维方法和逻辑方法,有一个逐渐孕育成熟的过程。在同青年黑格尔派决裂的过程中,马克思的哲学信仰发生了转变。随后,在接受费尔巴哈人本学唯物主义的同时,写下了《〈黑格尔法哲学批判〉导言》、《论犹太人问题》和《1844年经济学哲学手稿》,展开了对黑格尔和青年黑格尔派的思辨哲学的批判。马克思在这些著作中以人本思维方式和逻辑方式否定思辨思维方式和逻辑方式,从而与思辨哲学决裂,转变为费尔巴哈的人本哲学思维。在1845年春,马克思在《提纲》这个包含着"新世界观天才萌芽"的第一个文件中,对费尔巴哈和一切旧唯物论、旧哲学作了一次彻底的清算,确立了马克思的实践哲学。

"从前的一切唯物主义(包括费尔巴哈的唯物主义)的主要缺点是:对对象、现实、感性,只是从客体的或者直观的形式去理解,而不是把它们当做感性的人的活动,当做实践去理解,不是从主体方面去理解。因此,和唯物主义相反,能动的方面却被唯心主义抽象地发展了,当然,唯心主义是不知道现实的、感性的活动本身的。费尔巴哈想要研究跟思想客体确实不同的感性客体:但是他没有把人的活动本身理解为对象性的活动。因此,他在《基

---

① 《马克思恩格斯选集》第4卷,人民出版社1995年版,第742—743页。

督教的本质》中仅仅把理论的活动看做是真正人的活动,而对于实践则只是从它的卑污的犹太人的表现形式去理解和确定。因此,他不了解'革命的'、'实践批判的'活动的意义"。① 这是《提纲》第一条中的一段论述。仅从思维方式的方法论视角来辨析《提纲》中的这条内容,笔者认为其基本思想包括以下两个方面:

其一,"从前的一切唯物主义"是指马克思之前的旧唯物主义,包括古代的朴素唯物主义和近代的唯物主义。后者主要是指近代欧洲的唯物主义,其主要代表是17和18世纪的英国和法国的唯物主义以及19世纪德国费尔巴哈人本主义唯物主义。他们虽然一致主张物质决定精神,但是都认为精神和意识是对物质直观的反映,否认精神的能动性。他们"对对象、现实、感性"只是从客体出发来解释世界,或者说只是从客体作用于主体的角度,即人对客观事物朴素直观的角度去理解事物,而没有从人对客观事物的能动作用,亦即对客观事物的改造活动的角度去理解,这正是旧唯物主义的主要缺点。这正如马克思在《提纲》第五条所说的"费尔巴哈不满意抽象的思维而喜欢直观"②,特别是他不能把实践作为感性认识内容与感性思维形式的基础,因而也就必然忽视处在实践中的主体的人在认识中的能动作用。费尔巴哈"没有看到,他周围的感性世界绝不是某种开天辟地以来就直接存在的、始终如一的东西,而是工业和社会状况的产物,是历史的产物,是世世代代活动的结果"③。

其二,由于旧唯物主义不了解实践,不能对人的能动性作出唯物主义的解释,这样不仅不能战胜唯心主义,相反,能动的方面却被唯心主义抽象地发展了。这里的"抽象"是指唯心主义片面地夸大了精神的能动性,把它看成不受客观事物制约的绝对。马克思之前的一切唯心主义者,与旧唯物主义相反,"只是"从主体出发来解释世界,以其主体的抽象思维为主导,片面地夸大人的主观能动性,将主体的能动性在解释世界方面作出了种种脱离现实或客体的抽象的发挥,把精神通过实践对物质的反作用看成对物质的决定作

---

① 《马克思恩格斯选集》第 1 卷,人民出版社 1995 年版,第 54 页。
② 《马克思恩格斯选集》第 1 卷,人民出版社 1995 年版,第 56 页。
③ 《马克思恩格斯选集》第 1 卷,人民出版社 1995 年版,第 76 页。

用甚至派生出了物质。唯心主义把实践看成是纯粹精神的活动。实际上，现实的感性活动，是主观见之于客观的活动，是主体能动性与客体制约性相统一的活动，这是唯心主义者"当然"不知道的。

由以上的分析可以得出，《提纲》第一条虽然没有给科学的实践观概括出一个完整的定义，但是马克思以批判以往的旧唯物主义和唯心主义在主体与客体的关系问题上各执一端的两种错误的思维方式为契机，既批判了旧唯物主义"不了解'革命的'、'实践批判的'活动的意义"的片面性，又批判了唯心主义"不知道现实的、感性的活动本身"的错误。实际上，这种批判本身，就内在地揭示了马克思科学实践观的方法论，即要求人们在认识和改造世界的活动中，要避免旧唯物主义和唯心主义各自走向两个极端的错误。这就是马克思开创的科学实践观的方法论内涵和可操作路径。这一科学的实践观包括了两个本质上相通的命题：感性是实践的，实践是感性的。这两个命题分别是对旧唯物主义和唯心主义的批判。这两个方面的批判打开了新世界观的本体论境域。《提纲》的后面各条的内容，诸如真理问题、对旧唯物主义在人与环境关系上的问题的错误观点的批判和对费尔巴哈宗教观的批判等，都贯穿着马克思的科学实践观的方法论。

现实生活中的人们在认识世界和改造世界，以及在革命和建设的实践中，都必须要处理主体和客体的关系。人们在处理主客体关系的实践中往往会发生两种错误：或者夸大人在客体面前的受动性而忽视人在客体面前的主观能动性；或者无视客观条件而夸大人在客体面前的主观能动性。这两种错误正是马克思在《提纲》所批判的旧唯物主义，即形而上学唯物主义和唯心主义在主体和客体关系问题上的两种错误。因此，马克思科学实践观就是要求人们克服这两种错误倾向，实际上也只有有效地克服这两种错误倾向，才能使人们的实践增加成功的把握，减少失败的可能。这正是马克思科学实践观所具有的方法论意义。

## 二、作为方法论的马克思主义哲学实践观的验证和运用

作为方法论的马克思主义哲学实践观的科学性，在马克思主义唯物史观的一系列重要原理中得到了验证和运用。

根据马克思《〈政治经济学批判〉序言》中的观点,"无论哪一个社会形态,在它所容纳的全部生产力发挥出来以前,是绝不会灭亡的;而新的更高的生产关系,当他的物质存在条件在旧社会的胚胎里成熟以前,是绝不会出现的。所以人类始终只能提出自己能够解决的任务,因为仔细考察就可以发现,任务本身,只有在解决它的物质条件已经存在或者至少是在生成过程中的时候,才会产生"①。在这里,马克思以他的科学实践观的基本思想,要求人们既唯物又辩证地对待社会历史,科学处理人与社会历史的关系。社会经济形态的变化根源于生产力的发展,每一代人所遇到的生产力,都是历史既定,不能由人们任意选择。有什么样的生产力,就只能建立什么样的生产关系。人们必须像服从自然界的规律一样,服从物质生产规律。马克思在这里是把社会有机体类比为自然生物有机体,依此来说明社会历史发展的客观规律性。人与社会的关系也是主体与客体的关系,同样可以用实践的方法论来分析观察社会历史,人们必须要根据社会历史条件促进社会发展,既不能僵化地对待生产关系也不能盲目变革生产关系,否则也会犯旧唯物主义夸大客体的独立性、人的受动性和唯心主义片面夸大主观能动性的错误。对待历史任务也是如此,要根据客观的社会物质条件,提出和解决自己的任务。这也是马克思作为方法论的科学实践观点的基本要求。

马克思在《资本论》中有一段关于劳动创造人类、劳动改变世界的著名论述。他指出,"人类劳动尚未摆脱最初的本能形式的状态已经是太古时代的事情了。我们要考察的是专属于人的形式的那种劳动。蜘蛛的活动与织工的活动相似,蜜蜂建筑蜂房的本领使人间的许多建筑师感到惭愧。但是,最蹩脚的建筑师从一开始就比最灵巧的蜜蜂高明的地方,是他在用蜂蜡建筑蜂房以前,已经在头脑中把它建成了。劳动过程结束时得到的结果,在这个过程开始时就已经在劳动者的表象中存在着,即已经观念地存在着。他不仅使自然物发生形式变化,同时他还在自然物中实现自己的目的,这个目的是他所知道的,是作为规律决定着他的活动的方式和方法的,他必须使他的意念服从这个目的。但是这种服从不是孤立的行为。除了从事劳动的那些器官紧张之外,在整个劳动时间内还需要有作为注意力表现出来的有目的的意志,而

---

① 《马克思恩格斯选集》第 2 卷,人民出版社 1995 年版,第 33 页。

且，劳动的内容及其方式和方法越是不能吸引劳动者，劳动者越是不能把劳动当做他自己体力和智力的活动来享受，就越需要这种意志"①。

马克思在这里为了说明人类比动物"高明的地方"，连续用了三个"已经"，即主体力求要改变客体的蓝图，在改变客体之前就"已经在自己的头脑中把它建成了"、"已经在劳动者的表象中存在着"、"已经观念地存在着"。这三个"已经"表明了人类"改变世界"的能动性、目的性、计划性。人类"改变世界"的过程，也就是主体改造世界的蓝图借助于实践，将在劳动者表象中存在着的蓝图"对象化"的能动的过程，也是主体既带有自己的目的需要，又遵循客观规律的自由自觉活动。马克思的这一探索，从可操作的层面完整地揭示了人们在"改变世界"实践活动中，从"观念地存在着"到获得结果、得到满足或达到预期目的过程。② 从人们对客体的本质和规律的认识，改变世界的正确蓝图的获得，即"解释世界"的"客体的主体化"阶段，到"改变世界"的"主体的客体化"阶段，都必须遵循马克思《提纲》第一条中所揭示的科学实践观的方法论，才能使认识和实践增加成功的把握，减少失败的可能。

关于人的"对象化"地改造客观世界的实践活动，毛泽东曾指出，"一切事情都是要人做的……做就必须先有人根据客观事实，引出思想、道理、意见，提出计划、方针、政策、战略、战术方能做得好。思想等是主观的东西，做或行动是主观见之于客观的东西，都是人类特殊的能动性。这种能动性，我们名之曰'自觉的能动性'，是人之区别于动物的特点"③。要发挥人的主观能动性，必须尊重客观规律，尊重客观规律是发挥主观能动性的前提，否则就要犯夸大人的主观能动性，抽象地发展人的能动方面（夸大精神的作用），即唯心主义的错误。但是，要做到尊重客观规律，又需要发挥人的主观能动性。因为规律是客观的，要认识和掌握规律，必须发挥人的主观能动性，否则就要犯旧唯物主义夸大人在客体面前的受动性，忽视人的主观能动性，

---

① 马克思：《资本论》第1卷，人民出版社2004年版，第208页。
② 贺祥林：《马克思开创的实践思维方式论纲》，载《马克思主义研究》2009年第8期。
③ 《毛泽东选集》第2卷，人民出版社1991年版，第477页。

看不到人的感性的实践活动（忽视精神的作用）的形而上学的错误。尊重客观规律和发挥人的主观能动性是统一的，两者统一的基础是实践。

## 三、解放思想，实事求是：马克思科学实践观的当代表达

解放思想，实事求是，这是邓小平理论的精髓。在我们党的历史上，把解放思想与实事求是联系起来作为党的思想路线进行论述的，邓小平是第一人。① 解放思想与实事求是的统一是对马克思科学实践观的当代通俗表达，也是促进中国改革与发展的方法论。

### 1. 坚持解放思想与实事求是的统一：马克思实践范畴的新发展

实践的主体、主体性与"解放思想"相对应，客观的客体、客观性映现着"实事求是"。解放思想与实事求是以实践为基础并辩证地统一于实践。邓小平指出，"只有解放思想，坚持实事求是，一切从实际出发，理论联系实际，我们的社会主义现代化建设才能顺利进行，我们党的马列主义、毛泽东思想的理论也才能顺利发展"②。"解放思想与实事求是两者之间，是互为规定的内在统一。这也就是说，坚持实事求是，就必须解放思想，实事求是以解放思想为先导；坚持解放思想，就必须实事求是，解放思想以实事求是为原则。以实事求是为出发点、建立在实事求是基础上的解放思想，才可以发挥'法宝'的作用，否则，脱离了实事求是原则，解放思想就会出现偏差。"③ 如果不坚持两者的统一，僵化地对待实事求是，不以解放思想为先导，就会使思想保守，落后于客观实际，跟不上客观实际的变化发展，就会犯马克思在《提纲》第一条中所指出的形而上学的错误；反过来，假如解放思想不以实事求是为原则，就会导致主观思想失去了客观根据，脱离客观规律的控制，就会"抽象地发展"主观能动性，犯马克思在《提纲》第一条中所指出的唯心主义的错误。正是在这个意义上，邓小平指出，"解放思想就是使思

---

① 刘林元：《坚持解放思想与实事求是的统一》，载《社会科学家》2005 年第 5 期。
② 《邓小平文选》第 2 卷，人民出版社 1994 年版，第 143 页。
③ 王宜秋：《论解放思想的深刻内涵》，载《马克思主义研究》2009 年第 3 期。

想和实际相符合，使主观和客观相符合，就是实事求是"①。"根据解放思想就是主观符合客观、思想符合实际的实事求是原则，解放思想的内涵和要求应该是两个方面的，而不是一个方面的。也就是说，面对客观实际，主观思想的'过'与'不及'都必须纠正、突破，因而都有解放思想的任务。"② 邓小平关于解放思想与实事求是相统一的论述，丰富和发展了马克思主义实践观点。

"解放思想与实事求是是统一的，应一以贯之。不解放思想，教条主义盛行，不可能做到实事求是；离开实事求是，脱离实际，脱离亿万群众创造性的实践，不是真正的思想解放，在工作比较顺利的时候，不能头脑发热，忘乎所以，不要提不切实际的要求。在工作遇到困难的时候，不能灰心丧气，畏首畏尾，要善于在困难的条件下开拓新的局面。"③ 江泽民坚持解放思想与实事求是的统一，并提出了坚持解放思想、实事求是的两个要求。这是对邓小平关于解放思想就是实事求是思想的全面而深刻的理解和贯彻。

2. "既要反'左'，又要反右"：马克思科学实践观核心思想的当代诠释

马克思科学实践观的核心思想是在主体和客体关系上，既要反对旧唯物主义夸大人的受动性的错误，又要反对唯心主义片面夸大人的主观能动性的错误。邓小平结合中国革命和社会主义建设实践的历史经验，对这一核心思想予以新的诠释。他指出，"解放思想，也是既要反'左'，又要反右。三中全会提出解放思想，是针对'两个凡是'的，重点是纠正'左'的错误。后来又出现右的倾向，那当然也要纠正。……黄克诚同志讲，有'左'就反'左'，有右就反右。我赞成他的意见。对'左'对右，都要作具体分析。"④ 今天讲解放思想，同样也要既反'左'又反右，同样要作具体分析。"今天和邓小平提出解放思想时相比，'左'和右的表现都更具典型性。'左'的思潮直接指向了邓小平理论和'三个代表'重要思想，右的思潮则直接指向了共

---

① 《邓小平文选》第2卷，人民出版社1994年版，第364页。
② 刘林元：《坚持解放思想与实事求是的统一》，载《社会科学家》2005年第5期。
③ 《江泽民论有中国特色社会主义》，中央文献出版社2002年版，第629页。
④ 《邓小平文选》第2卷，人民出版社1994年版，第379页。

产党的领导,即所谓的'一党专制'。'左'和右都惊人地一致把以改革开放为特征的中国特色社会主义视为搞资本主义,都极其相似地割裂马列主义、毛泽东思想和中国特色社会主义理论体系。"①

在"左"和右的两种错误倾向中,邓小平总结了我国革命和建设的经验,提出要警惕防右,但主要是防"左"的思想。正如1992年邓小平在《武昌、深圳、珠海、上海等地的谈话要点》中指出,"现在,有右的东西影响我们,也有'左'的东西影响我们,但根深蒂固的还是'左'的东西。……'左'带有革命的色彩,好像越'左'越革命。'左'的东西在我们党的历史上可怕呀!一个好的东西,一下子被他搞掉了。右可以葬送社会主义,'左'也可以葬送社会主义。中国要警惕防右,但主要是防'左'"②。

### 3. "摸着石头过河":马克思科学实践观的现实操作模式

坚持解放思想和实事求是的统一,在革命和建设中既要反"左"又要反右,还可以形象地比喻为"摸着石头过河"。

1980年12月16日,陈云在中共中央工作会议开幕会上,在谈到中国的改革问题时说:"我们要改革,但是步子要稳。因为我们的改革,问题复杂,不能要求过急。改革……更重要的还要从试点着手,随时总结经验,也就是要'摸着石头过河'。开始时步子要小,缓缓而行。"③ 邓小平在会议总结时明确表示"完全同意陈云同志的讲话。这个讲话在一系列问题上正确地总结了我国31年来的经验教训,是我们今后长期工作的指导方针"④。1981年10月29日国务院批准的国家经委、国务院体制改革办公室《关于实行工业生产经济责任制若干问题的意见》中指出,"实行经济责任制,目前还处在探索阶段,各地区、各部门要加强领导,要摸着石头过河,水深水浅还不清楚,要走一步看一步……这样才能使经济体制健康地向前发展"。

"'摸着石头过河'同实事求是、解放思想是不可分离的。实际上,三者

---

① 侯惠勤:《论继续解放思想》,载《中国社会科学》2008年第1期。
② 《邓小平文选》第3卷,人民出版社1993年版,第375页。
③ 《陈云文选》第3卷,人民出版社1995年版,第279页。
④ 《邓小平文选》第2卷,人民出版社1994年版,第354页。

的统一构成中国改革与发展的完整方法论体系。'解放思想'是先导,'实事求是'是理论核心,'摸着石头过河'则是实践模式。"①

"摸着石头过河"作为一种实践模式,它的核心思想是既要大胆发展,又要稳步前进。邓小平认为,"胆子要大,步子要稳。所谓胆子要大,就是坚定不移地搞下去;步子要稳,就是发现问题赶快改"②。但是,要追求发展与稳定的辩证统一,又必须处理解放思想与实事求是的关系。首先,"解放思想"是先导。在1992年南方谈话中,邓小平强调指出,"改革开放胆子要大一些,敢于试验,不能像小脚女人一样,看准了的,就大胆地试,大胆地闯。"他还说,"不争论,大胆地试,大胆地闯。农村改革是如此,城市改革也是如此"③。这些都表明,"解放思想"在"摸着石头过河"的实践模式中处于先导地位,具有优先性。需要强调的是,这里的解放思想是在实践过程中解放思想,而不是唯心主义所讲的片面地、抽象地发展人的主观能动性,脱离人的感性实践的解放思想,即在实践的过程中解放思想,又在解放思想的过程中推动实践。其次,"实事求是"是理论核心。因为"解放思想"就是使主观与客观相符合,就是实事求是。中国"摸着石头过河"的具体实践证明,脱离实事求是必然陷入主观主义,而脱离解放思想,就会使思想僵化,则无法坚持实事求是。所以,"解放思想"、"摸着石头过河"、"实事求是"三者有机结合,构成中国改革与发展的方法论基础。

总之,作为方法论的马克思主义哲学的实践观,是马克思主义经典作家一以贯之的思想,是指导建设有中国特色社会主义和改革开放伟大实践的思想武器。

(此文载于《苏州科技学院学报〈社科版〉》2013年第1期)

---

① 叶如贤,黎玉琴:《"摸着石头过河":中国改革与发展的实践模式及其意义》,载《马克思主义研究》2009年第5期。
② 《邓小平文选》第3卷,人民出版社1993年版,第118页。
③ 《邓小平文选》第3卷,人民出版社1993年版,第372—374页。

# 马克思主义学术性与意识形态性相统一的历史风格及现实意义[*]

陈兆芬　黄明理

**摘　要**：学术性和意识形态性相统一是马克思主义的历史风格。马克思主义愈是体现无产阶级和人民群众变革现实、创造未来、推动人类社会向前发展的意识形态性，就愈要正确地反映现实事物的本质及其发展规律，就愈具有严格的科学性，而严格的科学性的实现离不开马克思主义学术性的不断深入和扩展，只有二者不可分割地统一起来，马克思主义才能充当无产阶级和人民群众进行革命实践的理论武器。因此，在当今中国兴起的建设社会主义文化强国的大潮中，继承和发扬马克思主义的这一理论风格，对坚守文化建设中的马克思主义阵地和发挥马克思主义学术性在回答人民关心的实际问题中的教化作用具有重要指导意义。

纵观马克思主义产生和发展的历史，尽管各国民族风情、历史文化等百态纷呈，马克思主义却一直保持着它学术性和意识形态性相统一的理论风格。正如列宁所言，马克思主义"这一理论对世界各国社会主义者所具有的不可

---

[*] 基金项目：国家社科基金项目"马克思主义魅力及马克思主义信仰的理论与实证研究"（10BKS065）阶段性成果。

陈兆芬（1972—　），女，山东平阴人，聊城大学政治与公共管理学院讲师，河海大学马克思主义学院博士生，研究方向为马克思主义基本原理。

黄明理（1961—　），男，江苏盱眙人，河海大学学报副主编、教授、博士生导师，研究方向为马克思主义基本原理、伦理学。

遏制的吸引力，就在于它把严格的和高度的科学性（它是社会科学的最高成就）同革命性结合起来，并且不仅仅因为学说的创始人兼有学者和革命家的品质而偶然地结合起来，而是把二者内在地和不可分割地结合在这个理论本身中"①。马克思主义愈是体现无产阶级和人民群众变革现实、创造未来、推动人类社会向前发展的意识形态性，就愈要正确地反映现实事物的本质及其发展规律，就愈具有严格的科学性，而严格的科学性的实现离不开马克思主义学术性的不断深入和扩展，只有二者不可分割地统一在一起，马克思主义才能充当无产阶级和人民群众进行革命实践的理论武器。因此，在当今中国兴起的建设社会主义文化强国的大潮中，继承和发扬马克思主义的这一理论风格，对坚守文化建设中的马克思主义阵地和发挥马克思主义学术性在回答人民关心的实际问题中的教化作用具有重要指导意义。

## 一、学术性和意识形态性相统一是马克思主义的历史风格

马克思主义具有学术性和意识形态性相统一的历史风格，它既是无产阶级认识世界、改造社会和完善自身的思想武器，具有为无产阶级和劳动人民服务的意识形态性。同时，这种意识形态性又是通过它揭示人类社会发展一般规律的理论逻辑力量和学术价值魅力反映出来，是在对科学真理的阐释中体现出来。马克思主义的学术性和意识形态性相互渗透、相互促进，一方面马克思主义学术性研究是意识形态宣传教育的前提和载体，学术研究的必然延伸和展开为推动意识形态宣传教育提供坚实的理论支撑。另一方面，马克思主义意识形态宣传教育是学术性研究深入的助推器，意识形态宣传教育中遇到的诸多需要解决的问题推动学术研究的广泛和深入。马克思主义的这一理论风格深刻蕴涵于马克思主义的创立和中国化的历史过程之中。

（一）学术性与意识形态性相统一深刻地蕴涵在马克思主义创立过程中

马克思主义这一革命无产阶级的思想体系之所以赢得世界性历史意义，

---

① 《列宁选集》第 1 卷，人民出版社 1995 年版，第 83 页。

主要在于它从一开始就建立在对人类优秀科学成果广泛和深入的学术研究基础之上，不断用科学真理阐释人类社会发展的普遍规律，为马克思主义的意识形态性提供了坚实的理论支撑。随着马克思对包括理论在内的问题进行专门、系统研究的加深，他敏锐地感到"哲学家们只是用不同的方式解释世界，而问题在于改变世界"。① 由此，马克思和恩格斯从那一时代发展的工人阶级的生活状况和现实要求出发，以理论上的学术研究为载体，注重科学真理对无产阶级革命的引导作用。但是"理论在一个国家的实现的程度，总是取决于理论满足这个国家的需要的程度"。② 也就是说，"理论需要是否会直接成为实践需要呢？光是思想力求成为现实是不够的，现实本身应当力求趋向思想。"资本主义社会工人阶级被剥夺了一切经济和政治权利，社会地位极为低下的阶级状况决定了他们具有摆脱剥削获得解放的现实要求。尤其随着工人阶级队伍的壮大和工人运动的不断高涨，急切呼唤一种科学理论的指导，马克思和恩格斯创立的科学社会主义理论就成为了现实本身力求趋向的思想。但是，"批判的武器当然不能代替武器的批判，物质力量只能用物质力量来摧毁，但是理论一经掌握群众，也会变成物质力量。理论只要说服人 [ad hominem]，就能掌握群众；而理论只要彻底，就能说服人 [ad hominem]"③。马克思主义之所以"远在德国和欧洲境界以外，在世界的一切文明语言中都找到了拥护者"④，这与他们这两位"精英"思想家的天才的理论智慧，在学术领域孜孜不倦地学习、艰苦卓绝地研究，乐此不疲地思考，持久不断地笔耕，给后人留下的卷帙浩繁的著作、论文、书信、笔记和书稿等学术研究成果是分不开的，而且这些学术研究的必然延伸和展开为推动马克思主义意识形态宣传教育提供了坚实的理论支撑。此外，他们还时时处处密切关注着对无产阶级进行意识形态宣传教育中遇到的诸多需要解决的问题，并以此不断推动学术研究的广泛和深入。在马克思看来，科学社会主义理论只有被群众所掌握，才能成为其实现自身解放的思想武器，而理论要想为群众所接受，必须

---

① 《马克思恩格斯选集》第 1 卷，人民出版社 1995 年版，第 61 页。
② 《马克思恩格斯文集》第 1 卷，人民出版社 2009 年版，第 12 页。
③ 《马克思恩格斯文集》第 1 卷，人民出版社 2009 年版，第 11 页。
④ 《马克思恩格斯选集》第 4 卷，人民出版社 1995 年版，第 212 页。

通过传播，传播的成功与否，不仅取决于理论本身的正确性、科学性和先进性，在很大程度上还取决于理论对大众是否有亲和力、感染力、号召力。马克思和恩格斯在学术研究中时刻注意从资本主义社会工人阶级经济地位低下、文化程度较低、接受能力差的实际情况出发，尽量把自己的理论做到语言通俗易懂，有的甚至浓缩成为言简意赅的通俗的小册子，如《共产党宣言》。在他的经济学著作中，许多严谨的概念都是用生动的比喻和典故表达出来，根本不像有些人评价他们是"用哲学那晦涩的术语，经济学那枯燥的公式，科学社会主义那铁的规律"构筑理论体系。[①] 可见，他们和以往书斋式的学者不同，不仅是为了著书立说，更是为了让普通人——无产阶级和劳苦大众掌握和自觉运用这种理论，改变他们受剥削受压迫的现状，创造一个新世界。

（二）学术性与意识形态性相统一深刻地蕴涵在马克思主义中国化过程中

19世纪末各种西方社会思潮风云际会于中国思想界，马克思主义就是在这股西方思潮中不自觉地裹挟而来中国的，最初它主要是由当时影响学界的先进人士在将流行于欧美的社会改良主义和各种流派的社会主义学说传入中国的过程中，将马克思主义作为众多社会主义学说之一传入中国的。1899年2月，英国基督教会在中国创办的第一个文化机构——上海广学会主办的《万国公报》上刊载的一篇叫"大同学"的文章，文中首次在中国的刊物中提到"百工领袖，英人马克思也"，接着文中又引用了《共产党宣言》的一段文字："马克思之言曰：纠股办事之人，其权笼罩五洲，突过于君相之范围一国"，而后在同年出版的《大同学》里共同提到了马克思和恩格斯的名字，书中写道"德国讲求安民新学者，有人名焉，一曰马克思，二曰恩格思"（即恩格斯）。[②] 从马克思主义在这一阶段的传播特点来看，马克思主义是在当时中国一些有影响的学术刊物翻译介绍西方思潮中只言片语地来到中国这片神奇土地，这仅仅是马克思主义学术价值魅力的体现而已，并没有认识到其意

---

① 章韶华，王涛：《需要—创造论—马克思主义人类观研究》，中国广播电视出版社1991年版，第3页。

② 李天刚：《万国公报文选》，生活·读书·新知三联书店1998年版，第614—615页。

识形态的价值功能。尽管19世纪末，资产阶级革命的先行者——孙中山在流亡欧洲时，亲自研究和学习马克思主义的有关著作，并在他的影响下资产阶级革命派大力宣传《宣言》思想，其中"马克司者，以唯物论解历史学之人也。马氏尝谓阶级竞争为历史之钥"① 这一思想虽对孙中山形成民族、民权、民生"三民主义"思想产生了很大影响，但是由于历史的局限性，以孙中山为首的资产阶级革命党人并没有自觉地把马克思主义思想精髓作为改造中国社会的思想武器，最终没有能够领导中华民族彻底完成反帝反封的历史任务。

20世纪初，随着俄国十月革命胜利和中国共产党成立，马克思主义在中国的传播进入一个由片面的翻译介绍的学术层面到自觉地学术研究挖掘马克思主义意识形态功能的层面。以《宣言》及其马克思和恩格斯著作的翻译和传播为例。1918年到1919年初，以李大钊和陈独秀为首的一批先进知识分子针对马克思主义理论展开了学术领域的研究和探讨，连续发表一系列反映马克思主义思想精髓的文章，如李大钊的《法俄革命之比较观》、《Bolshevism 的胜利》，表达了对俄国革命的赞赏和支持。1919年5月的第6卷《新青年》杂志上接连发表的《我的马克思主义观》。② 该文是第一篇全面介绍马克思主义学说的长文，1920年陈望道翻译的中文版《共产党宣言》的发表和传播，标志着中国最早一批进步知识分子对马克思主义思想精髓的接受和理解，从而为建立马克思主义指导下的中国共产党奠定了思想基础。1921年中国共产党成立后，为了加强马克思主义的宣传和适应当时革命形势的需要，由我党成立后领导的地下出版机构——上海华兴书局在国民党的白色恐怖包围下，克服重重困难，组织出版了《共产党宣言》全译本和一批马克思主义的经典著作。1942年为了配合延安整风运动，我党在革命根据地延安成立了专门的翻译校阅委员会负责翻译和出版马列著作，是年，中共中央规定了高级干部必须学习的五本马列原著（《共产党宣言》、《社会主义从空想到科学的发展》、《"左派"幼稚病》、《两种策略》和《国家与革命》）。随着我党对马克思主义学术研究的必然延伸和展开，为推动马克思主义意识形态功能在中国

---

① 马君武：《社会主义与进化论之比较》，载《译书汇编》第2卷，第11号。
② 杨金海：《〈共产党宣言〉与中华民族的百年命运》，载《光明日报》2008年7月3日。

革命中的彰显提供了坚实理论支撑。

1949年中华人民共和国的建立,标志着马克思主义意识形态在中国的伟大胜利,同时中国革命的胜利又为促进马克思主义学术性研究的进一步展开打开方便之门。为了翻译、出版马列主义经典著作,中央宣传部于同年成立"斯大林全集翻译室"。1953年毛泽东批准,把原来两个翻译机构合并成立"中共中央马克思恩格斯列宁斯大林著作编译局",其主要任务是有计划、有系统地翻译马克思主义经典著作。在中央编译局和我国理论界同志的共同努力下,马克思主义的学术性研究取得了一系列可喜的成果。与此同时,伴随着马克思主义学术性的在中国的不断推进,马克思主义的意识形态性也更加彰显,与马克思主义一脉相承的毛泽东思想和中国特色社会主义理论体系的形成就是明显的例证,马克思主义的意识形态地位逐渐巩固,成为我党领导革命、建设和改革胜利的重要理论武器。

## 二、马克思主义与中国民族文化互动融合发展的必然性和可能性

马克思主义作为西方的优秀文化成果,它是与西方的社会历史背景和文化渊源相适应的,是欧洲工人运动的经验总结和理论升华。它之所以能与中国民族文化互动融合发展,一方面是近代中国社会变革和文化重构的需要,另一方面是中国民族文化与马克思主义思想体系有着深层次的相似和相通之处。

(一)马克思主义与中国民族文化互动融合发展的必然性

历史对种社会思想或理论的取舍是受到一种历史的必然性规律所决定,这种取舍必然有其合乎特定历史时期解决社会实际问题的价值功用。近代中国面对着深重的民族危机和由于政治社会的巨大变革导致的文化认同危机的关键时刻,最终在中国何去何从问题上选择了马克思主义,这与马克思主义本身所内蕴的旺盛的学术生命力和本身所具有的解决民族现实问题的理论应对能力是分不开的。

第一,马克思主义的意识形态性是近代中国社会变革的需要。马克思主

义作为意识形态，具有鲜明的阶级性和政治性，是最先进的阶级——现代工人阶级的理论，代表了绝大多数人的利益，而它所要追求的目标——社会主义和共产主义适合全人类的利益。近代中国，伴随着社会经济、政治的激变，中国民族文化在与西方异文化的碰撞和融合中，开始了由传统走向近代的变革过程，而这一过程的中心问题是"中国向何处去？"围绕这个问题，中国一批政治家、思想家和无数仁人志士提出了走资本主义道路的设想。但是西方列强的侵略和第一次世界大战的爆发，使长期以来被先进的中国人奉为圭臬的西方资本主义文化陷入危机，中国何去何从？恪守传统，显然没有出路，而追寻西学却又方向茫然。1917 年马克思主义在俄国的胜利，使茅塞顿开的中国人透过东方地平线看到了一个没有强权、没有剥削的人民当家做主的新国家，在"这时，也只是在这时，中国人从思想到生活，才出现了一个崭新的时期。中国人找到了马克思列宁主义这个放之四海而皆准的普遍真理，中国的面目就起了变化了。"① 于是一批先进的中国人也相继发出了这样的呐喊：走俄国人的路，这就是结论。而后随着中国工人阶级队伍的不断壮大和要求独立呼声的不断高涨，中国人民迫切需要科学理论的指导，马克思主义鲜明的意识形态性满足了这一需要，从而成为了中国共产党人领导革命、建设的思想武器和行动指南。

第二，马克思主义的学术性是近代中国文化重构的选择。"任何一种理论体系的传播与扩展，都必须进行文化的重构，即经过重新的解释。马克思主义是一种异域文化，是一种对中国人来说全新的理论体系，它在中国的传播，就是一种文化的重构"。② 也就是说，马克思主义要在中国这一新的土地上传播和扩展，让生活在本民族文化传统的中国人所理解和接受，就必须结合中国的实际，进行文化的重构和更新，从中国民族文化中获取素材和营养重塑自己的形象。马克思主义既是一种意识形态，也是一种文化形态。它之所以"能赢得了世界历史性地意义，是因为它并没有抛弃资产阶级时代最宝贵的成

---

① 《毛泽东选集》第 4 卷，人民出版社 1991 年版，第 1470 页。
② 薛雪共：《中国传统文化与马克思主义中国化》，湖南师范大学出版社 2012 年版，第 285 页。

就，相反却吸收和改造了两千多年来人类思想和文化发展中一切有价值的东西。"① 由此，在马克思主义中国化进程中，中国共产党一方面十分注重对中国民族文化给以总结，吸取其优秀成果，用中国民族文化体系中被国人所熟知的提法、理念和语言方式阐释马克思主义，并赋予其新的生命力，从而为马克思主义学术性的延伸提供了重要的文化资源。另一方面，中国共产党人自觉利用马克思主义的学术性科学地解读中国的社会发展史和以儒家文化为代表的中国传统文化，把传统文化中的民族忧患意识、自强精神等优秀传统提升到过去从未有过的历史和理论高度，促使传统文化适应时代的需要，实现传统文化的现代化，从而为马克思主义理论被群众所掌握并焕发出无穷的变革现实、创造历史的物质力量指明了方向。

（二）马克思主义与中国民族文化互动融合发展的可能性

马克思主义和中国民族文化分属于不同的学说体系，在各个具体问题上的观点有所不同，但他们探讨的问题许多是相通的，即他们之间有着某些契合点和互补性，这就决定了他们之间的结合不仅是必然的，而且也是可能的。

第一，马克思主义的意识形态性与中国民族文化的契合。马克思主义就其本质而言，它是一门批判、改造社会的学问，是马克思在吸收前人优秀成果的基础上对资本主义社会进行深入考察和批判而获得的科学成就，又是无产阶级争取解放实现共产主义的行动指南，是学术性和意识形态性的高度统一。中国民族文化的主要精神传统素来推崇"修身、齐家、治国、平天下"的价值理念，提倡以国家利益为重，"先天下之忧而忧，后天下之乐而乐"、"家事、国事、天下事，事事关心"的社会忧患意识。中国近现代历史上出现的无数志士仁人所表现的出来的正是这种为了国家富强、民族独立的精神意识。可见，分属于两种不同学说体系的马克思主义和中国民族文化都是以研究和解决社会问题为重心的，由此推开来，也就不难理解马克思主义传入中国后，为什么是一大批具有深厚传统文化底蕴的中国早期马克思主义者，能够自觉地从传统的"大同"社会理想、家国群体本位等价值理念来接纳共产主义和集体主义思想原则而走在时代的前列。

---

① 《列宁选集》第4卷，人民出版社1995年版，第299页。

第二，马克思主义的学术性与中国民族文化的互补。马克思主义和中国民族文化虽属于两类不同的思想学说，但它们的内容、特质，在总体上却存在着互补性。马克思主义就其学术性而言，它继承了人类文明的优秀成果，是人类智慧的结晶，尤其马克思的一生两大发现——唯物史观和剩余价值学说科学回答了认识世界和改造世界的重大问题，马克思主义被世人称为百科全书，具有重要的学术价值。不过，马克思主义经典作家尽管在人的全面发展和有关道德伦理方面有许多的论述，但是具体对人生问题的讨论却少之又少。与此相反，中国民族文化对人生问题的讨论却特别地丰富多彩。如中国儒学提倡的"修身为本"，就是主要回答人生价值的问题。又如人性问题也是马克思主义和中国民族文化共同关注的问题，但是"中国民族文化中各种人性学说都限于对共同人性的分析，是抽象的人性论。而马克思批判费尔巴哈的抽象人性论，提出人的本质在其现实性上是社会关系总和的论断，并指出阶级社会中人性的阶级性问题，这是对人性理论的发展"。[①] 马克思主义与中国民族文化互补不是单纯的理论问题，更是一个实践问题。由此在马克思主义中国化的过程中，中国共产党人十分注重二者的互补性，自觉地克服民族文化的局限性，吸取马克思主义理论的精华，对民族文化推陈出新，促进民族文化适应时代的需要；同时辩证地看待马克思主义中曾有过的片面和绝对化的论断，吸取中国传统文化的优良元素，发展马克思主义，促进马克思主义的中国化、时代化、大众化。

中国共产党作为一个用科学理论武装起来的马克思主义政党自觉承担起了中华优秀传统文化的忠实传承者和弘扬者，以及中国先进文化的积极倡导者和发展者的重任，高度重视文化工作在革命、建设、改革各个历史时期的重大作用，运用文化引领前进方向、凝聚奋斗力量，团结带领全国各族人民不断以思想文化新觉醒、理论创造新成果、文化建设新成就，推动党和人民事业向前发展，推动着中国民族文化和马克思主义互动融合发展的历史进程，形成了植根于民族历史文化土壤而又面向现代化、面向世界、面向未来的民族的科学的大众的中国特色社会主义文化这一重大的精神成果。

---

[①] 薛雪共：《中国传统文化与马克思主义中国化》，湖南师范大学出版社2012年版，第288页。

## 三、马克思主义意识形态性和学术性相统一对文化建设的启迪意义

党的十八大报告强调:"建设社会主义文化强国,必须加强社会主义核心价值体系建设,社会主义核心价值体系是兴国之魂,决定着中国特色社会主义发展方向"①。这就要求在文化建设中要始终坚持马克思主义的指导地位。一方面要深入实施马克思主义理论研究和建设工程,使之更好发挥认识世界、传承文明、创新理论、咨政育人、服务社会的重要功能。另一方面要巩固加强思想文化领域内马克思主义与各种非马克思主义、反马克思主义关于意识形态阵地的争夺与反争夺、占领与反占领的斗争。因此,继承和发扬马克思主义学术性和意识形态性相统一的理论风格,充分发挥马克思主义学术价值魅力,不断巩固和拓展马克思主义理论学科的建设,使之更好地为中国特色社会主义文化建设中坚守马克思主义阵地提供强大的理论支撑;同时继续加强思想文化领域中的马克思主义意识形态宣传和教育,确保全球化时代社会主义文化建设的安全。

### (一) 积极发挥马克思主义意识形态性在文化建设中的导向作用

当今世界,经济全球化已经成为时代潮流。它一方面促进了世界各国经济的开放和交流,给世界经济面貌带来深刻影响;另一方面它引起了世界范围内思想文化的激荡和碰撞,给世界文化的全球化提供了前提和基础。但是经济全球化对思想文化的影响是一把"双刃剑",它在促进世界各国共享人类文明成果的同时,也在经济全球化的汹涌大潮中,泥沙俱下、鱼龙混珠。尽管当今世界在经济上呈现出了"西弱东强"的态势,但在意识形态领域"西强东弱"的态势仍然没有改变。由于西方国家在全球化进程中占据主导地位,掌握着全球化的"话语权",这就使发展中国家如何应对西方强势文化的入侵,成为一个非常现实的问题。因此面对西方文化强势扩

---

① 胡锦涛在中国共产党第十八次代表大会上的报告[EB/OL]. http://news.xinhuanet.com/18cpcnc/2012 - 11/17/c_113711665.htm.

张的挑战，我们必须严加防范，时刻保持文化建设中的马克思主义阵地意识，具体说来：

第一，发挥马克思主义意识形态性是全球化时代社会主义文化建设方向的根本保证。经济全球化时代为文化的发展提供了更加广阔的空间。不同文化的冲撞和交融、不同思想的激荡和扬弃、不同文明的竞争和共存成为当今时代的重要特征。面对全球化的新变化，中国特色社会主义文化必须立足于自生自长的土壤，依靠传统文化的优势打造先进文化，培育和发扬民族精神。引进国外的文化产品时，不能只注重票房价格和分成利润，必须考虑其政治思想上的倾向性，毕竟文化的发展仍然是有阶级性、有意识形态分野。中国文化建设的实践证明，只有以马克思主义的科学理论为指导的文化建设，才符合社会主义本质要求和社会主义现代化建设需要，才符合文化自身发展的需要。如果脱离这一科学理论的指导，社会主义文化建设乃至整个社会的发展就会失去方向和动力，先进文化就无从谈起。正如邓小平同志所言："对马克思主义的信仰，是中国革命的一种精神动力。"① 离开马克思主义的指导，我们的社会主义文化建设就要失去力量，失去灵魂，失去方向。

第二，发挥马克思主义意识形态性是加强党的执政能力和先进性建设的内在要求。在当今政党政治时代，政党与文化有着密切的联系。任何政党都"是以一定文化作为自己的思想旗帜和精神力量，并按照它所代表的阶级利益来改造世界、影响社会。可以说坚持什么样的文化方向，推动建设什么样的文化，反映了一个政党的思想境界和理想追求，是一个政党是否成熟、是否有生命力的重要标志"。② 经济全球化必然导致的国家文化秩序的变动和文化力量格局的深刻变化，给国家文化安全和意识形态带来严峻挑战。"意识形态领域历来是敌对势力同我们激烈争夺的重要阵地，如果这个阵地出了问题，就可能导致社会动乱甚至丧失政权。而且，敌对势力要搞乱一个社会，颠覆一个政权，往往总是先从意识形态领域打开突破口，先从搞乱人们

---

① 《邓小平文选》第3卷，人民出版社1993年版，第144页。
② 蒋乾麟：《谱写中国特色社会主义文化大发展大繁荣的时代篇章》，载《马克思主义研究》2012年第1期。

的思想入手。"① 在这关键的时期，执政党能否具有强烈的文化担当，代表先进文化的前进方向，促进主流文化的发展壮大，是对我们党领导水平和执政能力的一大考验，关系着党的先进性和执政安全。所以在文化建设中执政党更应高度重视马克思主义的意识形态特性，善于运用该特性来加强自身建设特别是意识形态建设，永葆党自身的先进性，更加自觉地立于文化建设的潮头。

## （二）充分发挥马克思主义学术性在文化建设中的教化作用

马克思主义为无产阶级和人民群众提供了科学的世界观和方法论，是无产阶级和劳动群众认识世界、改造世界和完善自身的思想武器，是中国共产党的根本指导思想，具有意识形态的功能，但是这种功能是通过它揭示人类社会发展一般规律的理论逻辑力量和学术价值魅力反映出来，是在对科学真理的阐释中体现出来。因此，要坚持马克思主义在中国特色社会主义文化中的指导地位，彰显其意识形态的功能和价值，还必须发挥它的学术性在回答人民关心的实际问题中的教化作用。

第一，发挥马克思主义学术性在文化建设中的教化作用是马克思主义大众化的现实需要。马克思主义的学术性是其意识形态性的科学阐释，在当代中国特色社会主义文化的发展中发挥马克思主义学术性的教化作用，实质就在于如何通过马克思主义理论的学术研究，使理论更好地实现与中国民族文化的互动、融合和发展，简而言之，就是马克思主义大众化的过程，也是一个科学理论先被理论研究者理解掌握，然后再被人民大众理解掌握的过程。"理论研究者是马克思主义理论的传播者，而人民大众则是马克思主义理论的接受者。在大众化过程中，理论研究者只有在完整准确地研究清楚马克思主义理论的基础上，才有可能向理论接受者叙述清楚马克思主义理论，也就是说理论研究者只有通过科学的研究才能掌握'批判的武器'，只有在研究的基础上通过宣传教育形式的创新才能产生'武器的批判'功效"，② 从而使马克

---

① 靳辉明、李崇富：《马克思主义若干重大问题研究》，社会科学文献出版社 2011 年版，第 485 页。

② 张雷声：《从整体性角度把握马克思主义》，载《甘肃社会科学》2010 年第 6 期。

思主义理论和学说融入到世界无产阶级和广大劳动群众的思想认识中，使他们知晓、理解、认同、接受和信仰马克思主义，并内化为世界无产阶级和广大劳动群众的价值理念、思维方式、实践理念，自觉转化为个人实践的行动指南，最终使马克思主义生发出"改变世界"的意识形态功能。

第二，发挥马克思主义学术性在文化建设中的教化作用是文化建设植根于社会实践的必然要求。中国特色社会主义建设是马克思主义指导下的中华民族的伟大复兴之业，是马克思主义在当代中国的发展兴旺之基，也是实现国家的富强、民主、文明与和谐之路。文化建设既是社会主义建设的根本内容之一，同时又有服务和促进经济和政治建设的重要功能，因此我们的文化建设必须始终立足于建设中国特色社会主义的伟大实践，充分发挥文化建设中马克思主义学术性教化社会的作用。这就要求马克思主义的学术研究，一方面必须处理好文化建设指导思想与具体方针政策的关系，要让文化建设的核心——马克思主义的精神实质渗透在具体的方针政策之中，使马克思主义不仅是理论研究者的"精神大餐"，更要使马克思主义在实践中成为大众须臾不可或缺的精神食粮。另一方面必须从大众生活实践的角度来阐释马克思主义理论的深刻内涵，把理论成果转化成人民大众喜闻乐见的生动形式，贴近人们的思想实际、贴近人民关心的问题、贴近大众的生活，用大众熟悉的语言来回答人民关心的实际问题。

## 结　语

学术性和意识形态性是马克思主义的理论风格。二者相互渗透、相互促进、不能偏废，坚决避免推崇区分"学术研究的马克思主义"与"意识形态的马克思主义"现象。马克思主义学术性研究是意识形态宣传教育的前提和载体，加强意识形态宣传并不等于削弱学术研究，马克思主义意识形态宣传教育中遇到的诸多需要解决的问题则会推动学术研究的广泛性、深入性。加强学术性研究也不等于以削弱意识形态宣传教育为代价，学术研究的必然延伸和展开则为推动意识形态宣传教育提供坚实的理论支撑。因此，在我国社会主义文化建设中，要继承和发扬马克思主义学术性和意识形态性相统一的理论风格，一方面以马克思主义学术研究为载体，加强意识形态宣传，充分发挥马克思主义意识形态性在文化建设中的导向作用。另一方面利用马克思主义意识形态宣传教育中遇到的诸多问题来推动学术研究的广泛和深入，充分发挥马克思主义学术性在文化建设中的教化作用，只有这两个方面相辅相成、不可或缺，才能推动马克思主义与中国民族文化的融合进入一个新的高潮和发展阶段，才能适应中国新时期文化发展要求。

（此文载于《广西社会科学》2013年第3期）

# 试论苏共干部选用方面的主要教训*

## ——基于德才兼备用人标准实现机制的思考

于学强

**摘　要**：从总结教训的视角看，苏共干部选用方面存在的突出问题在于不能有效地平衡干部选用权力集中化与分散化、干部任用周期长期性与短暂性的关系，不能构建正常的干部退出机制，以及在用人标准方面没有从系统论的视角构建好德才兼备的指标体系，也没有处理好德与才的关联性。

在干部选用方面，苏共曾进行过成功的探索，也积累了很多有益经验。但是，苏共下台很大程度上是基于其在干部选用方面出了问题。从总结教训的视角看，苏共干部选用方面存在的突出问题在于不能有效地平衡干部选用权力集中化与分散化、干部任用周期长期性与短暂性的关系，不能构建正常的干部退出机制，以及在用人标准方面没有从系统论的视角构建好德才兼备的指标体系，也没有处理好德与才的关联性。

---

\* 基金项目：本文为于学强主持的国家社科规划项目"德才兼备用人标准实现机制研究"（CDJ007）、中国博士后面上资助项目"中国共产党德才兼备用人标准实现机制研究"（20110491068）、国家民委托项目："少数民族干部选用标准科学化问题研究"（2012－GM－099）的阶段性研究成果。

于学强（1973—　），男，山东茌平人，聊城大学政治与公共管理学院教师，研究方向为中国共产党的执政理论与实践。

## 一、干部选用权力的集中化与分散化

在干部选用权力方面，苏共①走了一条由集中到分散的道路。在列宁时期基于战争形势和恶劣的国际、国内环境，选用权力比较集中，实行"严厉的集中制"。1918年列宁改变了直接选举领导干部的想法并提出委派制原则，1919年俄共（布）八大标志着苏联干部制度转向任命制，1923年11月则开始了等级官员名册制度的实践，明确了不同类型和岗位上的干部提名任命主体。但是，由于列宁崇高的威望、无私的情怀和高超的识人用人能力，这一时期干部选用权力的集中制还没有凸显其弊端，特别是列宁本人时刻警惕选拔权力过分集中侵害民主的情况发生。所以，在列宁时期干部的选用权虽然集中，但是德才兼备用人标准实现机制贯彻实施得比较好。斯大林将"严厉的集中制"贯彻到干部领域，并将其长期化和固定化，导致各级干部都由上级任免，形成党的领导人员层层任命制。斯大林本人并非没有认识到这种情况，早在1937年斯大林就曾指责有些部门的干部"是一个亲近的人们结成的一个小家庭，一个小团体，其成员都力求和平相处，互不得罪，家丑不外扬，互相吹捧，并且时常向中央送交空洞而令人作呕的胜利报告"②。但是，理论认识并没有形成改变现实的物质力量，尤其是当列宁去世后，苏共权力斗争的需要也迫使斯大林充分利用中央书记处的权力，尤其是在干部制度方面利用官册制度培植自己的势力和削弱对手的权力。所以，此时期斯大林加强了书记处的权力，将各层级的干部选用权力集中在书记处和自己手中，直到斯大林退出历史舞台，苏共干部选用权力过分集中的情况始终没有得到根本改变。斯大林病逝以后，赫鲁晓夫于1953年9月正式担任苏共第一书记。针对苏共高度集权的领导体制，赫鲁晓夫实行了一系列改革措施，经过一系列的"思想批判"、"体制改革"，最终由于赫鲁晓夫本人不身体力行党内民主和集

---

① 严格说来，苏共只是苏联共产党特定历史时期的称谓。苏联共产党的前身为1898年3月成立的俄国社会民主工党，1912年起称俄国社会民主工党（布尔什维克），1918年改名俄国共产党（布尔什维克），1925年称苏联共产党（布尔什维克），1952年改为苏共。
② 《斯大林文选》（1934—1952），人民出版社1962年版，第139—140页。

体领导,而导致党内政治生活极不正常,其结果又回到了搞个人迷信和个人独裁的起点上。1964年10月赫鲁晓夫被解除苏共中央第一书记、苏共中央主席团委员、苏联部长会议主席等职务。勃列日涅夫把赫鲁晓夫轰下了台,但是他在个人专断独行方面与赫鲁晓夫也是亦步亦趋,没有改观。1985年3月,戈尔巴乔夫当选为苏共中央总书记、苏联国防会议主席、苏联最高苏维埃主席团委员之后,提出对党的建设必须实行"革命性的变革",用此清除一切把党同官僚主义联系起来的东西,提出"公开性"与"民主化"的口号。但是,戈尔巴乔夫在改变过于集中的组织状况时,连同党的指导思想和组织原则都改变了,最终导致苏共下台与苏联解体。

选用权力的集中化与分散化关乎德才兼备用人视野问题,也关乎选用干部是否为民主方式的问题。选用权力过于集中可能导致用人视野狭窄,任人唯亲盛行。赫鲁晓夫后来也曾批评过人事权力过于集中所导致的任人唯亲问题,他指出:"在许多党、苏维埃和经济的组织中有一种严重的恶行,那就是用不正当的方法挑选干部,即不按照业务能力和政治品质去挑选干部,而按照朋友关系、私人情面、同乡和亲戚关系去挑选干部。"[1] 从资料上看,十九大后召开的中央委员会第一次全体会议所建议成立的25人的主席团,就是斯大林本人从口袋里取出的,而且这种建议与提名没有经过讨论就通过了。还有一个例子就是斯大林的次子瓦里西,他毕业于一个航空学院,开始投入战斗时只是一个20岁的上尉,战争结束时已是一名24岁的中将。1947年从东德调回莫斯科又立即当上了莫斯科军区的空军首脑。[2] 不仅如此,由于权力过分集中还容易因权力崇拜而变成对权力持有者的个人崇拜。从苏共领导苏联建设的历程看,个人崇拜问题确实曾是"苏联社会主义进一步发展的最大障碍"。[3] 在苏联,人们对于领袖人物的过分颂扬肇始于斯大林时期,对于斯大林的崇拜落脚到对于斯大林的唯命是从方面,甚至党的十七大都通过决议,

---

[1] 《赫鲁晓夫言论集》第2集,世界知识出版社1964年版,第297页。

[2] 参见于学强:《中国干部选拔的问题与对策研究》,中国社会科学出版社2009年版,第136—142页。

[3] 刘克明、金挥:《苏联政治经济体制七十年》,中国社会科学出版社1990年版,第419页。

"责成各级党组织以斯大林同志报告中所提出的原理和任务作为自己工作的指南"。① 赫鲁晓夫以反个人崇拜的面目出现,"最终走上了他迷信自己也让他人迷信自己的道路"②。赫鲁晓夫的继承人勃列日涅夫,在个人迷信方面与前任相比同样有过之而无不及。造成个人崇拜的原因之一是选用权力集中化,而个人崇拜的结果又反过来影响了干部选用进程,影响了德才兼备干部的选拔与使用。正如李华指出的,苏联长期实行干部任命制,久而久之便把整个干部队伍的视线引向了上级,造成了领袖崇拜。同时,由于他们赢得了领袖的欢心从而也有可能使自己的官位得到提升。③

另一方面,在选用干部人才方面不失时机地推进选举制度,也可能导致选用权力的分散化,同样也会产生严重的后果。在苏共第二十八次全国代表大会上,戈尔巴乔夫认为进行政治体制改革必然要进一步推进党自身的改革,改革的思路之一就是选举制改革。强调改革候选人由书记提名的办法,各级选举要民主,保证候选人经过广泛讨论,保证实行竞争,其结果是保证真正忠于事业、有才华、受尊敬、享有崇高威望、有能力执行改革政策的人当选。同时,戈尔巴乔夫逐渐弱化了政治局、书记处的作用,实行竞选制。到1988年9月,书记处有一年左右没开会,党的各种委员会建立后,书记处的会议便自动停止了,而在1989年举行的首届苏联人民代表选举中,参加竞选的150名党委书记有30名落选。苏共二十八大的改革更为激进,会议要求在干部工作中,党将放弃形式主义和圈定名单的做法,国家权力机关和管理机关有权作出干部任命决定,党内的干部任免权由上级机关下放到党组织和全体党员。"苏共二十八大的新架构,看上去是民主的,但本质上是离心的;看上去是对传统结构和机制的改革,实际上是对它的反动。"④ 这种在政治上主张多党制和取消民主集中制,不适时的干部制度改革,葬送了苏共本身。

---

① 《苏共决议汇编》第4分册,人民出版社1957年版,第355页。
② 闻一:《1964年10月:勃列日涅夫和赫鲁晓夫》,载《世界历史》1996年第4期,第100页。
③ 参见李华《赫鲁晓夫时期苏联干部任期制评析》,载《南京社会科学》1995年第2期,第54页;《关于苏联个人崇拜现象的历史考察——从斯大林到勃列日涅夫》,载《阴山学刊》2007年第5期,第71页。
④ 王长江:《政党的危机》,改革出版社1996年版,第85页。

集中与分散是事物对立统一的两个侧面，没有集中，就没有分散。在干部选拔权力方面也要注意平衡集中与分散这对关系，尊重民众的权利并积极推进有效民主，借以提升执政合法性。诚如毛泽东指出的："一方面反对绝对的集中主义，同时又反对绝对的分散主义。"①"应该集中的不集中，在上者叫做失职，在下者叫做专擅，这是在任何上下级关系上特别是在军事关系上所不许可的。应该分散的不分散，在上者叫做包办，在下者叫做无自动性，这也是在任何上下级关系上特别是在游击战争的指挥关系上所不许可的。"②纵观苏共选用干部的历史可以得出，苏共在干部选拔权力方面的重要教训之一就是没有平衡好集中与分散的关系。

## 二、干部任用周期的长期性与短暂性

列宁基于身体的原因和当时崇高的威望担任领导职务至逝世，斯大林本人在和平建设年代也没有探索出好的任期制度，也担任党政领导工作直到逝世。至于其他各层级的干部，都或多或少地存在任职终身制情况，至少存在任期时间过长的问题。这种任用周期长的现象严重阻碍了干部的更新，影响了德才兼备的干部特别是年轻干部的脱颖而出。后来的赫鲁晓夫曾针对于此进行过干部更新制度改革，他指出："经常更换干部，提拔在工作中成长起来的新同志，把年轻的工作人员同富有经验的工作人员在我们党和国家的乐队中结合起来，是马克思列宁主义政党的发展规律。"③他认为，干部如果长期留守在某一职位上，就会出现精神懈怠失去原来具有的德才素养，"他们当中有些人失掉了创造性办事的能力，丧失了对新事物的感觉，成为一种障碍"。④通过干部更新"能够保证把新生力量输送到领导中和保证领导的继承性"⑤，防止干部的老化和优秀年轻人才的产生。同时，这种干部更新制度还能改变

---

① 《毛泽东选集》第2卷，人民出版社1991年版，第435页。
② 《毛泽东选集》第1卷，人民出版社1991年版，第192页。
③ 《苏联共产党第二十二次代表大会主要文件》，人民出版社1961年版，第402页。
④ 《苏联共产党第二十二次代表大会主要文件》，人民出版社1961年版，第401页。
⑤ 《苏联共产党第二十二次代表大会主要文件》，人民出版社1961年版，第485页。

干部队伍文化素质偏低，"特别令人不能容忍的"①状况和"多少限制和约束了干部以权谋私行为的泛滥"。②于是，在赫鲁晓夫当政时期开始大量更换干部，"这一时期中央委员的更换率，二十大为37.6%，二十二大为50%。1952年当选的中央委员125人，到1961年二十二大只有31.2%的人继续当选。中央部一级领导干部在这个时期更换率高达81.7%。基层组织书记的更换率最高每年更换60%。"③但是，赫鲁晓夫的干部轮换更新机制并不彻底，比如对于该制度规定"某些党的活动家，由于他们享有公认的威信，具有高度的政治品质、组织者品质和其他品质，可以在更长的时期内连续选入领导机关"。这一规定严重背离了马克思主义认识论，事物是不断变化的，即便有些领导人过去享有公认威信和拥有高度的政治品质，也不一定就一直拥有这种威信和品质。同时，这一规定也为赫鲁晓夫自身长期担任领导职务留下后路：赫鲁晓夫从1939年苏共十八大当选政治局委员以来，经过苏共十九大至二十二大，已经连续4届共22年担任主席团（政治局）委员的职务，早已超过干部更新制度的具体规定。赫鲁晓夫的改革，使得中下层干部频繁轮换，侵犯了很多人的利益，形成队伍内的政敌与反对派，再加上赫鲁晓夫本人利用这一制度，排斥异己，以至形成个人专断，伤害了大批干部的积极性，也造成干部队伍不稳定，影响了德才兼备实现机制的落实。

勃列日涅夫没有能够正确总结赫鲁晓夫干部更新制度的正反两方面经验教训，而是笼统地加以否定，把其中的合理因素即干部职务的任期制和轮换制也否定了，从而继续推行斯大林时期即已暴露弊端的领导职务终身制，再次阻碍了干部新老交替，影响了优秀年轻干部脱颖而出，导致领导班子年龄老化、思想僵化和作风官僚化。稳定干部队伍在一定时间内曾有过积极作用，但当稳定走向了极端的时候便会再次出现领导干部职务终身制的问题。在勃列日涅夫时期，苏共中央政治局委员平均年龄，由1964年的61岁，上升到1981年的70.6岁，中央书记处的年龄，由1964年的54.1岁，到1981年上

---

① 《社论：党对经济的领导》，载［苏］《共产党人》杂志，1963年第16期。
② 黄立茀：《苏联社会阶层与苏联剧变研究》，社会科学文献出版社2006年版，第188页。
③ 王长江：《苏共：一个大党衰落的启示》，河南人民出版社2002年版，第199页。

升为68岁。在苏共二十五大上，连选连任的比率高达83%，如果除去去世的，实际上有将近90%的中央委员连任。苏共二十六大选出的中央政治局和书记处，竟是苏共二十五大的原班人马。而且，从14人组成的政治局委员的年龄结构上看，70岁以上的成员竟有8人，占57.1%，如果再加上60岁到70岁的5名成员，则占92.9%，而60岁以下的成员只有1人，占7.1%。这14名政治局委员到1985年3月戈尔巴乔夫上台为止的4年多时间里，竟有6人先后老死在岗位上。后来，在以勃列日涅夫为首的最高5人领导核心中，平均年龄高达75岁，被称为"老人团"，这在任何国家都是罕见的。同时，由于实践中强调了任命制，使任命制完全被固定化了。此时，每一级党委可以任命的范围和权限都形成了具体详细的规定，区委、州委、共和国党中央、书记处、政治局都有自己的主管干部。①

可见，在德才兼备用人标准的落实过程中，正确处理干部的任用周期，在推进更新任期制进程中改变任用周期过长或过短的现实，始终是苏共面对解决但始终没有解决好的难题。究其原因就在于改革进程中的连续性与间断性关系没有处理好，在改革既往制度的弊端时将既往制度一棍子打死，而新制度又是建立在对既往批判的基础上的。由于它打死了既往制度，像泼洗澡水倒掉了婴儿一样，也否定了既往制度中的合理成分，结果又使新生制度出现了不少新弊病，再次影响到德才兼备用人标准的贯彻落实。

## 三、干部淘汰过程的残酷性与非理性

列宁在选用干部人才的过程中既比较民主，也比较理性。但在列宁之后，随着斯大林掌握了无限的权力，以及党内斗争的不断加剧，或者说是斯大林认为党内斗争的形势越来越严峻，对选用人才的进程也产生重大影响，特别是对于如何淘汰党内不合格的干部或者反动分子问题产生了重大影响，使得干部淘汰过程呈现出明显的非理性和残酷性。1927年斯大林就战胜了最大的竞争对手托洛茨基并将其开除出党，而列宁1922年12月23日至25日口授的

---

① 于学强：《中国干部选拔的问题与对策研究》，中国社会科学出版社2009年版，第137—138页。

《给代表大会的信》中，还认为托洛茨基是"中央委员会中最有才能的人"①。1929年4月的第十六次代表大会通过《关于清洗和审查联共（布）党员和预备党员》的决议，决定"实行总清党"，清洗"暗藏的托洛茨基分子"，"清洗一切非共产主义分子、蜕化分子、异己分子、官僚主义分子、混进党内的分子、自私自利分子和以官僚态度对待自己职责的分子"，② 随后，相当多曾在革命和建设进程中作出过巨大贡献的革命家都以各种各样的罪名被清除出党，甚至加以肉体消灭。例如皮达可夫，这位曾被列宁称为"是个具有坚强意志和杰出才能的人"③ 于1937年被枪决。再如布哈林，列宁曾称之为"党的最宝贵的和最大的理论家，他也理所当然被认为是全党喜欢的人物"，也于1938年被枪决④。遭到同样命运的还有众多党政军优秀干部。"1917年8月俄共第六次代表大会选出领导十月革命的中央委员会。在21名中央委员中，被逮捕处死的有别尔津、布哈林、布勃诺夫、季诺维也夫、加米涅夫、克列斯廷斯基、米柳亭、李可夫、斯米尔加、索柯里尼柯夫等10人，还有托洛茨基在国外被暗杀。遭迫害的占到一半以上。"1922年俄共"第十一次代表大会选出的27名中央委员，其中遭迫害致死的有16人。……遭迫害的占到60%以上"。⑤ 为了推进大清洗，苏联中央执行委员会还颁布《关于客观参与》等法律，并根据斯大林的建议作出一项关于采用肉体硬化的决定，不仅扩大了清洗面，而且使严刑逼供合法化。这样，许多人都被冠以"人民的敌人"加以抓捕甚至消灭，内务人员可以肆无忌惮地打人至死，也可以采取不许人睡觉的办法折磨人。斯大林时期大清洗的规模相当大，有人认为遭到镇压的有300万—800万，遭迫害的则多达数千万。⑥

与斯大林残酷性的淘汰机制相比后来者有了进步。但是，后来者在除旧

---

① 《列宁选集》第4卷，人民出版社1995年版，第754页。
② 《苏共决议汇编》第4分册，人民出版社1957年版，第52、49、48页。
③ 《列宁选集》第4卷，人民出版社1995年版，第754页。
④ 《列宁选集》第4卷，人民出版社1995年版，第754页。
⑤ 沈志华：《一个大国的崛起与崩溃》上册，社会科学工作者文献出版社2009年版，第341页。
⑥ 沈志华：《一个大国的崛起与崩溃》上册，社会科学工作者文献出版社2009年版，第300—301页。

纳新的过程中也犯了非理性的错误。针对斯大林时期形成的干部队伍老化的情况，苏共二十二大上赫鲁晓夫正式提出了干部更新制度。"1963 年，在总结和改选过程中实行这一制度的结果，是各加盟共和国党中央、州委会的成员更新了一半以上，市委会、市属区委会选出了 3/4 以上的新成员。而在国家政权方面，据 1962 年 4 月 25 日《真理报》报道，苏联最高苏维埃的代表在当年的选举中更换了近 70%，在 1447 名代表中有 1007 名是初次当选。"① 经过改革，"1964 年苏共中央主席团委员平均年龄为 61 岁，1962 年苏联部长会议副主席的平均年龄为 56 岁，州委书记的平均年龄只有 48 岁。"② 但是，赫鲁晓夫在实行这一改革时，低估了干部阶层因以往实行终身制而形成的顽强惰性和反抗力量，忽视了社会的心理承受力问题，不仅得罪了大量的干部，也削弱了自身改革的基础，也影响到德才兼备用人标准实现机制的落实。同样，勃列日涅夫的改革纠正了赫鲁晓夫在某些方面的不足，以保持干部队伍相对稳定为借口，取消干部任期制和轮换制，再次走向了干部队伍老龄化和干部终身制。"这种干部终身任职的制度，使 70 年代后期苏共高层领导的老龄化现象十分严重，最后导致苏联领导层陷入了病态和停滞的状态。甚至从 1982 年 11 月到 1985 年 3 月，在不到 3 年的时间里，莫斯科红场为苏共的 3 位最高领导人举行了葬礼。"③ 不仅如此，为了防止被清除的下场，勃列日涅夫一方面将所有重要权力集中在自己手中，另一方面也是消除异己，提拔庸人，使之无人能在这个体制内对他本人构成威胁。所以，"尽管勃列日涅夫具有明显的缺点和毛病，可是在他风烛残年的日益衰竭的一个长时期中，他竟没有一名竞争对手；国家、党和政府领导上竟未能提出更佳的人选。"④ 1985 年契尔年科去世后，戈尔巴乔夫上台，结束了苏联老年政治的历史，但又使得苏联的干部体制再次翻转。"在 1986 年 2 月召开苏共二十七大之前，戈尔巴乔夫已经基本上完成了对苏共最高领导核心的更换和改组工作，把他认为的改革派拉进了自己的班子。""这个班子的平均年龄是 64 岁，比勃列日涅夫

---

① 刘新宜：《社会主义国家演化简史》，社会科学文献出版社 2010 年版，第 292 页。
② 李华：《赫鲁晓夫与苏联治理》，中国社会科学出版社 2009 年版，第 15—16 页。
③ 万福义：《党鉴：共产党执政实践与规律研究》，山东人民出版社 2003 年版，第 378 页。
④ 阿尔巴托夫：《苏联政治内幕》，新华出版社 1998 年版，第 332 页。

的班子年轻6岁，勃列日涅夫时期的政治局成员基本上被换掉了，只剩下葛罗米柯等4人。不久这些老人也陆续被戈尔巴乔夫换掉。"① 干部年轻化的推进不仅没有激活苏共的活力，挽救苏联大厦将倾的局势，反而进一步推进了这个进程，最终导致苏共下台和苏联的解体。

可见，在苏共推进德才兼备用人标准过程中呈现出明显的非理性：斯大林是通过大清洗运动，将相当多德才兼备的干部清理掉；赫鲁晓夫通过宫廷政变式的手段获得了权力，在德才兼备用人标准实现机制方面犯了冒进的错误，勃列日涅夫时期在老路不通的情况下再走老路，肯定不合时代潮流，而戈尔巴乔夫在干部制度病入膏肓的情况下采取休克式疗法导致苏共下台也是必然的。

## 四、干部任用标准的异动性与偏执性

苏共虽然在干部选用标准方面主张德才兼备，如列宁领导苏维埃时期就强调要"广泛地、有计划，有步骤地、并且公开地挑选最优秀的经济建设人员，挑选专业的和一般的、地方的和全国的管理人员和组织人员"。② 斯大林坚持了他这一思想，指出要选用德才兼备的人才，注重德与才两个方面，还警告说"不要把政治态度变成唯一无二的态度，即不要只注意工作人员的政治面貌，而不注意他们的业务能力"③。在苏联的党章以及党的代表大会决议中，要求坚决贯彻根据政治品质和工作能力的干部标准挑选干部的路线。如苏共二十三大强调："应当把忠于共产主义理想、通晓业务、经常联系群众，善于组织群众去完成面临的任务的工作人员提拔到领导岗位上来"。苏共二十四大再次重申，要让政治上成熟、有广博知识和较强管理能力的干部来担任各部门的领导工作。苏共二十七大强调，选拔干部的标准是：遵守列宁关于挑选、配备和培养干部的标准，注意德才兼备。但是，实践表明，这种

---

① 万福义：《党鉴：共产党执政实践与规律研究》，山东人民出版社2003年版，第388页。
② 《列宁全集》第12卷，人民出版社1986年版，第272页。
③ 《斯大林文选》（1934—1952），人民出版社1962年版，第139页。

德才兼备用人标准的政策规定，并没有成为阻遏其执行中的异动与偏执的屏障。在革命斗争年代，列宁与斯大林都比较重视干部选拔，既强调对于无产阶级的无限忠诚，也强调斗争的才能，选拔了大量德才兼备的干部，比较好地贯彻落实了德才兼备用人标准。但是，战争结束后的和平建设年代，特别是斯大林时期，一方面列宁用于战争时期的用人策略教条式地固化下来，比如任命制，使得用人权力过于集中，用人标准的判定也过于集中；另一方面由于列宁这一权威离去，党内的权力斗争在斯大林与其同僚中展开，而无论他们是围绕政治路线还是经济路线进行争论或斗争，最终都会落脚到以用人制度为核心的组织路线斗争方面。由于德才兼备用人标准缺乏现实的制度保障，此时便成为党内派系斗争和组织路线斗争的重要内容。比如，审判了所谓"列宁格勒反党集团"，逮捕和处决了沃兹涅辛斯基、库兹涅佐夫等联共（布）领导人，压制党内的不同意见；1957年的"反党集团事件"和通过《关于马林科夫、卡冈诺维奇、莫洛托夫反党集团的决议》等。虽然，在不同时期的领导者都声称自己贯彻了德才兼备的用人标准，实际上由于干部的选用、培育、监控、管理、淘汰等方面缺乏配套机制，每个时期的组织标准都适应当时的政治路线和派系斗争的需要，最终使德才兼备用人标准只能成为空头支票。

作为第一个社会主义国家，而且是非常重视意识形态建设的国家，苏共在早期的用人标准方面非常重视"德"。基于革命斗争的严酷形势，这种对于"德"的关注尤其体现在政治性与阶级性的要求方面。在当时党的工作重点转向经济建设的时候，尤其强调要有必备的知识和文化。列宁指出，"在这里，靠蛮干和突击，靠机智和毅力或者任何优良的个人品质，都是无济于事的"。[①]1931年，针对社会主义建设的任务，斯大林提出了"技术决定一切"的口号。虽然，列宁和斯大林强调建设时期的专业能力问题，但政治素养无疑仍是第一位的。苏共党章要求要根据干部的政治的、工作的和道德的品质来选拔和配备干部，仍然是将政治标准放在第一位。即便是勃列日涅夫时期，仍

---

① 《列宁选集》第4卷，人民出版社1995年版，第699页。

强调以"政治表现、业务能力、道德品质三个条件作为挑选干部的标准。"①但是，特殊的政治情形使得对于政治表现的要求出现严重偏执化，对干部政治表现与道德品质的要求变成了了对领导的忠诚。诚如南方周末指出的，"密谋政治反过来又使领导者更把'忠诚'看得高于一切，加剧了干部退化的恶性循环。戈尔巴乔夫能够成为苏共最后一任领导人，就与他任边疆区委书记时，经常盛情款待来此疗养的苏共领导人，特别是获得安德罗波夫赏识有关。"② 进入 80 年代以后，特别是苏共二十七大以后，苏共把经济改革与政治改革联系起来，苏联的政治体制改革特别强调从革新党风、加强党的自身建设、提高党的素质入手，强调"对党政领导部门进行较大的调整和更新，新的干部标准着重其对改革的态度如何"。③ 在选人标准上，戈尔巴乔夫强调，要按"新尺度，新任务"来挑选干部，要"任人唯贤"，以改革划线。他认为"对改革的态度，对实行改革采取的实际行动，是评价干部的决定性标准"④。为了落实上述标准，戈尔巴乔夫采取用选举制逐步代替委任制、实行选举公开化、差额选举和任期制的做法。应该讲，这些做法本身没有问题，问题是时机的选择与干部标准本身认识的偏执，当过于强调改革标准或以坚持改革标准冲淡传统标准时，也会使传统上比较注重的德或政治指标被冲垮。"苏共在历史上也犯了这样的错误，在勃列日涅夫、安德罗波夫、契尔年科等先后逝世后，告别了老人党，却丢掉了'德'的尺度选择了年轻的戈尔巴乔夫。戈尔巴乔夫从来不是一个马克思主义者，更不是一个共产主义理想坚定者，其上台的目的就是搞垮苏共，结果如此，教训极深。"⑤ 黄苇町也指出过，"苏共在选拔干部时，过分注重干部的知识化、年轻化、专业化，而忽视了干部的革命化，选拔出的干部对马克思主义没有坚定的信仰，没有牢固确立为

---

① 张世昌，刘培成：《当代社会主义运动概论》，陕西师范大学出版社 1988 年版，第 211 页。
② 黄苇町：《苏共垮台的总病根：权力过分集中、民主缺失》，载《南方周末》，2011 年 8 月 19 日。
③ 中共辽宁省委政策研究室：《政治体制改革问答》，辽宁人民出版社 1988 年版，第 21 页。
④ 戈尔巴乔夫：《关于改革和党的干部政策》，载《真理报》，1987 年 1 月 28 日。
⑤ 祝福恩：《以德选人用人的当代意义》，载《黑龙江日报》2009 年 11 月 23 日。

人民大众谋利益的宗旨，甚至已经成为思想上的反对派。"①

可见，苏共在德才兼备用人标准方面强调对于德和才的关注，但是问题不在于是否提倡和关注德才指标，而在于是否从系统论的视角来认识和把握德与才，以及如何在实践中落实这些指标。从德才关系上看，正确的用人策略是主张德才兼备、以德为先。但从苏共用人方面看，前期确实强调德才兼备、以德为先，只是对于德方面的强调突出政治指标，这也导致了后期用人标准方面的大转向——对业务指标的过于青睐。"有才无德，行而不远"。这句俗话伴随苏共的下台，又一次在用人史方面得到证实。

（此文载于《中共南京市委党校学报》2013 年第 4 期）

---

① 张静如：《高校党的建设理论与实践探索》，中共中央党校出版社 2006 年版，第 193 页。

# 英国工党主导思想嬗变特质的四维解读*

李华锋

**摘　要**：为了实现上台执政或连续执政，英国工党在百年发展进程中不断调整自己的主导思想。从宏观层面看，英国工党主导思想的嬗变具有总趋势先左转后右转、与自由主义逐渐趋同、工会的影响由强变弱、重大变化均发生在在野时期和经济社会领域等四维特质。这些特质的形成既与英国社会的发展变化和英国的传统文化有关，也与工党自身的组织特点和政坛地位有关，是工党党情与英国国情共同作用的结果。

主导思想是一个政党的意识形态标志，也是一个政党行动的基本指针。在百年发展进程中，英国工党为了实现上台执政或连续执政，不断调整自己的主导思想，呈现出鲜明的特质。深入分析工党主导思想嬗变的特质，有助于深化对英国工党与英国社会的认识。

## 一、英国工党主导思想总的变化趋势是先左转后右转

作为凝聚诸多信奉者和追随者的思想理论，任何政党的主导思想都具有

---

\* 基金项目：中国博士后科学基金资助项目（20110491607）和山东省社科规划重点项目（10BZZJ04）：英国工党政坛沉浮与主导思想的关系研究。

李华锋（1976—　），男，河南鄢陵人，聊城大学政治与公共管理学院教授，硕士生导师，法学博士。

一定的弹性空间，都会随着时间的变化呈现一定程度的波动，以吸引更多的党员和选民。工党的主导思想也是如此。从微观上讲，在工党百年发展进程中，其主导思想的确是忽左忽右。不过从宏观上看，无论是质变与量变，工党主导思想的变迁轨迹都还是很明显的，即在艾德礼结束执政的20世纪前半叶工党主导思想在左转，在20世纪下半叶工党主导思想在右转。工党主导思想在20世纪前半叶左转首先表现在通过1918年新党章和新党纲的确立，工党主导思想由劳工主义转变为民主社会主义。经过这一嬗变，工党在政治诉求上由单纯的输送劳工议员，保护工会和劳工的经济与社会利益，转为提出上台执政的宏大目标；在对待资本主义态度上，由认可英国资本主义体系转为变革英国资本主义体系，建立一种新的社会制度；在所有制问题上，由不反对私有制，排斥公有制转为埋葬私有制，认为生产资料公有制是新社会制度的鲜明特征，提出私有企业进行国有化或社会化改造。

此后在麦克唐纳的领导下，工党主流虽然反对走上极左的道路，主张在资本主义体系框架内走议会选举的道路，也吸收了大量的其他阶层的社会精英加入工党，但工党对公有制、对资本主义的认识没有变化，努力实现上台执政，重建英国社会，尽最大可能为劳工利益服务的直接目的并没有变化。在1931年麦克唐纳执意组建国民政府，导致工党严重分裂事件中，工党主流宁愿放弃执政地位，坚持不削减社会保障开支，不削弱劳工利益。麦克唐纳作为强势领导人建立国民政府后，几乎没有人追随，而被视为党内叛徒，被开除出党，从此成为一位虚弱的领导人，更是说明工党行走在1918年左转的进程中。在1945年大选中，工党更是靠社会主义的集体主义思想赢得大选的胜利。随后在有利的政治环境中，工党得以大规模地实践其社会主义理想。无论是国有化改造还是福利国家建设，都带有典型的左翼色彩，是把1918年党章规定的目标由理想转化为实践。

但在1951年后，随着工党大选的连续失利和英国社会状况的变化，工党的主导思想明显趋于右转。典型的例证是20世纪50年代工党领袖盖茨克尔提出修改工党党章中的公有制条款，80年代工党领袖金诺克疏远工党与工会的关系，用货币主义代替凯恩斯主义处理经济与社会事务，以及1997年布莱尔出任工党领袖后对工党党章公有制条款的废除和提出超越老工党和右翼政党的新"第三条道路"，最终实现主导思想由民主社会主义转变为社会民主主义。即使在60年代威尔逊执政早期工党没有在右转方面迈出大的步伐，但威尔逊还是通过高举科技革命的口号，回避意识形态争论，避免国有化的扩大。在70年代，威尔逊更是对主导思想的左转不满，只不过出于执政的目的被迫向强大的左翼力量作出了一定的妥协和让步而已。唯一的例外是在80年代初期富特执政时期，工党主导思想实现了明显的左转。工党主导思想在20世纪下半叶的左转从党内对待混合经济的态度也可以看出。在50年代，主张实行混合经济的克罗斯兰被认为是党内右翼的代表，而到90年代，主张混合经济则被视为党内左翼的声音。因为在50年代主张混合经济反对的是进一步国有化，而在90年代主张混合经济反对的是私有化。

工党在20世纪前叶主导思想的左转主要受三大因素影响。一是工党出现伊始的思想在左翼政党中是右倾的。由于受英国传统文化的影响，与欧洲大陆最早出现的劳工政党属于科学社会主义政党不同，工党属于劳工政党中的右翼，并不是科学社会主义政党。在这种情况下，作为代表劳工利益的政党，工党主导思想的嬗变从政党谱系的维度讲，只能是左转，不可能向右转。因为在当时社会主义与资本主义意识形态分明的情况下，向右转将超过左翼政党的临界度，无法成为劳工利益的代表者。二是两次世界大战给工党带来了集体主义的体验。如果说欧洲大陆劳工政党的社会主义化主要来自于马克思主义的广泛传播，在党内思想领域渐趋居于主导地位，英国工党的社会主义化主要来自于两次世界大战的战时集体主义的体验。正是战时特殊的社会环境使包括劳工在内的英国民众对公有制、集体控制、国家干预有着正面的认识，对国家承担社会责任，提供更多的社会保障有着更多的渴望，促使工党主导思想左转，并取得成功。三是工党总体上在这一时期处于在野地位，没有长期深入的执政体验。在20世纪前叶，工党处于成长壮大时期，最初根本无法与传统两大政党相提并论。后来虽然超越自由党，获得上台执政机会，但与保守党仍相差较远。仅有的两次执政也是以微弱优势上台的，没有得以实践1918年党章规定的目标，也就意味着只有对社会主义理想的美好勾画，而没有看到所谓社会主义实践的问题。对民主社会主义目标的向往和问题还没有浮出水面，使工党呈现出对左翼思想的坚持，而没有出现右转的局面。

进入20世纪下半叶，工党主导思想的嬗变态势由原来的左转和对左的坚持转变为持续性的右转。其原因主要有两个方面。一是随着工党成为主流政党，得以经常上台执政，其传统民主社会主义目标开始破灭。如经过艾德礼、威尔逊和卡拉汉时期的执政实践，证明工党寻求通过部分行业国有化实现经济效益与社会效益双丰收是不成功的。国有企业的经济效益不仅没有显示出比私有企业的优势，而且总体上处于亏损和下风。其社会效益虽然使部分劳工获得收益，但使国家背上沉重的负担。面对不成功的实践，在保持主流政党地位、上台执政成为第一诉求的现实需求面前，工党必须调整传统的左翼民主社会主义思想。二是英国社会状况的变化。随着英国社会保障制度的健全，总体生活水平的改善，像19世纪或20世纪前叶那样处于极端贫困，衣不蔽体之中的底层民众明显减少，大部分劳工的生活状况都有了很大的改善，甚至是许多劳工认为自己的社会地位已经处于中产阶级。本来英国文化就没有激进变革的传统，现实条件的改善更使英国中下层民众减弱变革资本主义的动力。工党为了寻求尽可能广泛的支持，必须在社会基础上由左向中间拓展，于是减弱变革社会的色彩，把社会主义由一种制度追求演变为价值追求，逐渐地右转就成为一种必然。对于社会环境对工党主导思想的这一影响，我国学者王长江曾明确指出，同样是民主社会主义政党，"和一个两极化倾向不强的社会相比，生活在两极化比较严重的社会中的社会党，很可能在立场上要更左倾些，意识形态的调门也要更高些"①。

## 二、英国工党主导思想与自由主义逐渐趋同

自由主义是西欧国家资产阶级反对封建君主统治和地主阶级的旗帜，其基本口号是自由、平等、博爱，其代表政党在英国是自由党。传统上的自由主义是自由至上的自由主义。如在利益观上强调个人利益，认为个人利益高于国家利益；在财产观上推崇私有观念，认为私有制是个人享有自由的、合乎道德生活的必要手段；在国家观上强调通过法律限制政府权力的运用等。但随着英国社会的发展变化，如劳工阶级的日益壮大、整个社会由自由资本主义发展到垄断资本主义等，主流的自由主义观也出现较大的变化，发展到

---

① 王长江：《现代政党执政规律研究》，上海人民出版社2002年版，第313—314页。

改良自由主义，也称新自由主义阶段。① 英国自由党正是靠这种新自由主义观对执政理念作出调整，以吸引越来越多的劳工选民，实现上台执政。如强调国家的公共服务功能，突出国家在解决社会问题中的作用；认为财产既有个体性，也有社会性等。在传统的英国政党政治谱系中，自由党就是左翼政党的代表。随着其主流自由主义观的转型，愈加成为劳工和劳工组织依靠的对象。在19世纪末20世纪初，自由党内出现诸多的劳工议员，工党成立后与自由党结成"双L联盟"就是很好的例证。这也从一个侧面说明从工党成立伊始，在思想理念与自由主义有着较多的共识与重合。

一战结束后，两方面的因素促使工党的主导思想愈加自由主义化。一是自由党走向衰落，其在英国政党中左翼政党代表位置为工党所取代。自由党由于内讧走向衰落后，其自由主义思想并没有走向终结，反而开始向左翼政党的新代表工党渗透，以寻求对现实政治施加影响。另一是工党的社会主义化。1918年工党通过社会主义党章标志着民主社会主义开始成为工党的主导思想。从基本价值观看，工党民主社会主义思想追求的自由、平等与自由主义思想是完全一致的。从具体政策看，虽然工党的社会主义理念更为注重国家作用，突出集体作用，与自由主义突出个人作用，重视个人自由有着明显的距离，但毕竟与改良自由主义有着部分共有的认识。尤其是随着20世纪30年代资本主义国家经历严重的经济危机，新自由主义思想愈加强调国家干预、限制完全自由化行为、注重再分配、防止发生激进革命等，使二者之间的共识更为增多。对于民主社会主义与改良自由主义的共性与渊源，德国著名的左翼理论家托马斯·迈尔有着一个经典的论述。在其《民主社会主义导论》一书中写道："从历史来说，现代社会主义是近代自由主义的自由运动的彻底的继续发展。它克服了由资产阶级的财产利益决定的对近代自由主义概念的限制和歪曲。"②

工党民主社会主义思想与自由主义思想在这一时期愈加接近的例证有：在两次世界大战之间越来越多的自由党党员脱离自由党，加入工党寻求实现

---

① 需要注意的是，这里新自由主义的英文是"new liberalism"，与现在流行的新自由主义是不同的，其英文是"neo-liberalism"。

② [德] 托尼·迈尔：《社会民主主义导论》，中央编译出版社1996年版，第6页。

自己的政治抱负和价值追求；引领工党二战后进行民主社会主义变革的最初白皮书"贝弗利奇报告"的起草者贝弗里奇不是工党党员，而是自由党人士；二战后长期作为工党经济指导思想的凯恩斯主义的提出者凯恩斯也是自由党人士；这一时期英国著名的自由主义思想家霍布森一直希望自由党能转变成"真正的、深刻意义上的社会民主党"，甚至希望自由党和工党实现联合，乃至是合并，以"普通的工党党员"和"好的自由党党员"为基础组成一个"经过革新的党"。①

二战结束后，工党社会主义与自由主义融合的思想进入实践，以"共识政治"的面目在英国政坛持续长达数十年之久。进入20世纪80年代，在英国社会出现的各种经济与社会危机面前，向传统自由主义回归的新自由主义，亦称新保守主义开始兴起，成为保守党政府的主导思想。这一新自由主义与历史上的新自由主义不同。它主张绝对肯定市场的作用，反对国家对经济的干预；主张减少福利开支，降低税收，抑制通货膨胀。在这一新自由主义的指导下，保守党取得显赫的执政业绩。保守党连续执政近二十年的现实使工党在90年代作出重大的变革。其无论是价值观念的诠释，还是政策主张的内容都多了民主主义、社会民主的内涵，而少了传统民主社会主义的思想。虽然布莱尔声称要超越传统民主社会主义和新自由主义，但实际上在理念上和政策层面都向右转型，向保守党的新自由主义靠拢。如突出机会平等而不是结果平等、更为强调私有制的作用、没有制度替代的社会追求等，以至于布莱尔的新"第三条道路"思想被称之为工党版本的"撒切尔主义"。显然，由工党主导思想嬗变和自由主义的嬗变看，尽管工党在不同时期是与不同类型的自由主义融合，但工党主导思想与自由主义的趋同是一种客观的存在。

## 三、工会对英国工党主导思想嬗变的影响逐步由强变弱

透视工党主导思想的百年嬗变历程不难发现，工党主导思想的确立、嬗变、维持都与工会有着密切的关系。在相当长的时间里，可以说是工会决定着工党主导思想的发展轨迹。在工党发展的早期，无论是劳工主义主导思想

---

① 殷叙彝：《社会民主主义与自由主义》，载《欧洲研究》，2006年第2期。

的确立,还是主导思想由劳工主义转变为民主社会主义,工会的态度都是决定性的。1931 年麦克唐纳组建大联合政府的失败更是工会决定工党主导思想发展方向的生动写照。二战后,随着工党实力的增强和在政治舞台上角色的转变,工会对工党的控制力在减弱,双方的矛盾日益尖锐。但盖茨克尔与工会在修改党章第四条争执中的失败,卡拉汉政府实行右倾政策引发工会罢工和政权丧失的命运说明,二战后工会对工党主导思想的变与不变仍有着重大的影响。由于影响着工党主导思想的选择,也使工会在相当长的时间里决定着工党政坛沉浮的状况,即工党的兴衰成败与工会有着密切的关系。可以说,工会是影响工党政坛沉浮的首要变量,工党在相当程度上是工会的政治臂膀。

工会能够对工党主导思想的选择和变化产生巨大的影响,与工会是劳工经济利益的代表者,工党的诞生是工会一手促成;工会会员是工党党员的主要来源,占有绝对的优势;工会提供的各种资金是工党收入的主要来源,工会在工党组织机构中拥有权力优势等直接相关。经济上,从工党成立伊始,工会就设置专门的政治基金,通过缴纳集体党费、提供捐赠、赞助竞选等方式向工党提供财政支持。布莱尔出任工党领袖前,工会提供资金是工党收入的主要来源,是工党得以有效运转和寻求发展的经济基础。在组织上,工党内工会的人员优势和经济支持在党的各种机构中都有直接的反映。如 1900 年工党成立时,在工党执行委员会 12 个席位中,工会拥有 7 席;在 20 世纪 30 年代,全国劳工理事会作为联系工党与工会的机构,也是决定工党政策主张的机构,由职工大会总理事会、工党议会党团与工党全国执委会三者的代表组成,其代表之比为 7:3:3,[1] 显然,不包括工党中的工会代表,仅来自职工大会的代表就占有总席位的一半以上。

工会对工党主导思想选择的影响包括正反两方面。正面影响有:一战爆发后,正是工会态度的转变,使工党在一战后期通过新党章和新党纲,实现主导思想变革,进而迅速地崛起于英国政坛;正是工会对公有制、福利制度等社会主义理想的追求,使工党从 30 年代起一直追求这些目标,并最终借助于二战时期有利的社会环境实现最终完全崛起于英国政坛,同时也为英国社

---

[1] Stephen Brooke, *Labour's War: the Labour Party during the Second World War*, London: Clarendon Press, 1992, p. 12.

会建设的发展作出突出的贡献。负面影响有：由于工会的反对，导致工党高层在1931年的经济危机中爆发内讧，造成政权丧失、组织分裂，发展严重受挫；也正是因为工会对工党主导思想变革的不满，使盖茨克尔修改党章以失败而结束，也使后来几任工党领袖不敢，也不能在变革主导思想上迈出大的步伐，致使工党主导思想呈现出僵化的态势，也使工党在政党竞争中处于劣势，遭受多次大选失利、长期在野的命运。

从时间上看，工会对工党主导思想正反两方面的影响大致可以分为两个阶段。在二战结束前，除了1931年因麦克唐纳事件造成工党分裂外，工会在其他时间对工党主导思想的选择和政坛发展总体上起着积极推动的作用。二战结束后，工会开始成为工党思想变革的阻力，成为影响工党发展壮大和放手施政的主要变量。工会在二战前后对工党主导思想和政坛沉浮产生这种迥异影响根本在于：由于工党二战前后在英国政坛的地位不同，工会对工党的利益诉求也不同。工会创建工党的目的是希望通过工党实现从政治角度提高自身实力与地位，维护自身与劳工的利益。在二战结束前，工党处于发展的幼年时期，工会必须促使工党成长壮大，只有工党成长为主流政党才能够更好地实现自己的诉求。很明显，这一时期的二者关系是工会在工党身上投资阶段，而不是获取收益阶段。在这种关系中，工会自然在工党发展中主要起推动作用，而非阻碍作用。二战结束后，工党最终成长为英国两大主导政党之一，多次上台执政，工会与工党关系开始进入工会的收益阶段，工会需要工党回报自己的早期的付出，至少是不能损害工会当下的利益。因此，工会不希望工党在思想、政策等方面出现对己不利的重大变革。而开始从治理国家角度进行全盘规划的工党为了实现执政或连续执政，需要与时俱进地实现多方面，很有可能与工会期望相左的变革。这样，工会不可避免地会充当工党主导思想变革的阻力，也就影响着工党在政坛的发展和沉浮。

当然也要看到，随着20世纪80年代后工会力量的衰落和金诺克、布莱尔两任工党领袖对工党内附属工会权力的削弱，以及工党对工会经济依赖性的显著降低，工会对工党主导思想的影响也降低到工党历史上的最低点。布莱尔得以修改党章公有制条款，使新工党的思想理念与政策主张实现重大的革新就是这一状况的反映。由于工党与工会的特殊关系不可能短时期内切断，工会总体上仍是工党依靠的主要社会基础，工党在政治定位上越来越向中间移动，使得工会对工党的思想变化仍有一定的影响，但并不能构成决定性影响，并且影响力总体减弱将是未来这一关系发展的趋势。

## 四、英国工党主导思想的重大变化与争论均发生在在野时期和经济社会领域

从时间上看，在工党历史上，围绕主导思想的重大变化与激烈争论大致讲有以下几个时期：1918年确立民主社会主义思想前夕、50年代关于党章公有制条款的争论、70年代初期左翼思想重新泛滥、80年代初期主导思想的明显左转、80年代中期以后金诺克与布莱尔使主导思想的社会民主主义转向。观照这些时间可以发现，无论是产生激烈的争论，还是实现主导思想的重大转变，从微观政坛沉浮的角度来看，均发生在工党在野时期。

工党主导思想嬗变的重大事项均出现在在野时期并非偶然，这是由特定的原因造成的。一是工党穷则思变的结果。工党之所以处于在野地位，根本原因是工党的羸弱抑或政策失误使自己无法在大选中赢得最多的选民支持。为了使自身成长到能够上台执政的实力或重新实现上台执政，工党必定对现有的思想理念和政策主张进行反思，找出现有的不足，作出相应的调整。调整顺利的话就会实现主导思想的重大变革，调整不顺利的话就会引发党内不同力量与派别之间的激烈争论。

二是执政时期工党受到较多的政治环境和执政压力的限制。如果说穷则思变直接解释了工党主导思想重大事项发生在在野时期的话，工党执政时所处的特殊地位和任务则从反向的角度解释了工党主导思想的重大事项发生在在野时期。处于在野时期，工党没有执政的压力，各派表现得相对无所顾忌，不同的声音与观点很容易竞相迸发。而在执政时期，为了实现党的顺利执政，争取党的连续执政，相对来说党内的反对声音就相对克制，不同声音的微弱决定着工党很难实现变革，尤其是在党执政取得显著成绩之时，更不可能作出重大的变革。同时，工党上台执政的政治与社会环境有时并不适宜，突兀地推行重大变革，甚至会导致议会的解散和政权的倒塌。选举型政党首要的目标是追求或维护执政地位。既然实施变革有可能导致政权的丧失，作为选举型政党的工党自然不会寻求包括思想变革在内的重大实践，而只是作些零

碎的调整。基于这些原因，就不难理解涉及工党主导思想的重大事项为什么都发生在在野时期。即使在某些执政时期，如艾德礼时期和布莱尔时期，看似工党作出重大的政策调整或理念调整，实际上其变革的源头，思想的变革都肇始于此前的在野时期，执政后调整只不过是原有思想调整的继续或实践上的反映而已。

从领域上看，围绕主导思想的重大变化与激烈争论主要发生在经济与社会领域，在政治领域相对较少。在政治思想上，除了个别时期的极端左翼外，如20世纪20年代的独立工党和80年代的"战斗倾向派"，总体上工党各派都主张通过议会道路实现追求目标、都反对进行阶级斗争和街头革命、都主张坚持民主与平等的价值观、都反对共产主义政党的独裁与专制等。而在经济事务中，工党内各派观点常常是大相径庭，陷入争执状态，进而影响着工党的政坛竞争力。无论是30年代初期和80年代初期的工党分裂，还是二战后的长期性争论，无不是围绕公有制、国有化、福利开支、经济战略等经济与社会事务的。

工党之所以在政治领域争论较少，主要与英国传统的渐进主义文化有着密切的关系，工党的各个派别与附属团体从成立伊始在这一问题上就形成基本共识。此后随着英国经济的进一步发展和大众生活质量的提高，民众更不愿意使自己安逸的生活被打破，于是反对暴力和革命，主张和平和渐进变革成为工党政治文化的组成部分，并且随着时间的推移愈加深入广大党员的心中；之所以在经济与社会领域争论不已，主要是随着时代的变化，不同经济与社会理念的效果不同，工党的选民基础对经济与社会政策的需求不同，需要工党不断地调整涉及经济领域的主导思想。而党内不同力量之间由于各种原因，不可避免地在调整的力度与程度上会产生或多或少的分歧与争论。

（此文载于《聊城大学学报》2013年第4期）

# 西方议员角色变化的历史演进、现实互动与发展趋势

孟宪良*

**摘　要**：在西方代议制的形成与发展脉络上，由于各种制度变迁与新政治元素的介入逐渐改变着议员的角色定位，使议员具有了多面向角色。在现实的政治运作中，政党政治与代议制的有机融合所产生的张力在一定程度上缓解了角色之间的冲突。但自由竞争选举体制的固有缺陷很容易破坏角色关系间的平衡，使得国家的长远利益在党派利益与议员个体利益的掩盖之下遭到遗弃，成为制约代议制发展的瓶颈。

## 引　言

自代议制成为近代西方民族国家的民主政体实现形式以来。如何更有效地实现"代表"问题就成为贯彻西方民主理论的一条主线。在过去 200 年中，代议制政府发生了许多重要的变化，如今大多数西方民主国家的国会议员都必须扮演三种角色，一是选民代表，二是国家利益代表，三是政党议员。那么议员如何处理这三者之间的关系成为了理论和实践上都必须解决的问题。从既有的代表理论研究来看，主要侧重于对前两种角色之间关系的探讨，而

---

\* 孟宪良，聊城大学政治与公共管理学院副教授，中央编译局博士后；法学博士，研究方向为议会制度。

对政党角色的研究以及三者之间在现实中的互动关系则少有论述。而且在研究范式方面，多是局限于界定角色之间关系的规范研究，而对于影响角色变化的政治社会因素则缺乏关照。因此有必要从议员角色的发展变化过程及其三种角色间的关联分析中来加深认识。这样既可以通过历史发生学的角度考察引起议员角色变化的变量，而且可以通过观察各种角色的互动关系来分析西方民主政治发展对议员角色的影响，判断议员角色的发展趋势。由于英国的议会发展历程最为完整，其议会模式为其他西方国家所模仿，有议会之母之美誉，在议会制发展中有不可替代的历史地位，本文主要以英国议会为主线展开比较分析。

## 一、议员角色变化的历史演进与动因分析

代议制作为民主的一种实现形式，与直接民主相比，由于多了"代表"这一关键的环节而变得复杂起来，"代表"概念在英文中就有三种不同的表述："delegate, representative, mandate"。如今这些不同的表述已经随着研究者的解释日益复杂难辨，与其从词义上寻根溯源，不如根据这些表述在议员角色方面的倾向性，厘清引起代表角色变化的历史情景，进而分析议员角色变化的动因。

### （一）选民代表议员角色的形成与动因

议员作为选民代表（delegate）的角色是中世纪选举制度的产物。在议会形成之初，议会并不是选举产生的代议机构，而是国王、贵族以及高级教士的聚会议事的封建等级组织，主要功能是确定税收等财政问题。其议员不是由选举产生，而是凭借爵位和身份世袭或者由国王任命，在议会中的角色主要是维护自身特权，在性质是阶级利益的代表，算不上是选民代表。随着城镇手工业的发展，国王为了扩大财源，同时也为了制衡贵族的势力，决定邀请来自城镇的平民代表参加议会，商议纳税事宜。这些代表由城镇的市民选举产生，因此作为选民的代表方才得以产生。对于当时的市民代表而言，其职责主要是承认国王所要求的赋税，协助提供所需的资料，回去以后，还要监督各郡和各市筹措款项。做这些事务只是为了国王征税的方便，既无政治

待遇也没有经济实惠，所以城镇居民尽量避而远之。① 但是与出身贵族议员的身份不同，城镇代表毕竟不是国王任命，而是通过城镇的选举产生，且由选民负担履职期间的各项差旅费用，自然需要代表选民利益。然而这一时期的市民代表又与近现代的议员在地位和身份方面存在较大的差别。尽管在形式上都是由选举产生，但平民议员没有多少独立决定权。凡涉及城镇重要利益均需要与城镇市民商量，会议上不能擅自作出表决。正如基佐所言："郡和自治市的代表仅仅是为了保护他们自己和他们所代表的人，向政府控诉国王或大贵族的代理人侵害权利的最危险的行为，这些都是他们的使命，在他们看来，这是他们的全部权利。"② 所以此时期的平民议员只是选民命令委任的代表（delegates），尚不能称之为代表国民利益的代议士（representatives）。这种角色同样也适用于同时期欧洲其他国家的等级会议。

### （二）代议士议员角色的形成与动因

现代意义上的代议士（representatives）是资产阶级革命后建立民主共和制度后，伴随着现欧洲近代人文主义与启蒙运动产生的。17、18 世纪的资产阶级革命，使得"天赋人权"与"人民主权"冲破君权神授的束缚成为支撑代议制的价值理念。议员的角色也发生了质的变化，由单纯的选民代表转变为国家利益的代议士。作为国会议员，其身份既不是国王的御前臣子，也不是受选民强制委任的传声筒，而是被选举出来代表人民行使国家权力的议员。这种角色的形成既是由代议制的性质所决定，也是"人民主权"理念的内在逻辑。

首先，代议制下的议会与中世纪的议会具有本质的不同。中世纪的议会先是作为国王的御前会议，后来发展成为与王权相抗衡的权力机构，由于专制王权的存在，议会并不是政治的中心。而且议会事务相对简单，选民利益要求也相对一致，因此尚不需要议员独立自主行事。而在代议制下，议会是国家的最高权力机关，是国家的权力中心。复杂的国家事务，十分需要代议

---

① ［英］莫尔顿：《人民的英国史》，生活、读书、新知三联书店 1976 年版，第 127 页。

② ［法］基佐：《欧洲代议制政府的历史起源》，复旦大学出版社 2008 年版，第 398 页。

士的政治智慧与独立的判断。作为选举出来代表人民行使国家权力的国家议员,不仅代表选民利益,而且代表国家行使法定职权。正如英国学者豪格认为:"议会不是来自不同和敌对利益的代表大会,而是为了国家整体利益的集会。"① 因此,作为国会的成员,国会议员自然需要以国家利益代表的身份从事立法、监督等议会活动。

其次是"人民主权"理念的实践需要。相对于选区的选民而言,"人民"是一个相对抽象的概念。除了对人民范围存在不同的理解之外,如何确定人民的利益也是一个难题,在现实中,议员所面对的不是抽象的人民,而是选区的选民。选民的利益千差万别,不同的地区、利益群体、种族、性别的利益需要是不同的,如何让一个议员代表全国的整体利益,这本身就是一个不现实的假设。因此将选民利益转变为人民利益,意味着从具体利益向抽象利益转化,这需要议员足够的政治忠诚与政治智慧。于是以埃德蒙·伯克为代表的信托代表或实质代表理论,即成为代议士角色的坚定支撑。伯克代表观念中的议员角色被称之为"受托人"(trustee)。为了代表全体,代议士在履职时必须依靠自己的深思熟虑与政治智慧作出独立判断,而不能等待选民明确的训谕。密尔在《代议制政府》中也有类似的论述:"为了履行政府职能在最大程度上获得高超智力的好处,必须经过长期的深思熟虑和对该特殊业务的实际锻炼的训练"②。由此之故,议员的身份发生了质的转变,由选民的传声筒转变为国家利益的代表,获得了独立判断的自主性,并且得到了法律的承认与保护,很显然,这种角色与制度经济学中应用于现代公司治理中的委托代理关系颇有相似之处。

(三)政党议员的形成与动因

在民主政治确立之初,并未有政党的出现。因此早期的民主理论,无论是委任代表理论还是信托代表理论都没有政党的位置。英国学者 Colin Pilkington 认为作为政党代表的议员角色观念在英国起初并没有任何宪政地位,这种角色的形成完全是 1867 年之后政党体制发展的实践之果。他认为"议员应当

---

① Quintin Hogg, The Purpose of the Parliament, BlandFord Press, London, 1946, 46.
② [英]密尔:《代议制政府》,商务印书馆 1982 年版,第 173 页。

遵守选民和政党的意愿"这种有悖于传统代表角色的观点，首先由19世纪英国首相托利党人罗伯特·皮尔（Robert Peel）在1835年的竞选活动中提出。由于1832年的议会改革，托利党不得不向新兴的中产阶级寻求选票。为了更好地拉选票，首相皮尔在塔姆沃思选区公开发表演说，这是第一次由政党公开提出的具有政策属性的竞选纲领，意味着托利党开始以现代政党的运作方式走出议会向选民寻求选票。从而使议员有了明确的党派性。① 此后，无论是保守党还是自由党都加强了党的组织建设，通过议会党团与督导员控制议员的行为。欧洲大陆的主要国家也陆续完成了类似的过程。自1957年以来，德国联邦议院中的所有议员都隶属于某个议会党团或议会集团。如果议员自行决定退出本党议会党团或被本党议会党团开除，就等于断送了其政治前途。即使他暂时保住了席位，但在议会中的权利将会受到限制，而且失去了在下次选举中连任的可能性。② 所以对于议员而言，又增添了一种新的角色：政党议员（mandate）。mandate一词在西文中有不同的来源，一种源于拉丁语，指上级对下级的指令；第二种来源于法语，指政党以选举的结果获得授权可以依据公开的政策进行统治。③ 很明显，对于政党议员而言具有两种意义：一是议员政党角色的合法性来自选举的授权，这是角色合法性的来源；二是议员对所在政党的指令的服从，这是角色实现的内在要求。这种概念的形成是民主运作的现实需要所致。因为议员个体的影响力毕竟有限，而且很容易在选举中被利益集团所控制，成为强势利益群体的代言工具，失去代议士的本质。政党作为一个全国性的政治组织，在政策制定和利益整合方面具有无法替代的优势。于是，将选民意愿转变为人民意志这一原本应该由议员个体完成的任务，逐渐由政党来取代，这样即便是选民选出的国家代议士，也必须在符合政党政策的利益下发挥其主观能动性。

总体上看政党议员角色的巩固取决于政党在现代民主政治中不可替代的

---

① Colin Pilkington, Representative democracy in Britain today, Manchester University Press Manchester and New York, 1997, 108.

② 王瑜：《德国联邦议院中的议会党团》，[EB/OL] http://www.bjzz.gov.cn/Article_Print.asp? ArticleID = 4547.

③ H. F. Pitkin, Commentary: the paradox of representation, in J. R. Pennock and J. W. Chapman (eds) Representation, New York : Atherton Press, 1968, p. 41.

地位。一是政党在现代民主政治选举中的功能。随着选举制度的几次改革，选举资格对财产和身份的要求不断降低，而拥有选举权的群体日益庞大，使得选举制度的运行不得不依赖于政党，西方选举的现实表明，候选人要想获得选举的胜利，必须具有专门的选举队伍为候选人提供人员、信息、资金等支持，没有政党支持的候选人要想赢得选举是非常困难的。于是议员只要想获得选票，就必须首先得到政党的支持，否则就难以推销自己，乃至获得选民的信任。因此在议会中的大多数议员都具有政党党员身份。二是政党在形成公共政策方面的优势。政党在整合选民利益需要方面上所拥有的组织资源和便利条件是个体议员所不具备的。如果议会不依靠政党，要整合整个国家选区的利益需要，其困难更可想而知。而不能凝聚多数意志，议会的各项功能便不能有效实现，最终只能使其面对日益强大的行政权束手无措，因此政党的出现弥补了这一缺陷。而且为了保障政党政策的顺利实现，现代政党普遍加强了对党员的纪律要求。因此议员在议会投票时，必须考虑到所在党派的政策。如果涉及党的重大利益，即便是在自己的判断或诉求与政党的政策方向不一致的情况下，也必须按照政党的要求投票。

## 二、国会议员的角色冲突与现实定位

在现代西方民主政治中，议员要合理平衡三种角色，实在是一件不容易拿捏的事情。在政党政治尚未形成之前，议员应当是忠实于选民意志的代表，还是以独立价值判断为国家利益服务的代表？前者以委任代理理论作为支撑，要求代表严格听从选民指令，听取选民意见。代表只是选民意见的传声筒，不能独立作出判断。后者则受到伯克、密尔等人的高调支持，主张代表必须运用自己的独立思考和成熟判断来为委托人服务。那么代表角色究竟应该是独立性的，还是依附性的？就代表的义务而言，这两种观点似乎支持着完全相反且不能共存的结论，汉纳·皮特金（Hanna Pitkin）称之为"代表制的悖论"[①] 尽管争论双方在价值层面上难以分出高下，如今西方国家基本上在立法

---

① The Code of Conduct for Members of Parliament ［EB/OL］ http://www.publications.parliament.uk/pa/cm/cmcode.htm

上明确了议员国家利益代表的角色。1791年的法国宪法明文规定,议员是全体国民的代表,国民不得对代表给予任何强制委托。法国宪法规定的这一旨趣,后被多国宪法所移植,成为现代代议制度的一大特征。如英国议员行为规范第3条第3款中明确规定,议员对国家利益负总体责任(general duty),对选民负具体责任(special duty)。而美国的制宪会议更是这种观念支撑下的杰作。

随着政党政治逐渐成为民主政治的主角,使得议员的角色更加复杂,新的理论冲突也随之而来。政党议员这一新的议员角色不仅冲击着选民代表的角色,而且对国家利益代表的角色也形成了冲击,如果选民的意愿、政党的政策与个人对国家利益的判断不一致,究竟应该如何处理?对此,西方许多政治学者都倾向于国家利益优先,但是如果那些以党员身份当选的代表总是以国家利益为由违背党的政策取向,是否可以认为是对投票支持所在政党的选民的背叛?这些理论争议从价值立场方面似乎是一个难以周全的问题,也反映出研究者们对议员角色定位难以调和的价值立场。

那么在理论上争议如此之大的情况下,在现代民主政治的具体运作中,议员是如何协调这些角色冲突的呢?事实上,在具体的民主政治运行实践中,议员的角色扮演似乎并没有像理论争论层面上不可调和的冲突。当有政治学家试图通过代表理论模式来检验代表角色定位时,却发现大部分议员拒绝区分自己的自由意志与选民意愿,在他们看来二者并不存在根本上的冲突。[①] 另外一项由尼菲尔德基金资助的调查结果则显示出议员在角色扮演上不同的价值取向。但结果也与政治学家的理论价值倾向并不一致。这项调查主要是分别于1994年与1999年对国会议员的角色倾向进行问卷调查。根据两次调查结果情况来看,两党议员的投票不尽一致,但都未将国家利益放在第一位,尤其是工党议员,两次调查都是将国家利益排在选民和政党之后(见表1)。

---

[①] Amy Gutmann and Dennis Tompson. The theory of legislative ethics in Bruce Jennings, Daniel Callahan (eds) Representation and Responsibility. New York The Hastings Center 1985, p. 169.

表1 国会议员的代表角色倾向调查（1994和1999）

| 代表利益（Represent） | 1994 | | | 1999 | | |
| --- | --- | --- | --- | --- | --- | --- |
| | 保守党 | 工党 | 所有议员 | 保守党 | 工党 | 所有议员 |
| 国家 | 2 | 3 | 2 | 2 | 3 | 2 |
| 选民 | 1 | 1 | 1 | 1 | 1 | 1 |
| 政党 | 3 | 2 | 3 | 3 | 2 | 3 |

那么为什么会出现理论和现实之间的差异呢？有些学者认为这并不意味着议员将选民的意愿高于国家的整体利益，而是在议员的观念中，二者在多数情况下是和谐的，而不是冲突的。从西方民主政治的现实运作状况来看，这种解释具有一定的合理性，议员的三种角色在现实中的关系的确并没有理论上的冲突那么泾渭分明或者不可协调，在许多情况下，议员在履行一种角色功能的同时也有助于其他两种角色的实现。但是这种解释忽略了政党对于缓解议员角色冲突的重要作用，事实上政党政治与议会政治的有机融合对于缓解议员的角色冲突具有重要的意义。这是因为在西方民主政治良性运作的前提之下，一个政党要想获得竞选的胜利，必须使其公共政策照顾到国家大多数选民的利益需要。这一方面使议员的国家利益代表角色可以通过政党获得实现，也使得选民的利益诉求通过政党的整合实现了政策上的可选择性，另一方面则通过对议员角色的分类缓解了个体议员在角色担当中的紧张关系。比如立法者角色、监督者角色以及民意代表角色。这些角色之间的互动形成了议员行为的大致取向。事实上能够引起议员角色关系的变量很多，既有宪政体制、党内组织体制以及议员地位等结构性因素，也有议员个体能动性的因素，例如议员个人的年龄、性别以及先前的职业、政治信仰等都会对代表的角色产生影响。由于篇幅与所掌握的资料所限，仅对影响角色互动的结构性要素进行简要分析。

一是议员所在政党在国家中的地位与角色。如果议员所在政党是执政党，议员作为立法者和民意代表的角色就较为突出。执政党议员主要的任务是在议会中投票支持本党的政策与决议，在选区中宣传本党的政策以及为选民办事以争取选民的支持，而如果议员所在政党是反对党或在野党，那么议员会充分发挥对执政党执政的监督功能，给执政党挑毛病，议员作为监督者的角色则较为突出。根据英国调查机构 SPG 对议员角色倾向的另外一项调查显示，议员角色在很大程度上取决于其所在的政党是执政党还是反对党。根据回收的问卷统计显示，两次问卷中变化最大是监督者的角色，1994 年保守党作为执政党，其议员将监督政府排在最后一位，只有 31.7% 的议员支持，而当 1999 年英国工党上台执政，保守党成为反对党时，议员将监督工作放在首位。约 82% 的议员投票支持监督政府的工作。见表 2[①]

表 2 国会议员的工作重要性排序（1994 和 1999）

| 工作重要性<br>（Pt of job） | 1994 | | | 1999 | | |
|---|---|---|---|---|---|---|
| | 保守党 | 工党 | 所有议员 | 保守党 | 工党 | 所有议员 |
| 为选民办事 | 1 | 1 | 1 | 2 | 1 | 1 |
| 影响政策 | 2 | 4 | 4 | 4 | 4 | 4 |
| 支持政党 | 3 | 2 | 2 | 3 | 2 | 3 |
| 监督 | 4 | 3 | 2 | 1 | 3 | 2 |

问卷内容：（1）监督和控制政府和公共服务部门。

（2）支持我的政党以及帮助其实现政策目标。

（3）影响本党的政策取向。

（4）帮助选民解决他们的实际问题或处理选区事务。

二是议员在政党中的地位与角色。在议会中前座议员一般是党内的精英或内阁成员，这些议员主要的任务是制定党的政策，在议会中承担立法的任务较多，因此作为立法者或国家利益代表的角色更为突出。而后座议员作为普通的政党成员，其职责主要是在议会投票中支持本党政策，承担立法者的角色机会较小。对于政党而言，主要是要求后座议员的"在场"（presence）而不是积极的"参与"（participation）。[②] 但这也并不意味着后座议员只是投票的工具，作为议员，可以利用自己的议员身份为选区的选民服务，通过为选民排忧解难而得到尊重，实现价值，因而选民代表的角色就相对突出一些。

---

① Michael Rush, the role of member of the parliament since 1868, Oxford Press, New York, 2001, p. 215.

② ［台］盛杏湲：《选区代表与集体代表：立法委员的代表角色》，载《东吴政治学报》，2005 年第 21 期。

而在处理选民事务时，多数议员通常以非党派的方式，认为自己是作为议会的成员而不是政党的党员。①

三是政党自身的组织体制，有些政党党纪森严，作为其党员的议员在议会中的自由裁量受到极大的限制，政党代表人的角色极为突出。而有些政党组织松散，对党员的纪律要求较低，那么该党议员的党派性较弱，更倾向于其他两种角色。在西方政党中对党员约束最强的是英国工党，由于工党在成立之初是由工会出资筹建，并负责发给该党议员酬金，因此作为工党议员有义务贯彻工会代表大会的决议，议员的政党角色非常明显。最松散的则是美国的政党，美国选民党派色彩较淡，某人是否属于某党，仅以选举登记时注册在某党名下为准。此外，美国国会或州议会表决议案时，议员跨党投票司空见惯，因此政党议员的角色相对弱一些。大多数美国国会议员较侧重选区代表的角色，相当多研究指出，美国国会议员为了赢得选举，必须要仰赖自己而非政党的力量，因此多以选区利益为重，有时甚至不惜牺牲国家整体的利益。

由此可见，对议员角色的理论争议实际上蕴含了西方社会对议员的不同期待，这种期待既有学术研究的规范取向，也有来自现实利益矛盾需要平衡的动力。在现实政治运作中，这些争议与利益冲突在政党政治的运作下得到了一定程度上的平衡或协调，也使得议员的角色更加复杂化，难以通过单一的角色加以框定，需要在各种角色之间的互动中才能更加全面地认识议员的角色扮演。

## 三、国会议员角色变化的发展困境

如果将历史衔接起来，可以清晰地看出伯克在18世纪提出著名的信托代表理论，既为议员摆脱选民的具体控制，成为国家整体利益的代表提供了理论支撑，而且在客观上为政党角色的进入铺平了道路。有学者就指出，柏克力持以独立判断为正确的代议风格，并宣扬整体优于部分，而其实他是把自

---

① [美] 海因茨·尤劳：《代议制度观念之变迁》，载于应奇、刘训练主编：《代表理论与代议民主》，吉林出版集团2008年版，第44页。

己政党的利益转化为普遍的原则。不管柏克提出这种政治主张背后的动机如何,事实上,正是依靠政党的力量,将进行利益整合形成政策,并通过议会转化为国家立法,从而使议员可以在一定程度上平衡选民、国家和政党利益。但这种平衡关系的张力是极为有限的,自由竞争政治体制的固有缺陷使各种角色之间的平衡很容易受到干扰,尤其是国家的长远利益在党派利益与议员个体利益的掩盖之下遭到遗弃,成为制约代议制发展的瓶颈。这种状况成为了困扰议员角色乃至西方民主政治发展走向的一大难题。

## (一) 国家的长远利益和未来发展难以得到代表

由于政治竞争的日益激烈,许多政党与议员为了获得选票,往往照顾选民的眼前利益,而不顾国家长远利益与未来发展。韦伯认为有三种前提性的素质对于政治家是决定性的:激情、责任感和恰如其分的判断力。[①] 但在现代民主政治中,议员似乎更善于激情的演说,却缺乏足够的政治责任感。这是因为随着自由竞争选举的日趋激烈,竞选与失去职业的压力使得政党和议员更加偏好选民的眼前利益,尤其是强势利益群体的利益,从而使议员们失去了成为政治家的成长空间。议员为了确保自身连任,极力构建与选民的良好关系,甚至采用各种手段讨好选民,对于选民处理个人事务来说这也许是件不错的事情,但是对于国家整体利益以及社会的未来发展而言却未必是一件好事。由于选民掌握着投票的决定权,政党掌握着候选人提名和组织运作的资源优势,因此议员从个人利益出发都会积极响应二者的要求。而对于能否代表国家的利益,则只有抽象的原则进行约束,尽管在许多国家法律都规定议员必须以国家利益为重,但毕竟由于议员的工作性质而缺乏强制执行力,因此在实践中并未能充分发挥作用。近年来,欧洲债务危机的不断恶化,就足以说明这一问题的严重性。政党为了获得竞选胜利,在超出本国经济承受能力的情况下许诺选民高福利,以致于造成严重的社会危机或发展后遗症。相当多美国学者也指出此一问题,并且提出他们对美国国会议员这种过度强调选区,以致丧失集体责任的深切忧虑。他们指出当国会议员努力于扮演好一个选区利益的代言人的时候,可能形成特殊主义,服务于有组织的少数利

---

① [德] 韦伯:《学术与政治》,三联书店 1998 年版,第 15 页。

益群体；也可能造就形式主义（symbolism），重视表面功夫，热衷于说好话、投适当的票，但却不能真正推动有意义的法案通过。同时对于解决国家重大问题缺乏关注与能力，最终成为徒具回应（responsiveness），但缺乏负责（responsibility）的代表型态。①

### （二）"为反对而反对"的政党工具

由于政党在议员角色定位方面的特殊作用，使得政党的政治责任深刻地影响着议员角色的价值取向，而政党的政治责任又主要取决于政党政治的运作水平。在西方民主政治中，反对党在议会政治中占有非常重要的地位。尤其是英国的反对党，其地位、义务、功能及保障都已经非常成熟。其基本原则是在认同国家政治体制和宪政原则的前提下，承担监督政府与影子内阁的作用。其要义之一为忠诚，要义之二为建设性，即不是为反对而反对，而是为执政而反对。②但并不是所有的西方国家的政党政治都符合这种模型，这种理性协商的政党关系只有在国家实力足以容纳利益冲突，并以深厚的宪政文化为支撑的前提下方能实现。即便如此，在自由竞争的政治体制之下，许多国家的政党在一定程度上背弃政治责任，为了实现本党或利益群体的利益在议会中讨价还价，阻挠或者拖延有利于国家发展的政策。在2011年美国的次贷危机中，就是因为共和党与民主党各自为了本党的政治利益，相互拖延"救市计划"，致使危机不断扩大。这种状况对议员的政治责任影响极大，在现代民主政治中，个体议员离开政党的组织力量很难在竞选中获得胜利，也难以获得更好的政治发展机会，因此议员对政党存在较强的依附性。这就驱使议员在激烈的政党竞争中积极维护党派利益，逐渐背离国家利益代表的角色，甚至成为政党之间相互敌对攻击的政治工具。

### （三）为牟求个人私利而牺牲国家利益

社会角色是社会分工的产物，社会化生产方式所建立的社会关系使个体

---

① Jacobson, Gary. The Politics of Congressional Elections. 3rd ed. Boston, 1992: 210-249.

② 蒋劲松：《德国议会制》，中国社会科学出版社2009年版，第1340页。

以其在社会关系网络中的位置获得相应的社会角色，各种社会角色对个体的意义在于提供给个体实现人生价值的资源和机会。在代议制出现之前，议会不是权力中心，事务较少，而且议员的行为往往是出于维护自身利益或本阶级的共同利益的动机，所以个人私利问题尚不突出。随着社会的发展，选民的利益需要不再像以前那样简单清晰，代表也不再像君主制下的那些贵族议员们的利益那样具有高度的同质性。所以议员的行为动力开始成为问题，换言之，代议士的个体利益并不会因为议员角色的实现而得到充分满足。因为现代社会为个体实现人生价值提供了多种实现途径，尽管职业化能够使议员获得一份体面的工作，也为有政治抱负的人提供了发展机会。但并不是所有的代表都满足于此，政治职业的不稳定性以及稀缺性决定了少数精英的主导，如果不是党内精英，普通议员难以有足够的机会得到发展，因此在个体利益不能有效实现或机会渺茫的情况下，必然会出现谋求个人私利的现象。自代议制产生以来，各种有关贿赂、分肥等政治丑闻一直绵延不断。为此西方国家都制定了一些制度来约束代表的行为，但由于议员政治地位的特殊性以及履行职责的方式，许多责任和义务的完成无法通过法律规范保障完成，尤其是对于议员是否充分履行其职责，更是无能为力。既然法律和规范不能有效地保障议员的履职积极性，那么议员对职务的忠诚就在很大程度上依靠政治道德。而政治道德并不能保障其获得足够的竞选资金，因此为了个人的发展前途，议员通常不愿得罪那些具有雄厚势力的利益集团，即便是不直接接受贿赂，也很难不受这些强势集团的影响，其结果必然会影响到国家的整体利益，甚至会牺牲国家的长远发展规划。

## 结　语

国会议员角色变化与困境这一议题大体上可以看出西方代议制的发展脉络以及在发展进程中的问题情景。议员多面向角色的形成与共生现象既是西方社会利益矛盾冲突的表现，也是西方民主政治自身张力能够容纳和协调这些冲突的结果。自代议制产生以来，尽管由社会发展所产生的各种矛盾给代议制度带来许多挑战，但由于其内在的张力，通过政党的运作以及各种制度创新使得代议制在遭受各种挑战时依然保持生命力。但这种张力毕竟是有限的，作为代议制运转的前提，选举竞争越激烈越能体现代议制度的活力，而这又会导致政党和议员为了追求选票注重眼前利益而不顾国家长远利益与未来发展。如何能够破解这一矛盾，显然是现代西方民主政治发展的一个瓶颈。

（此文载于《比较政治学研究》第 5 辑）

# 论析当代资本主义发展中的"新社会因素"

陈兆芬

**内容提要**：当代资本主义发展变化的事实证明，在其母体的内部确实孕育着"新社会因素"。这些因素虽然还不足以使资本主义的性质得到根本改变，但作为资本主义向社会主义转变的新社会因素毕竟在逐渐积累，社会主义代替资本主义的历史趋势不可动摇，也要看到当代资本主义转变为社会主义将是一个漫长过程。

二战以后，以国家垄断为基本特征的当代资本主义，在生产力、生产关系和上层建筑各个领域都发生了一些新的变化。其中较为深刻的变化是当代资本主义在发展过程中出现了"新社会因素"。如何正确认识这些"新社会因素"？它是否与马克思主义经典理论相悖？是否改变了当代资本主义基本矛盾的性质？理清这些问题，有助于我们正确认识和了解当代资本主义的新变化及其趋向，加深对马克思主义基本理论的再认识。

## 一、当代资本主义发展中的"新社会因素"

马克思指出：资本主义社会的经济结构是从封建社会的经济结构中产生的。后者的解体使前者的要素得到解放。马克思主义这一普遍规律同样也适用于从资本主义向社会主义过渡的历史阶段。资本主义社会生产力的不断发展，不仅为社会主义的诞生准备了雄厚的物质基础，而且加深了与资本主义生产关系的矛盾，迫使资产阶级不得不沿着适应生产力发展的方向调整生产关系，从而不自觉地在生产关系方面产生和积累着作为资本主义"对立面"或"对立物"的新质因素，即"新社会因素"。当代资本主义的发展变化已充分表明，社会主义现在已经在现代资本主义的一切窗口出现，在这个最大最新资本主义的基础上每前进一步的重大措施中，社会主义都直接而实际地显现出来了，具体说来表现为如下几个方面：

### （一）合作经济和股权社会化

二战后，西方国家在所有制或财权关系上，出现了资本形式的多样化和社会化的趋势，资本社会化是资本运动发展的一种趋势、一种状态，即资本逐渐从单个或少数资本家手中以各种形式向社会其他成员广泛分化和转移的过程，就是通过发展国有企业、合作制、股份制、基金会投资的形式，使部分私人的财产权在更大的社会层面上得到扩散，其主要表现之一就是合作经济的发展。

合作经济在资本主义社会内存在已有很长的历史，近半个世纪以来又有了较大规模的发展，目前不仅广泛存在于当代资本主义社会的生产、交换、分配和消费的各个领域，而且已经成为适应社会化大生产要求、各国国民经济中不可缺少的重要组成部分，发挥了日趋重要甚至不可替代的作用。以丹麦为例：合作社产品的市场份额，在丹麦毛皮市场占到98%，猪肉制品占96%，黄油占93%，牛奶占91%[①]。此外，法国和荷兰的合作社在国内生产总值也都超过了10%。这些合作社资产均由合作社成员集体拥有，因此，"工人自己的合作工厂是在旧形式内对旧形式打开的第一个缺口"，是"资本和劳动之间的对立在这种工厂内已经被扬弃"。它不仅突破了单一的、纯粹的、私人占有的资本主义传统模式，同时在其经营宗旨、管理方式和分配原则上，带有明显的社会主义经济因素，是资本主义制度向社会主义制度过渡的重要形式，这充分说明："在物质生产力和与之相适应的社会生产方式的一定的发展阶段上，一种新的生产方式怎样会自然而然地从一种生产方式中发展并形成起来。"虽然合作经济不能彻底摆脱垄断资本的影响和制约，不可避免在

---

① 张云华：《丹麦合作社发展的经验》，载《科学决策》，2007年第2期。

"自己的实际组织中到处再生产出并且必然会再生产出现存制度的一切缺点"，但是，由于工人作为联合体是他们自己的资本家，也就是说，他们利用生产资料来使他们自己的劳动增殖，个人所有没有被彻底否定，但联合起来的生产资料被融为一体而不被分割，因此已经摆脱纯粹的所有制的束缚而走向共同占有。

当代资本主义国家出现的资本形式多样化和社会化趋势的另一个重要表现就是私人企业的股权出现了高度社会化和分散化的特点。

股份制经济在二战以前就已经存在，但当时的股权主要控制在少数资本家的手中。二战后，股份制已成为资本主义经济的主要生产组织形式。随着社会生产力的飞速发展，发达资本主义国家的股份制已发生了新的变化。一是股权分散化。公司与企业的股票不再为少数资本家独有，社会成员也掌握了部分股票。战后，西方一些国家采取一系列措施，比如发行"人民股票"等来推进股权分散化。以美国为例，据纽约证券交易所资料显示，1982年，美国直接持有上市公司股票人数高达3200万人，约占人口总数的14%。如果加上间接持股（即不以自己名义，而以股票经纪人的名义登记而持有股票）的人数，就高达13300万人，约占美国总人口的60%。进入90年代后又有所增加，直接或间接持股人数约占总人口的70%；在英国，1987年的持股人数为1000多万人，占总人口的20%；日本90年代的持股人数为2213万人，占总人口的18%；法国现有的持股人数有900万，占总人数的15%。二是持股法人化。在当代资本主义的股份公司中，法人持股率上升而个人持股率下降，已成为普遍现象。股份制使集团的、社会的、法人的各种资本所有形式获得了相当充分的发展，家族财团、家族公司已失去了昔日的雄风。三是职工股份所有制。在当代资本主义大公司中，个人持有的股权比重在降低，一个股东掌握公司5%或4.5%股份的情况已非常少见。到目前为止，美国持股职工人数已达1000万以上；英国90年代中期的持股职工人数已达200多万；2001年初，法国持股职工人数达到150万。随着职工持股运动的发展，英美等国家还出现了一些著名的职工股份所有制企业。在这些职工所有制企业里，尽管资本社会化趋势还局限在资本主义界限之内，但它直接取得了社会资本的形式而成为走向财产社会占有的过渡点，使资本主义私人占有制的统治地位被削弱或部分质变，从而导致资本的所有权关系发生质的变化，资本的所有权主体由资本家向工人阶级转移,资本社会化得到了历史性转变。

传统理论认为,资本家私人占有生产资料是资本主义社会的经济基础,生产的社会化同私人占有生产资料的矛盾是资本主义的基本矛盾,资本家私人占有制是阻碍社会化发展和社会主义必然代替资本主义的主要原因。而合作经济的发展,为社会占有一切生产资料作了准备,为新社会的出现提供了完备的物质基础。股份制是对传统私有制的一种自我调整,是在资本主义生产方式内的一种扬弃,使私有制成为社会化的所有制。从这个意义上说,合作经济和股权的社会化、分散化是当代资本主义发展中的一种"新社会因素"。

### (二) 国民经济的可调控化

资本主义早期,社会生产的无政府状态、经济运行的无序状态是各国存在着一个普遍性的特征。这种特征导致资本主义经济危机频频发生,从而显现出市场力量的极大局限性和国家干预的绝对必要性。因而,自二战以来,发达国家不仅从社会经济发展过程的外部,通过法律、政治等各种手段来影响社会经济的发展,而且还越来越深地介入到社会经济生活的内部,直接参与、控制和干预社会经济的运行,从而成为整个社会经济生活的基础和决定性力量。美国从1982年发生经济危机以来,直到1991年经济才出现增长迹象,从1991年至21世纪初美国经济持续9年呈增长趋势,尤其新世纪初爆发金融危机以来,奥巴马政府采取了强有力的国家宏观调控政策:努力减少财政赤字、通过中性货币政策,循序渐进地调整利率和货币供应量、拓展美国的海外市场、推动科技革命等。近半个世纪以来,法国已经先后制定和实施了十一个国民经济计划;日本则突出对其整个经济发展战略的制定,从"贸易立国"、"科技立国"到"海外投资立国"三大发展战略,是其对本国国民经济进行计划调节的明显例证。其他如德、英、意、荷兰等国家相继推行经济计划化,从总体上基本消除了整个社会生产的无政府状态,经济运行呈现出明显的有序化和可调控化特点。由此可知,资本主义国家对国民经济的自我调节和干预是对资本主义生产无政府状态和经济运行的无序状态的否定,并在否定中只是表明了一个事实:在旧社会内部已经形成了新社会的因素。

### （三）工人参与企业管理的民主化

二战以来，在发达资本主义国家中工人的地位逐步提高，国内劳资关系有所改善，出现了职工参与企业管理的民主化趋势。20世纪80年代以来，欧共体各国普遍实行共同决定制度，要求企业必须吸收一定比例的工会代表参加董事会，参与企业管理。工人参与企业管理离不开劳资谈判。而在劳资谈判中各国法律均规定了雇员的"有利原则"，即在劳资合同基础上签订的其他劳资规定，只能做有利于雇员的利益变动。目前，在西欧各国，与雇主进行集体谈判已成为工会组织固有的不可剥夺的权利，而且各国企业不得随意解雇工人，在解雇时要同工会协商，并给予补偿。此外，在企业管理中，雇主也采取各种方式来改善劳资关系，力争在企业和工人之间建立起一种合作的"伙伴关系"。比如，管理中引进了行为科学，重视工人的"人格"、"尊严"，劳资双方开展对话，消除隔阂，联络感情，推行合理化建议奖，培养工人参与企业共生存的所谓"主人翁意识"，发展以"人本主义"为中心的企业文化等等。这些措施和做法使资本主义企业内部的劳资关系得到一定改善，使赤裸裸的雇佣关系蒙上了一层温情脉脉的面纱，这对缓和劳资矛盾，增加工厂利润，稳定资本主义制度起到了积极作用。但是我们也必须看到，工人参与企业管理既是对资本家私人占有制和雇佣劳动制的否定，又是对新社会因素以生成的肯定。

### （四）福利制度和分配制度的社会化

二战后，西方国家普遍推行以国家为特征的社会福利制度。尤其是20世纪70—80年代，主要资本主义国家社会福利增长之快，涉及之广，名目之多，已成为当代资本主义不争的事实。时至今日社会福利制度不仅已从零星的、权益性措施发展为社会化的庞大体系，而且已从单纯的社会救济发展为纳入法律保障体系的一种公民的社会权力，许多资本主义国家社会福利开支占国内生产总值的比重均有大幅度增长。而作为福利国家典型代表的瑞典，更是形成了"从摇篮到坟墓"的全方位、多层次的社会福利制度，有人将其称之为"生产中的资本主义"、"分配中的社会主义"模式。

此外，资本主义各国在致力于福利政策实施的同时，也长期致力于缩小贫富差距，促进社会公平。国家通过个人收入所得税的征收，尤其国民收入分配制度的社会化，较成功地调和了贫富差距矛盾。二战前，收入分配完全是资本家的事，国家没有实质性的干预，工人处于绝对贫困状态。二战后，国家开始通过初次分配和再分配这两个环节介入个人收入分配。在初次分配上，国家积极调和资方和工方的矛盾。在再分配上，国家借助于立法行政手段，通过税收、社会保险、社会救济及建立福利国家等方式加大对国民收入再分配的调节力度。目前，资本主义发达国家通过税收集中起来的国民收入的60%左右用于贫困救济、免费医疗、失业补贴、养老金发放，教育等社会福利开支。尽管近年来社会福利的大规模发展，的确使许多资本主义国家陷入难以承载的地步，但他们也没有取消社会福利，而只是在调整和完善"福利国家"的相关政策。

当然，资本主义国家的这些福利制度和收入分配的社会化，没有从根本上改变分配关系的资本主义性质，不过它通过财富重新分配缩小了贫富差距，促进了社会公平趋势，给资本主义国家的工人带来了实惠，改善了工人阶级的生活状况，保障了低收入者的基本生活。同时这些政策的实施对社会分配不公具有较强的抑制功能，使得各阶级和各阶层之间的冲突与矛盾有所缓和，体现了收入分配公平化方面的新社会因素。

总之，当代资本主义新变化的事实证明，在资本主义社会母体内确实孕育着"新社会因素"。虽然这些新社会因素还不足以使资本主义的性质有所改变，但作为资本主义向社会主义转变的新社会因素正在逐渐积累。

## 二、当代资本主义社会"新社会因素"分析

关于资本主义社会内部是否可以产生"新社会因素"这个问题，理论界争论不一。中央党校科社教研部主任、中国科学社会主义学会副会长严书翰教授认为分析"新社会因素"，一定要抓两头，一是要分析当代资本主义新变化的事实；二是要分析马克思主义的思路。[①] 通过以上分析，我们可以肯定资

---

① 《如何认识当代资本主义发展中的"新社会因素"——严书翰教授访谈》，载《国外理论动态》，2004年第2期。

本主义内部确已产生了新社会因素,这是资本主义发展中不争的事实。那么它是否与马克思主义的思路相悖呢?实际上,马克思主义经典作家始终认为,新社会因素完全可以在资本主义社会内部产生。马克思和恩格斯在《共产党宣言》中论述资本主义经济结构怎样从封建社会中产生时认为"在旧社会内部已经形成了新社会因素"。由此在资本主义社会发展中也在进行着类似的运动,即资本主义社会母体内也孕育着新社会因素。马克思在《给〈祖国纪事〉杂志编辑部的信》中说的更加明确:我把生产的历史趋势归结成这样:它"本身以主宰着自然界变化的必然性产生出它自身的否定";它本身已经创造出一种新的经济制度的因素,它同时给社会劳动生产力和一切个体生产者的全面发展以极大的推动;实际上已经以一种集体生产为基础的资本主义所有制只能转变为社会的所有制。这种思想在马克思主义经典作家的论述中并非是偶然的或个别的,而是较为成熟的和一贯的,如马克思在《法兰西内战》中又指出,工人阶级不是要实现什么理想,而只是要解放那些在旧的正在崩溃的资产阶级社会里孕育着的新社会因素。此外恩格斯在《反杜林论》中,列宁在论述垄断资本主义向国家垄断资本主义转变的过程时,都清楚地表明了新社会因素可以在资本主义社会内部产生。

马克思和恩格斯所分析的"新社会因素"是以19世纪的社会不仅仅是社会化的生产力,而主要是没有资本家剥削的、劳动者共同占有生产资料的新的生产关系的萌芽。

(一)从所有制层面上讲

马克思和恩格斯对所有制的论述是这样的:在每个历史时代中所有权是以各种不同的方式,在完全不同的社会关系下面发展起来的。因此,给资产阶级的所有权下定义不外是把资产阶级生产的全部社会关系描述一番。这就是说不要把所有制关系仅看做对生产资料的占有,而应归结为全部社会关系,这才符合马恩关于所有制论述的思路。马克思还认为未来社会是对资本主义社会的彻底否定,因而未来社会应该是生产资料社会占有,当然社会所有制的实现形式是丰富多彩的。以此为论据,我们可以肯定合作经济和股权的社会化都是社会所有制的一种实现形式,即属于"新社会因素"的范畴。显然,它与马克思的论断不相悖。尤其在股份制方面,马克思在《资本论》第三卷中认为：股份制的出现是资本主义在其生产方式内的自我扬弃，而且使资本主义生产关系发生了部分质变。在股份公司内，职能已经同资本所有权分离，而且劳动也已经完全同生产资料的所有权和剩余劳动相分离，具有明显的公有属性。同时，我们也应看到，资产阶级对国民经济的调节干预，吸收和包含了很多社会主义的因素。比如，指导性计划和宏观调控，在西方最早是1933年美国的罗斯福总统，采纳了前苏联1928年第一个五年计划的做法。而劳动保障和福利，也是来自于马克思当时批判资本主义时对未来社会的设想。

（二）从唯物史观上讲

马克思主义经典作家认为，人类社会的发展是一个生产力持续发展的连绵不断的自然历史过程。为了适应生产力的持续发展，新旧社会制度必然要有一个相互渗透、相互交叉与融会贯通的历史衔接与交替的过程。在这个过程中，新制度的因素在旧制度内产生既是社会生产力持续发展的客观要求，又是双方构成历史衔接与交替的典型表现。进一步说，资本主义与社会主义虽然有着剥削与非剥削的本质区别，但并不能由此否认社会生产力延绵不绝的自然历史过程，而且资本主义生产由于自然过程的必然性造成了对自身的否定。马克思也指出，社会主义是从资本主义社会中产生出来的，因此它在各方面，在经济、道德和精神方面都带着它脱胎出来的那个旧社会的痕迹，这足以说明，资本主义与社会主义的对立是相对的，在对立的同时也有着联系和渗透。既然社会主义社会中存在它脱胎出来的那个旧社会的痕迹，那么在资本主义社会也必然会有即将从这里降生的社会主义萌芽和因素，否则就无法解释社会主义脱胎于资本主义这一历史现象。由此看来，社会主义因素在资本主义内部产生是符合马克思主义经典作家的原意，也是社会历史发展的必然过程。

（三）从工人生活变化上讲

马克思和恩格斯在《共产党宣言》中强调的无产阶级夺取政权后要实行的重要措施，如实行高额累进税、实现收入公平化、对所有儿童实行公共的和免费的教育、取消儿童工厂、把农业和工业结合起来、促使城乡对立面逐步消失等这些设想，已在资本主义社会内成为现实。工人阶级的收入增加，生活明显改善；工人摆脱了繁重肮脏的劳动环境，劳动时间缩短，某些国家还实行法定假日制，工人每年可享受带薪假期。工人的工资大幅度提高，个人住房、汽车等在工人家庭中普及率较高，不少人成为股票的拥有者，而且国家也以社会保险、社会救济、社会服务等形式，对人们的生、老、病、死、伤残、失业等问题予以帮助和解决，绝大多数国家的人享受着从摇篮到坟墓的社会福利。此外随着生产力的发展和资本主义国家政策的调整，这些国家的工农差别、城乡差别、体力与脑力劳动的差别大大缩小。

当然，西方的社会保障和福利，对于缓和资本主义的矛盾和阶级矛盾，确实发挥了重要作用。同时我们也必须看到，为了缓和矛盾，资本家努力平稳社会分配的悬殊差距，改善提高和保障人民生活，扶持弱势群体和贫困阶层，也体现了人道主义精神，具有社会主义性质的因素。

## 结　语

综上所述，明确和承认在资本主义社会内部可以而且的确出现了新社会因素，这一论断既符合马克思主义经典作家的论述，也符合当代资本主义社会新变化的事实。新社会因素虽然不是当代资本主义发生变化的全部内容，但毫无疑问当代资本主义社会内新社会因素的出现具有重要的意义，一方面它意味着社会主义代替资本主义的历史趋势不可动摇，当代资本主义迟早要转变为社会主义。证明了我们坚持的社会主义道路才是符合历史大趋势的人间正道。另一方面它还意味着社会主义代替资本主义的形式有可能出现新的变化，有待于人们的研究和探索。

同时，我们必须客观、冷静地看待当代资本主义社会出现的新社会因素，不能简单地得出当代资本主义的矛盾发生了根本变化或已经消失了的结论。今天看来，当代资本主义仍具有一定的生命力。但可以肯定地说这种生命力不是来自资本主义制度，而是来自于资本主义的自我否定，即新社会因素的孕育和不断积累。当代资本主义的发展，一方面带来了进一步增强资本主义社会自身再生产能力的因素和倾向，另一方面又带来了更多和更强烈的否定资本主义社会自身再生产能力的因素和倾向。资本主义社会形态的这种辨证的发展,将一直持续到它所容纳的生产力全部发挥出来为止。资本主义的灭亡和封建主义的灭亡一样,不是一朝一夕的事,而是一个漫长的历史过程,这个过程同时又是新社会因素在资本主义母体内不断积累的过程。

(此文载于《四川行政学院学报》2013年第2期)

# 公共外交：中美良性互动的助推器

李德芳*

**摘　要**：中美关系是中国最重要的双边关系之一，能否建立起良性互动的中美关系关乎中国伟大复兴之梦能否顺利实现。鉴于美国国内把中国定位为竞争对手甚至敌人的倾向性有所上升，中国应该积极推动对美公共外交的开展，通过"首脑外交"、"民间外交"和文化外交的开展以改善美国公众的"中国观"，增强美国媒体对中国的客观报道与评价，从而促进中美公众间的观念认同，进而不断促进中美之间的合作和良好关系的发展。

对中国和美国而言，中美关系都是最重要的双边关系之一。然而，随着中国的日益强大，美国国内把中国定位为竞争对手甚至敌人的倾向性有所上升，这就使得中美关系经常因偶发事件而产生大的波动。而鉴于美国对中国、对世界的巨大影响力，良好中美关系的建立将有助于中国伟大复兴之梦的实现。因此，加强对美公共外交，促进中美关系的良性互动与发展，成为中国对美外交的重要内容和目标。

## 一、公共外交的界定

对于公共外交（Public Diplomacy）的概念和内涵，国内外学者有着不同

---

\* 李德芳（1975— ），女，山东临朐人，聊城大学政治与公共管理学院讲师，法学博士，历史学博士后，研究方向为国际政治理论与公共外交。

的观点。早期研究公共外交的学者大多倾向于把公共外交界定为由一国政府发起的针对外国民众的非传统外交活动。

然而,随着公共外交实践的开展和一些传统公共外交努力遭遇"失败",尤其是美国在穆斯林世界声誉的不断下滑,越来越多的公共外交实践者和研究者意识到要在全球化时代赢得"观念之战",不仅公共外交的手段和方式,而且公共外交的实施主体、公共外交的内容以及公共外交的理念都要相应地发生改变。例如,公共外交的形式除了传统公共外交所倚重的信息活动和教育文化交流活动外,领导人海外的"亲民"之旅、商界精英在世界各地的奔走、普通民众的休闲度假,以及国际援助、"网络外交"、"体育外交"、"灾难外交"、"政党外交"等等都可以成为新公共外交的有效方式。正如中国前国务院新闻办公室主任赵启正所言,不仅公共外交的行为主体包括"政府、民间组织、社会团体、社会精英和广大公众"等多个层面,而且公共外交也可以有"一国政府对他国公众"、"一国公众对他国政府"、"一国公众对他国公众"等不同的类型。① 而不论公共外交的主体、手段、内容如何变化,公共外交的目的是一致的,都是为了取得外国公众和国际舆论对本国(政策)的了解、理解和支持,促进国家之间、民众之间的相互理解与信任,最终促成国家间正向认同的建构,从而确保国家利益的实现和国际合作的达成。

## 二、中国开展对美公共外交的紧迫性

随着中国国际地位的不断提升,中美之间的相互依赖、相互竞争态势更加明显。能否向美国公众展示真实、和平友好的中国国家形象关系到中美两国能否真正建立起相互尊重、互利共赢的战略合作伙伴关系,也关系到中国能否在21世纪顺利实现中华民族的伟大复兴。

### (一)改善美国公众的"中国观"

所谓美国公众的"中国观",就是美国公众在对中国的长期认识和了解过程中所形成的比较稳定的关于中国形象的认知,这种认知可能是正面的也可

---

① 赵启正:《公共外交与跨文化交流》,中国人民大学出版社2011年版,第4—9页。

能是负面的。美国是一个高度民主化的社会，美国公众的态度和看法对美国的内政外交都有着重大的影响。因此，美国公众的"中国观"必然会影响美国的对华政策的制定和中美关系的发展。

一国公众对他国形象的认知，是在经历了一个长期的认知过程后形成的观念层面的东西，往往具有稳定性和先入为主的特性，美国公众的"中国观"也不例外。中美交往的历史也表明，即使中国的形象已经发生了很大的变化，美国公众的"中国观"在很长一段时间内依旧维持原状，中国"东亚病夫"形象以及"黄祸论"在美国持续百年之久就是很好的证明，其中既有美国公众缺乏对中国了解的原因，也有中美观念、价值观差异和意识形态隔阂的原因。尤其是近年来，随着中国的不断强大和国际地位的提高，"中国威胁论"、"中国崩溃论"、"中国傲慢论"以及"中国强硬论"等各种奇谈怪论严重地扭曲了中国在美国公众中的形象，成为影响中美关系良性互动的主要制约因素。因此，如何消除美国公众对中国的错误知觉，建构起一种新的"中国观"——一个合作、友好的中国，是中国对美公共外交所要解决的最紧迫的问题之一。

(二) 增强美国媒体对中国的客观报道与评价

在美国，媒体一向被视为政府的"第四部门"。尤其是美国的主流媒体，它们虽然不直接参与美国政府对外政策的制定，但无疑是美国政府在决策时必须考虑到的一个重要因素。通过影响公众舆论进而对政府的政策制定施加影响，是美国媒体影响内外政策的主要途径。有研究指出，美国人平均每天花8个小时用于印刷品和电子传媒，可见媒体对美国公众的影响之广泛。而美国公众了解中国最重要的渠道是美国主流媒体的对华报道，这些报道在很大程度上影响和决定着美国公众对中国的认知。而研究表明，美国新闻人员总体上对中国是缺乏了解的，这就很自然地形成了一道壁垒，阻滞来自中国的信息特别是正面信息进入美国的信息市场。这是造成"今天中国的国际形象，基本上就是一个被美国媒体妖魔化了的形象"[①] 的原因之一。

---

① 《塑造中国的国际形象——刘康与李希光的对谈》，载《环球时报》，1999年8月6日。

因此，能否有效地与美国媒体打交道，减少美国主流媒体对中国不实的报道，增强对中国客观的报道和评价，将在很大程度上影响到美国公众对中国的认知，从而影响美国的对华舆论和对华政策。西方人一般都推崇"耳听为虚，眼见为实"，为此，我们有必要加强与美国媒体的沟通，邀请美国主流媒体的记者来中国采访，努力增进美国新闻人员对中国的了解。事实也证明，亲历中国巨大变化的美国记者对中国的报道大都向着比较客观的方向转变，尤其是 2008 年北京奥运会期间和 2010 年上海世博会期间，美国主流媒体的大多数记者都能作出比较客观而适合美国公众接受口味的关于中国的报道。

### （三）促进中美公众间的观念认同

中美关系良性发展的社会基础和最终落脚点是中美两国公众的相互了解、理解和认同。而目前的状况是中国公众对美国的了解甚多，而美国公众对中国知之甚少，遑论理解与认同。尤其是对引领"西方文明"的美国公众来说，包括中国在内的"东方文明"是一种与其价值观念截然不同的文明体系，甚至骨子里倾向于认为"东方文明"是一种远远低于"西方文明"的落后文化。因此，从推进中美双边关系的良性互动来看，只有加强与美国公众的交流与互动，使美国公众尽可能多地了解中国的真实情况，进而才有可能为中国的历史文化和发展现实所吸引，从而达到理解和认同中国的行为，愿意与中国建立良好关系的目的。

此外，进入新世纪以来，文化因素作用的上升已经成为国际关系的一个显著特点。而且，随着全球化的发展，文化、观念甚或宗教、意识形态越来越成为确定人们身份和效忠对象的新标准。"尽管文化是没有国家边界的，但它会创造出它自己认知的边界。在其范围之内，文化有助于交流。但对其他文化而言，它却会歪曲信息"。[①] 在美国视中国为一个正在崛起的、挑战美国霸权地位的潜在大国的情况下，中美两国的意识形态、观念和文化心理等差别都可能会被无限夸大，进而成为阻碍中美交流和国家认同的一个重要因素。事实证明，在处理国家关系时，观念的转换是最困难，但也常常是最值得一

---

① Zaharna R S. *The network paradigm of strategic public diplomacy*. Policy Brief of FPIF (Foreign Policy in Focus), April 2005, 10 (1): 2.

做的事情，这也是新时期中国对美公共外交的重要目标之一。

## 三、全面开展中国对美公共外交

公共外交的中心是信息和观点的流通。鉴于中美两国交往的特点，中国对美公共外交的重点应该放在对美"首脑外交"、"民间外交"以及"文化外交"（尤其是青年人之间的交流与沟通）方面，为中美两国信息与观点的流通构建良性互动的平台。

### （一）积极开展对美"首脑外交"

无论从法律上还是政治上讲，国家元首或政府首脑无疑是国家的"头号外交家"，处于外交的最高地位。而公开性和高度的受公众关注度是首脑外交的重要性质所在，首脑外交的重要作用之一就是为本国作公开的或世界范围的"宣传"。首脑的出访在很大程度上是为了拉近本国与他国公众的距离，赢得他国公众的好感，进而有助于国家形象的改善。

在中美外交史上，邓小平曾经成功地诠释了中国对美"首脑外交"的意义——1979 年美国得克萨斯州"戴牛仔帽的邓小平"让美国人近距离感受到"红色恐怖"共产党国家的领导人并非他们所想象和听到的那样。[①] 从 1976 年到 1997 年，邓小平先后 8 次成为《时代》周刊的封面人物，邓小平在美国民众中的影响力之大可见一斑。冷战后，江泽民、胡锦涛、习近平等国家领导人的访美之旅对于推动中美关系的良性发展无疑起了巨大的推动作用。2011 年年初胡锦涛对美国的访问便被外界称为是一次成功的公共外交之旅，胡锦涛对芝加哥的访问、对佩顿中学的访问、在美国友好团体举行的欢迎宴会上的演讲，无不诠释了"首脑外交"担负的沟通与交流的作用。而 2012 年 2 月习近平的访美之旅，更是被外界称为"沟通心灵"之旅，在艾奥瓦州马斯卡廷小镇的民房里、在斯特普体育中心的看台上、在华盛顿、得梅因、洛杉矶的座谈会、研讨会和论坛上，无不流露出中国为增进中美两国人民友谊、推进中美合作伙伴关系建立的坦诚意愿。习近平的"叙旧之旅，展示之旅，暖

---

① 《中国领导人访美本纪》，载《南方周末》，2006 年 4 月 20 日。

身之旅"使中美两国当前并不十分轻松的关系变得相对轻松、融洽,对于增进两国互信发挥了积极的作用。

### (二)不断开拓对美"民间外交"

以中国公众与他国公众间的交流为主要形式的民间外交是中国公共外交的重要组成部分。在中国对外关系的建立过程中,民间外交起到了积极的促进作用。"小球推动大球"的"乒乓外交"成功地打开了中美建交的大门,而1972年中国对美"熊猫外交"的开展成就了中美外交上的一段蜜月时光。加强中美两国公众之间的交流和沟通,已被证明是行之有效的中国特色的公共外交方式。正如胡锦涛在访美期间所指出的那样,"中美关系发展归根结底要靠两国人民和各界人士广泛支持和积极参与。"[①] 从某种程度上可以说,融入全球化进程的每个普通中国人,都在经意或不经意间传递或感受着本国的信息,展示或构建着中国的国家形象,从而成为中国公共外交的事实或潜在主体。

目前,中国在海外的华人华侨和留学生已经成为中国事实上的"公共外交大使",成为向国外公众展示和塑造中国国家形象的重要力量。据中国教育部资料显示,2011年中国留学生人数已达到33.97万,2012年中国留学生人数将达到41万,2013年则达到49万。[②] 其中,中国在美留学生已近12.8万,中国已经成为在美留学生总数排名第一的生源国。[③] 从发展趋势来看,今后美国仍然是中国准留学生们的首选。他们和300多万旅美华侨华人无疑都是"中华文化的传播者和中国形象的展示者",为增进中美两国人民友谊,促进中美两国关系发展贡献着自己的力量。

### (三)构筑中美两国青年交流的平台

国之交在于民相亲,中美两国人民的交流,是中美关系良性互动的社会

---

① 唐昀等:《中美人文交流的世界意义——全球聚焦胡主席访美(人文篇)》,来源:新华网,http://news.xinhuanet.com/world/2011-01/22/c_121010919.htm

② 《2012年中国留学生人数有望达到41万》,载《新闻晚报》,2012年10月25日。

③ 《中国成为在美留学生总数第一生源国》,载《法制晚报》,2011年1月5日。

和民意基础，特别是中美青年之间的交流和交往不仅可以增进两国人民的相互了解和友谊，更为未来中美关系的发展提供不竭的动力。

语言是两国青年沟通和交流最基础的工具和桥梁，中美两国学生在学习彼此语言的同时，可以了解对方的文化，也能够创造更好的交流机会，拉近彼此之间的距离。目前，孔子学院（课堂）的建立和运行为中美青年沟通与交流提供了重要平台。自 2004 年马里兰大学成立北美第一家孔子学院以来，孔子学院在美国发展非常迅速。据统计，目前美国 48 个州已经设立 81 所孔子学院和 300 多个孔子课堂，是全世界设立孔子学院（课堂）最多的国家。尽管期间也有一些美国民众"质疑"孔子学院的"文化输出"和"意识形态渗透"，显示出美国部分民众和政客对中华文化"渗透力"的担忧。但是，美国绝大多数民众还是非常看好孔子学院的交流沟通功能的，美国总统奥巴马提议向中国派遣留学生的"十万强计划"也鼓励美国学生学习汉语。

## 结　语

当然，我们也应该清醒地意识到，中美两国之间存在的文化观念、价值观的不同以及思维方式的差异，也使得中国对美公共外交存在一定的局限性。首先，中国在美国家形象塑造和重塑存在一定的困难。冷战期间，中美两国长期处于对抗的状态，逐渐形成了关于对方的固定的和歪曲的观念，一方防御性的行为往往被对方视为有意挑衅的攻击性举动，结果造成螺旋式上升的冲突进程。这种错误的归因和观念的形成，不仅成为中美国家间交流的障碍，也造成了中美两国国家形象互构和改善的困难。例如，冷战结束后中美之间认同差异的加深及中美关系的跌宕起伏，很大程度上都是由于中国与美国政府及公众错误的归因和缺乏有效的沟通造成的。近来美国在南中国海及钓鱼岛问题上不断搅局，不仅是美国重返亚太战略的需要，也有对中国发展强大的"恐惧心理"在作祟。这无疑使得中国消除在美"中国威胁论"的努力难以取得成效。

其次，中美两国之间也存在着异质文化认同的困难。由于生活环境、历史传统、宗教信仰、知识结构以及价值取向、思维方式的不同，中美分属于东西不同的文化体系。而对于大多数公众来说，受其价值观和思维方式的影响，在交流中往往会用本族群的价值标准去衡量对方的言行，不知不觉中形成了用自己的价值观衡量对方言行的思维习惯，结果往往是得出有失偏颇的结论。例如，受"实用主义"传统观念影响，美国公众往往对事情作出直观的判断，在复杂的现象中划出一道分明的界限。美国外交战略中"非友即敌"观念就是美国人直线型思维方式的体现。而中国人的思维方式多强调实践性、整体性和形象性，反应到外交战略中多强调"用长远的战略观点来看待彼此的关系"。中美公众之间这种价值观和思维方式的差异，无疑为中美公众的沟通与交流造成了障碍。

因此，一方面，我们应该不断加强以信息沟通和教育文化交流为主要途径的对美公共外交的力度，把我国的良好国家形象和特征展示给美国公众，提升我国在美国公众中的"注意力"和知名度，从而改善和重塑我国在美国公众心目中的形象，构建中美积极正向的国家认同，进而不断促进中美之间的合作和良好关系的发展。另一方面，我们也应该充分地认识到以公共外交促进中美国家认同将是一个长期的过程，这种彼此之间的身份确认需要两国在长期的交往中才能形成，因此需要长期精心的经营。

（此文载于《当代世界》2013年第4期）

# 抗战时期毛泽东思想成熟的原因新论*

秦正为

**摘　要**：尽管经济基础决定上层建筑，但伟大的思想却经常与苦难的民族密切相连。在抗日战争最为苦难的时期，毛泽东思想逐渐成熟。其原因在于：中国革命两次胜利、两次失败的反复对比，为党正确认识中国革命的客观规律提供了丰富的经验；抗日战争的复杂环境和丰富实践，为毛泽东思想的成熟提供了深厚的现实土壤；以延安为中心的革命大本营的建立，使中国共产党有了相对稳定的工作环境；毛泽东在全党领导地位的确立，是毛泽东思想成熟的根本政治保证；全党理论素养的加强和思想路线的端正，为毛泽东思想的成熟创造了必要的思想和理论基础；国内外形势的变化和共产国际七大的积极影响，也为毛泽东思想的成熟提供了客观的外部条件。

尽管经济基础决定上层建筑，但伟大的思想却经常与苦难的民族密切相连。德意志在历史上曾长期分裂、备受欺凌，但德意志的古典哲学却是人类思想史上的一个高峰，而马克思主义的诞生更是成为一道永远亮丽的风景。近代中国也是如此，为了救国救民，涌现了许多仁人志士，迸发出很多耀眼的思想光华。还在抗日战争前期，毛泽东就认为，中国革命斗争如此伟大丰

---

\* 基金项目：作者主持的国家社科基金项目（13BKS022）、教育部社科基金青年项目（11YJC710042）、山东省高校人文社科强化建设基地项目（MJDXK0103）阶段性成果。

秦正为（1973— ），男，山东阳谷人，聊城大学政治与公共管理学院、世界共运研究所、廉政研究中心副教授，博士，硕士生导师，中共中央编译局博士后，研究方向为马克思主义基本原理与中国特色社会主义。

富,应当出理论家;马克思主义是空前而不绝后,说中国不能出马克思,我不相信,将来会有马克思的"儿子"、"孙子"、"孙孙子"的"新马克思主义"①。也正是在这样的背景下,随着毛泽东思想基本内容的充分展开和"毛泽东思想"概念的确定,毛泽东思想最终成熟。

关于为何要提出"毛泽东思想",在这一问题上作出重大贡献的刘少奇在"文革"中曾对其子女说:"七大提毛泽东思想有三条原因:(1)解放区分散,不能群龙无首;(2)为了反击蒋介石一个民族一个主义一个领袖的论调;(3)为了抵制第三国际教条主义指挥,根据实际情况,当时毛泽东同志水平最高,贡献最大,应该提毛泽东思想。"②由此可见,毛泽东思想在抗日战争时期的提出和逐渐成熟,既有主观原因,也有客观原因,是历史经验和现实斗争、理论研究和实践探索、国内环境和国际因素有机结合的必然结果和产物。

第一,中国革命两次胜利、两次失败的反复对比,为党正确认识中国革命的客观规律提供了丰富的经验。

1921年中国共产党成立后,随即投入到把马克思主义理论和中国工人运动结合的实际斗争之中。1922年初香港海员大罢工的胜利,显示了中国共产党的领导力量。但1923年初京汉铁路大罢工的失败,也说明在国内外反动势力极其强大的近代中国单靠工人阶级单枪匹马的斗争是不行的,必须实行革命的大联合。1924年以中国国民党一大为标志,国共第一次合作为基础的国民大革命迅速兴起。北伐战争势如破竹,给旧军阀以沉重打击。期间的五卅反帝爱国运动、上海工人第三次武装起义,充分证明了中国共产党的基本方针的正确性。但由于陈独秀右倾机会主义放弃革命领导权、压制工农运动,也由于国内外反动势力的强大和狡诈,1927年蒋介石、汪精卫先后发动"四一二"、"七一五"反革命政变,国民大革命失败。"八一"南昌起义打响了武装反抗国民党反动派的第一枪,"八七"会议揭开了中国共产党独立领导革命的序幕,中国革命进入土地革命时期。但三大武装起义的失败,说明瞿秋

---

① 石仲泉:《抗日战争与马克思主义中国化》,载《文汇报》,2005年8月15日。
② 《中共党史专题讲义:开始全面建设社会主义时期》,中共中央党校出版社1988年版,第420页。

白为代表的中央在纠正右倾的同时又出现了"左"倾盲动主义,更说明照搬苏俄经验的"城市中心论"是不对的,不符合中国国情。事实也证明,毛泽东的"井冈山路线"是正确的,以农村包围城市、然后夺取城市的革命道路是行得通的。1931年,以毛泽东为主席的中华苏维埃共和国临时中央政府的成立,显示了这条路线的正确性和中国革命胜利的希望。但由于共产国际和苏联的干涉,先后出现了李立三、王明的"左"倾冒险主义,致使中国革命遭到重大挫折,被迫长征。1935年1月遵义会议的召开,成为中国革命由挫折到胜利、由胜利到胜利的伟大转折。此后,长征胜利结束,和平解决西安事变,全面抗战开始,中国革命在艰难中凯歌行进。纵而观之,中国共产党在成立后的十多年间,经过了大革命和土地革命战争的两次胜利和两次失败,经历了从北伐战争的失败到土地革命的兴起,又从第五次反围剿的失败到抗日战争的兴起两次历史性的转变。这种胜利与失败的反复交替与鲜明对比,促使以毛泽东为主要代表的中国共产党人认真总结正反两方面的历史经验,科学认识中国革命的客观规律。同时,毛泽东思想本身的形成和发展,也是与这两次胜利与失败紧密相连、密不可分的。两次胜利与两次失败的鲜明对比,使党对于中国革命的客观规律以及已经初步地反映中国革命客观规律的毛泽东思想的正确性认识大大提高,而党对于这两次胜利与失败的历史经验的系统总结,又必然推动毛泽东思想的发展,使之走向成熟。对此,毛泽东曾经回顾道:"在抗日战争前夜和抗日战争时期,我写了一些论文,替中央起草过一些关于政策、策略的文件,是革命经验的总结。""那些论文和文件,只有在那个时候才能产生,在以前不可能,因为没有经过大风大浪,没有经过两次胜利和两次失败的比较,还没有充分的经验,还不能充分认识中国革命的规律"①。

第二,抗日战争的复杂环境和丰富实践,为毛泽东思想的成熟提供了深厚的现实土壤。

抗日战争时期,是中国社会矛盾和社会关系最为复杂的时期。国内,民族矛盾日益成为主要矛盾,阶级矛盾下降为次要矛盾,但国内各阶级、阶层、政治集团和政治派别之间的矛盾在这期间得到了最为充分的展开。为挽救民

---

① 《毛泽东著作选读》(下册),人民出版社1986年版,第825—826页。

族危亡,无产阶级、农民和城市小资产阶级始终是抗日的主要力量,以国共合作为基础的全民族的抗日民族统一战线形成。但是,在抗战的不同时期、不同阶段、不同区域,民族矛盾、阶级矛盾乃至党内的矛盾的尖锐性也在不断变动。抗战初期,面对日本帝国主义的疯狂进攻,中华民族同仇敌忾,共同对敌。在中国共产党的推动下,民族资产阶级和地主阶级中的开明绅士,也转变了政治态度,成为抗日的同盟军;以蒋介石为首的大地主、大资产阶级也被迫加入抗日民族统一战线。正因如此,尽管抗战形势严峻,但仍粉碎了日本"三个月灭亡中国"的狂妄计划,并取得了台儿庄大捷、平型关大捷等胜利。进入相持阶段后,随着日本进攻政策的变化,国民党开始分化。汪精卫集团叛国投敌,蒋介石投降反共倾向增长,反动了三次反共高潮,制造了震惊中外的"皖南事变"。各种各样的中间政治势力,从资产阶级、开明绅士到各种地方实力派和各种倾向的小党派,为了实现自己的政治主张也空前活跃,出现了许多新的动向和组合。与此同时,中国共产党内的路线分歧和斗争仍然存在,最为突出的错误倾向是王明的"左"倾关门主义和右倾投降主义,先是将要求抗日的民族资产阶级、开明绅士和国民党进步将领拒之抗日统一战线门外,后又"一切经过统一战线"、"一切服从于统一战线"实际上是服从于国民党。在国际上,德、意、日结成了法西斯同盟,而帝国主义阵营中的英、美等国对中国的抗战采取支持和利用的两面政策。英美的政策直接影响了蒋介石亲英美派的抗日态度,因而直接造成了中国抗战的复杂局面。社会主义苏联和世界各国爱好和平的人民同情支持中国的抗战,但大多是直接援助国民党。苏联和共产国际为了苏联的利益,在与英美结成统一战线之际也一度与德日签订互不侵犯条约,对中国共产党既扶植又压制,给中国共产党的抗战带来了很多被动因素。面临如此复杂的斗争环境,要求中国共产党人必须加以充分认识和妥善解决,诸如怎样坚持和巩固抗日民族统一战线,如何指导抗日战争的进程,怎样开展敌后游击战争,如何处理民族矛盾和阶级矛盾的关系等等。以毛泽东为主要代表的中国共产党人在客观条件的许可下,充分发挥主观能动性,以深邃的政治洞察力和高超的斗争艺术,驾驭各种复杂矛盾,整合国内外各派力量,正确处理民族斗争和阶级斗争的关系,凭借这个大舞台,导演了一幕又一幕有声有色、威武雄壮的话剧,造就了驾驭整个战争变化发展的能力,积累了超乎寻常的丰富经验,毛泽东思想正是在科学总结这些实践经验的基础上得到系统总结和多方面展开而达到成熟的。毛泽东思想的大发展，不仅是对以往历史经验的反思，更重要的是对抗日战争波澜壮阔的现实斗争经验的科学概括。

第三，以延安为中心的革命大本营的建立，使中国共产党有了相对稳定的工作环境。

毛泽东思想是以毛泽东为主要代表的中国共产党人在领导中国人民进行的革命斗争中，特别是在同国际共产主义运动中和中国共产党内盛行的把马克思主义教条化、把共产国际决议和苏联经验神圣化的错误倾向的斗争中，根据马克思主义基本原理，对中国革命长期实践中的一系列独创性经验作出理论概括形成的，是随着实践的发展而不断向前发展的。毛泽东思想的形成和发展是一个历史进程，大体经历了毛泽东思想的萌芽、毛泽东思想的形成、毛泽东思想的成熟和毛泽东思想的继续发展几个阶段。毛泽东思想的萌芽阶段是从中国共产党的成立到第一次国内革命战争时期（1921—1927），这一时期尽管中国共产党和毛泽东经历了革命的首次洗礼，但并没有自己独立安稳的工作环境。毛泽东思想的形成时期是土地革命战争时期（1927—1937），这一时期尽管毛泽东为代表的"井冈山路线"开辟了星火燎原之势的革命根据地，但却遭到国民党蒋介石的五次"围剿"，甚至在失利的情况下被迫进行了二万五千里的长征。在这样的环境里，尽管毛泽东也进行了大量的调查研究和理论研究工作，但毕竟有所局限。尽管遵义会议在开始了伟大转折，但也只是在应急的情况下纠正了组织上和军事上的"左"倾错误，但思想上的错误还未及清理。长征胜利结束的意义，不仅在于最终跳出了敌人的包围圈，更重要的是为革命找到和开辟了一块根据地和落脚地，打造和奠定了中国革命的大本营和大后方、中国革命的"边区"和"特区"。延安革命根据地的建立，使一直感叹"唯做事则不能兼读书"的毛泽东获得了一个绝佳的学习环境和一段难得的学习时间。尽管毛泽东一直读书如饥似渴，但毕竟戎马倥偬，条件艰苦；尽管毛泽东善于把握真谛，但毕竟马列原著读得有限，以致被人讽刺为"山沟里的马列主义"。为了批判王明的"左"倾教条主义错误，总结中国革命的丰富经验，尽管抗战时期也要与日本侵略者、国民党顽固派进行大大小小的战斗，但毛泽东充分利用了这一相对安定的读书环境，拿出尽可能的时间甚至是通宵达旦地发愤阅读、批注马列著作和相关读物。凡是在延安能找到的马列著作和有关读物，他都找来；在延安没有的，他写信请在"外面"从事统战工作的同志买来。抗日战争时期是毛泽东读马列著作花费时间最多、阅读书量最大的时期，也是他写作著述最丰的时期。他不仅自己刻苦读书著述，还号召全党认真读书，要求全党高级干部三年读40本马列著作，并开列了阅读书目。在这样的环境里，通过整风运动纠正了长期以来的思想上的错误。也正是在这样的环境和形势下，党和军队的领导人有更多的机会，相聚一堂，研究讨论革命问题，总结革命经验教训，进行理论创造。延安既成为全民族抗战的指挥中心，又是马列主义的传播中心，更是革命理论的研究中心。正因如此，毛泽东思想在这里得以迅速地发展成熟了起来。

第四，毛泽东在全党领导地位的确立，是毛泽东思想成熟的根本政治保证。

毛泽东思想与马克思主义、列宁主义一样，是以主要创立者的名字命名的。而之所以以主要创立者的名字命名，除了他们在理论上比别人站得高、看得远，但更重要的是他们具有别人所难以达到的领导地位和权威影响力。早年的毛泽东曾经在橘子洲头"指点江山"，曾在八七会议上提出"须知政权是从枪杆子里取得的"，曾在井冈山提出"农村包围城市"，尽管这些宝贵的正确思想的火花时时闪亮照耀着中国革命的道路，但毕竟位卑言轻，不能产生影响全局的力量。尽管毛泽东的游击战术纵横捭阖、出神入化，"唤起工农千百万"，"天兵怒气冲霄汉"，"横扫千军如卷席"，但却遭到讽刺、排挤。只是经过了第五次反"围剿"的失败以致被迫长征，并且在这种"惊慌失措的逃跑以及搬家式的行动"之中，一再遭到围追堵截乃至险遭灭顶之灾，使红军由出发时的8.6万余人锐减到3万余人，毛泽东的正确思想才得以显现。长征途中，身负重伤的王稼祥与身患疟疾的毛泽东同病相怜、同忧相救，深切认识到必须将错误思想"轰下台"，从而促成了遵义会议的召开。遵义会议的召开，固然是党内不少老一辈无产阶级革命家共同努力的结果，"但是客观地讲，促成遵义会议的召开，起第一位作用的是王稼祥同志"①，并且王稼祥在支持毛泽东的领导方面投下了"关键的一票"。遵义会议肯定了毛泽东关于

---

① 《伍修权同志回忆录》（之二），载《中共党史资料》（第3辑），中共中央党校出版社1982年版，第107页。

红军作战的基本原则,增选毛泽东为政治局常委,取消博古、李德的最高军事指挥权,仍由中央军委主要负责人周恩来、朱德指挥军事。会后,常委进行分工:由张闻天代替博古负总责,毛泽东、周恩来负责军事。行军途中,又成立了由毛泽东、周恩来、王稼祥组成的三人军事小组,负责长征中的军事指挥工作。至此,遵义会议后的中央组织整顿工作大体完成,也在事实上确立了毛泽东的领导地位。此后,尽管出现过四渡赤水前后对毛泽东指挥不理解的"小小风潮",乃至张国焘的挑战和分裂,但长征的胜利再次有力地证明的了毛泽东的正确性。长征结束后,统一的中央革命军事委员会组成,毛泽东任主席。至此,毛泽东不仅在事实上,而且在职位上都成了党内最高军事领导人。1935年12月的瓦窑堡会议全面解决了关于建立抗日民族统一战线的问题,这是以毛泽东为首的中共中央首次对政治策略问题作出决策。抗战爆发后,中共中央又在洛川会议上制定了一条与国民党的片面抗战路线针锋相对的全面抗战路线,正确地规定了党的基本任务和基本政策,为实现党对抗日战争的领导和争取抗日战争的胜利奠定了政治基础。这些充分证明了以毛泽东为首的中央在历史转折关头的领导能力。然而,毛泽东的领导地位再次面临挑战。1937年11月29日,中共驻共产国际代表、共产国际执行委员会、主席团成员、政治书记处候补书记王明从苏联回到延安,并且处处以国际代表和党的领袖自居,动辄指责别人,把自己凌驾于中央之上。1938年9月中共六届六中全会召开,王稼祥在会上传达了共产国际的指示和共产国际负责人季米特洛夫的意见:中共中央要以毛泽东为首解决统一领导问题。这次会议澄清了王明等人打着共产国际的旗号制造的混乱,维护和巩固了以毛泽东为首的党中央的领导,因而成为与遵义会议同样重要的会议。对此,毛泽东曾说:"六中全会是决定中国之命运的。"[①] 1943年3月,中央政治局会议通过《关于中央机构调整及精简的决定》,推选毛泽东为中央政治局主席、中央书记处主席,并规定"主席有最后决定之权"。1945年4月至6月的中共七大把"毛泽东思想"作为一切工作的指针,七届一中全会推选毛泽东为中央委员会主席兼政治局、书记处主席。至此,在遵义会议上开始的毛泽东在中共中央的领导地位得到了党的全国代表大会的正式确认,以毛泽东为首的

---

① 《毛泽东在七大的报告和讲话集》,中央文献出版社1995年版,第231页。

正确路线最终取得胜利。毛泽东在全党领导地位的确立，一方面使他担负起了更大的领导责任，从而更利于立足全党观察问题，研究问题，解决问题，另一方面使其具有了政治上的权威性，因而主要由毛泽东本人创造的毛泽东思想越来越多地为党员干部特别是党的高级干部所了解和认识。这成为毛泽东思想成熟的重要因素。

第五，全党理论素养的加强和思想路线的端正，为毛泽东思想的成熟创造了必要的思想和理论基础。

作为全党集体智慧结晶的毛泽东思想，既与其主要创立者毛泽东个人的理论素养密不可分，也与全党理论水平的极大提高紧密相连。由于特殊的革命环境，中国共产党对于马克思主义理论的学习和研究一直处于零散和分散状态。对此，毛泽东曾经感叹道："中国革命有了许多年，但理论活动仍很落后"，党的"理论水平还是很低的"。① 刘少奇也指出，这是党的一个"极大的弱点"，是制约党发展的重要因素。正因如此，中国革命一再出现挫折。延安时期，不仅有了相对稳定的客观环境，而且党对马克思主义理论研究重要性的深刻认识以及众多社会科学人才的汇集，则为党从事理论研究提供了必要的主观条件。1938年5月5日党成立了马列学院（后改名马列研究院、中央研究院），1939年春成立了第一个政治经济学研究会，1939年4月成立马列主义研究会，1939年成立了党建研究会，1940年5月成立了哲学研究会。这些研究院和研究会的成立以及研究工作的开展，使马克思主义的研究进入了有组织、有计划的轨道，不仅对马克思主义理论的研究更为深入和透彻，而且培养出一批研究马克思主义的理论骨干队伍，带动和形成了全党研究和学习马克思主义理论的浓厚氛围。1941年开始的整风运动，使全党同志特别是领导干部进一步认清了教条主义的危害，端正了思想路线，提高了创造性地运用马克思主义解决中国革命实际问题的自觉性。这一时期，党对马克思主义的研究不仅在方式上有了很大变化，更重要的是在内容上也有了很大的变化，这就是从对马克思主义个别词句的教条主义的研究上转变到着重对马克思主义基本立场、观点和方法的研究上来。在毛泽东的大力倡导下，延安

---

① 毛泽东：《在延安新哲学会第一届年会上的讲话》，载《新中华报》，1940年6月28日。

掀起了一股研究马克思主义的热潮。中央规定中央高级学习组应分为政治组和理论组，政治组以研究政治实践为目的，理论组以研究政治理论与思想方法为目的，以能够具有更高的文化水平与理论修养、确能阅读并理解《哲学选辑》等书为合格。更为重要的是，这股热潮，不仅使全党更加清醒地认识到毛泽东思想的正确性，而且许多理论研究本身对毛泽东思想的成熟起到了直接的充实、完善和启发作用。如延安知识分子在马克思主义哲学、史学、文艺理论和教育等领域掀起的"中国化"思潮直接催生了"马克思主义中国化"命题的提出，如理论界关于"半殖民地半封建社会"等新民主主义革命基本概念的界定和论述对毛泽东的启发，如他们在全党率先提出"毛泽东思想"概念并进行研究和宣传，如他们直接参与了毛泽东部分著作的讨论、撰写、修改，等等。艾思奇、陈伯达、张如心、范文澜、何干之、何思敬、周扬等一大批在理论上颇有造诣的知识分子的理论创造对毛泽东的理论创造起了一定的促进作用。毛泽东曾经多次说，自己从艾思奇著作中"得益很多"。《中国革命和中国共产党》一书的编著，编著者除毛泽东本人外，还有李维汉、杨松、吴亮平、陈伯达等。全党理论素养的极大提高和实事求是思想路线的确立、全党大兴调查研究之风，这是马克思主义与中国实际相结合的中心环节，是毛泽东思想成熟的必不可少的重要条件。

第六，国内外形势的变化和共产国际七大的积极影响，也为毛泽东思想的成熟提供了客观的外部条件。

抗日战争的爆发和抗日民族统一战线的形成，使得国共两党捐弃前嫌，以民族利益为重，共同对敌。在此前提下，中国共产党的许多正确主张为国民党所接受、认同或不反对，因而其在全国的影响更加广泛。正是在此相对宽松的环境下，毛泽东和中国共产党人的理论研究能够深入开展和广泛传播。同时，中国共产党的抗战也引起了国际社会的关注。作为第一个访问红区的西方记者——埃德加·斯诺，写了大批的通讯报道向世界介绍陕甘宁边区，从此《红星照耀下的中国》（《西行漫记》）和毛泽东戴八角帽的英俊形象轰动国内外。1944年夏，由美、英、苏等国记者组成的"外国记者西北参观团"来到延安，愈加"打开红色中国大门"，引起了国际社会的普遍关注，促进人们对中国革命的了解、同情和援助。马海德、柯棣华、史沫特莱、白求恩、班德夫妇（曾著《新西行漫记》）、艾黎等等，不仅成为中国革命的援助者、献身者，而且成为中国革命的宣扬者。随着世界反法西斯阵线的建立，国际环境更加宽松。特别是 1935 年 7 月 25 日—8 月 20 日共产国际的召开，成为中国共产党独立探索革命道路的重要关节点。此前中国革命遭受挫折的主要原因是把马克思主义教条化、把共产国际决议和苏联经验神圣化。这种教条主义倾向，在很大程度上是由于共产国际的错误指导造成的。共产国际七大认为，必须建立反法西斯的人民阵线，而关于人民阵线的具体形式，要适合各国的国情。会议反复强调各国党必须根据本国实际情况，独立自主地制定符合本国国情的行动纲领和路线，反对公式化地照搬照抄国际决议和别国经验。会议还作出了不再干涉各国党内事务的决定。这两个方面的重大决策，对于中国共产党根据中国革命具体实际，创造性地运用马列主义，独立自主解决中国革命问题，把毛泽东思想推向成熟，起了一定的积极作用。

（此文载于《南京政治学院学报》2013 年第 4 期）

# 中国因此而不同：毛泽东思想的历史意义与现实价值*

## ——纪念毛泽东同志诞辰120周年

秦正为

**摘　要**：作为一代伟人的毛泽东和体现人类智慧辉煌的毛泽东思想，具有永恒的魅力和无穷的历史推动力，中国的历史不仅因此而不同，中国的未来也因此而不同。在此影响下，中国的历史进程得到改变，中国革命取得胜利；中国的社会风气得到根本转变，社会面貌焕然一新；中国的社会主义建设有了坚实的基础和方向保证，中国特色社会主义取得了重大成就。

作为一代伟人的毛泽东和体现人类智慧辉煌的毛泽东思想，具有永恒的魅力和无穷的历史推动力。在此影响，不仅中国的历史因此而不同，中国的未来也因此而不同。即使在当前形势下，对毛泽东思想的发展历程、历史意义和现实价值进行总结和思考，也不仅具有学理价值，而且具有极强的现实意义。

## 一、毛泽东思想的产生和发展使中国的历史因此而不同

"长夜难明赤县天，百年魔怪舞翩跹"。这是毛泽东对近百年来中国半殖

---

\* 基金项目：教育部社科基金青年项目（11YJC710042）；山东省人文社科强化建设基地项目（MJDXK0103）。

民地半封建社会的形象描述。1840年6月开始的鸦片战争一声炮响，打开了中国封闭千年的大门，也开启了中国多灾多难的"潘多拉魔盒"。1842年8月29日签订的中英《南京条约》是中国近代史上第一个不平等条约，也是近代中国开始沦为半殖民地半封建社会的重要标志。割地赔款、派驻使节、开埠通商、"协定关税"、"片面最惠国待遇"等，是中国社会开始发生根本性的变化。在政治上，中国的领土完整被破坏，独立主权受到侵犯；在经济上，中国日益成为世界资本主义的原料产地和商品市场；在文化上，中国的文化教育、思想意识、价值观念等逐渐受到西方文化的冲击和浸淫。1856年10月至1860年11月的第二次鸦片战争，更加暴露了西方侵略者的强盗本质，他们不仅一路烧杀抢劫，而且烧毁了融汇中西建筑艺术精华、凝聚中国人民高度智慧的"万园之园"——圆明园。法国大作家雨果说，把法国各大教堂的财富集中在一起，也抵不上一座圆明园。同时他也谴责道："一天，两个强盗走进了圆明园，一个抢劫，一个放火，一起彻底毁灭了圆明园……在历史面前，这两个强盗分别叫做法兰西和英吉利。"此次战争不仅是列强联合侵华的重要表现，也加速了中外反动势力的勾结。1861年1月清政府设立"总理各国事务衙门"，1862年1月清政府正式确定"借师助剿"太平天国运动，中国半殖民地半封建化的进程大大加速。1894年日本发动甲午战争，1895年强签《马关条约》。中国被迫割让大片领土，赔款白银两亿两，增开的通商口岸延至中国内地，更为重要的是准许外国在中国投资建厂。此后，帝国主义列强以强占"租借地"和"势力范围"的方式，掀起了瓜分中国的狂潮；对华经济侵略也由以商品输出为主变为以资本输出为主，中国半殖民地半封建化程度大大加深。1900年八国联军侵华，《辛丑条约》签订。空前赔款、"使馆区"、外国驻军、外务部为六部之首等充分显示了清政府已成为"洋人的朝廷"，帝国主义也意识到"瓜分一事，实为下策"而决定"以华制华"，这表明中外反动势力已经彻底勾结，中国也完全沦为半殖民地半封建社会。辛亥革命虽然推翻了清政府，但并没有改变中国半殖民地半封建社会的性质。此后，袁世凯复辟、张勋复辟、军阀混战、国民党新军阀的形成发展、日本的侵华、美国的干涉等等，使中国仍然是乱象纷生、暮霭重重。

"问苍茫大地，谁主沉浮？"这是一种历史的追问！中国沦为半殖民地半封建社会的过程，也是中国人民前赴后继、浴血抗争的过程。针对西方对中国的鸦片走私和发动战争，林则徐、龚自珍、魏源等地主阶级抵抗派提出了"师夷长技以制夷"，成为近代中国开眼看世界的先驱。在此期间的三元里人民抗英斗争，则举起了近代中国伟大反帝斗争的第一面旗帜。此后的太平天国运动建立了与清政府对峙的农民革命政权，颁布了《天朝田亩制度》，力求建立一个"无处不均匀、无处不饱暖"的理想社会；后期则颁布了《资政新篇》，希望以西方模式改造中国，实现"兵强国富、俗厚风淳"，从而成为中国最早学习西方的系统论述和大胆设计。事实证明，在近代中国，将自给自足的自然经济固定下来的农民乌托邦只不过是一种幻想，在当时条件下实行资本主义也是不现实的。面对所谓的"外患""内忧"，清政府中的部分人士如曾国藩、李鸿章、张之洞等掀起了"中学为体、西学为用"、"自强"、"求富"的洋务运动。甲午战争的失败，宣告资本主义的"西用"与封建主义的"中体"嫁接结出的只是恶果。继王韬、薛福成、马建忠、郑观应等早期资产阶级改良派"实业救国"、开展"商战"之后，康有为、梁启超等资产阶级维新派则提出了"君主立宪"，发动了"戊戌变法"。这次改革是要在中国建立资本主义的基本制度，并在中国掀起了第一次思想解放潮流，但由于其仅仅寄希望于毫无实权的光绪皇帝，脱离群众甚至仇视革命，最终被慈禧太后等顽固派的"戊戌政变"所扼杀，改良也只能是一个"百日维新"。与此同时"义和团"运动极大地显示了中国人民的斗争精神，但由于其"扶清"被清政府利用和诱骗，"灭洋"则盲目排外，最终也归于失败。面对世纪之交的危机四伏，清政府也一度实行了"清末新政"。但人民爱国运动仍此起彼伏，民主革命思想日益高涨。1905年8月20日，孙中山在日本东京成立了同盟会，并提出了"三民主义"政纲。1911年10月10日，武昌起义爆发。1912年元旦，中华民国临时政府在南京成立，这是中国历史上第一个资产阶级共和国政府，也宣告了中国封建帝制的结束。此后，由于革命果实被袁世凯窃取，孙中山又领导进行了"二次革命"、护国运动、护法运动等"愈挫愈奋"的斗争，但最终都归于失败。这证明由于资产阶级的"先天不足"和后天"营养不良"，资产阶级共和国的方案在中国也是行不通的。

"国际悲歌歌一曲，狂飙为我从天落。"在经历了学习西方的器物、制度之后，先进的中国人开始力求从思想上对中国进行改造。1915年9月5日陈独秀在上海创办《青年杂志》，吹响了新文化运动的号角。"德先生"和"赛先生"极大地冲击了封建文化,成为一场思想启蒙运动;而"以俄为师"则开启了中国新的革命道路。1919年的五四运动标志着中国的无产阶级开始独立登上历史舞台,从而也成为中国新民主主义革命的开端,中国革命由原来属于世界资产阶级革命的一部分开始属于世界无产阶级革命的一部分。此后,马克思主义得到广泛传播,并通过"问题与主义"等论战批驳了错误思想,逐渐与中国实际相结合。1921年7月23日,中国共产党一大召开,标志着中国共产党宣告成立,同时也使"中国革命的面目焕然一新"。作为一大代表和党的创始人的毛泽东,从此便与党及其领导的中国革命融合为一体。党的二大在中国历史上破天荒第一次提出了彻底的反帝反封建的民主革命纲领,给中国人民指出了一条正确的解放道路。之后,党领导掀起了第一次工人运动高潮,同时也使经历了第二次护法运动失败的孙中山认识到中国共产党正是中国革命需要补充的"新鲜血液"。在共产国际的帮助和协调下,党的三大决定共产党员以个人身份加入国民党。1924年1月,中国国民党一大召开,国共合作为基础的革命统一战线形成,轰轰烈烈的国民大革命兴起。"打倒列强,除军阀",中国革命如铁流滚滚,涤荡着中国的大地和天空。但是,中国革命也面临着许多严峻的考验,出现了不少的曲折。陈独秀的右倾机会主义错误和国民党右派的叛变屠杀导致了国民大革命的失败,共产国际和苏联干涉之下的瞿秋白"左"倾盲动主义、李立三"左"倾冒险主义、王明"左"倾教条主义使中国革命一再受挫,五次反"围剿"后红军被迫长征。在此过程中,毛泽东为代表的正确思想逐渐经受考验并获得证明,最终取得了领导地位。抗日战争中,毛泽东思想更是得到淋漓尽致的发挥,其全面抗战和持久抗战的路线最终赢得了抗战的胜利。而这也是中国近百年来反对外来侵略取得的第一次完全胜利。如果说,在此以前的中国革命如一曲国际悲歌的话,那么毛泽东思想的形成和成熟则恰似狂飙从天落,进军井冈、遵义会议、中共七大等正像狂飙中的灯塔和界标,引导中国革命不断从胜利走向胜利。

"虎踞龙盘今胜昔,天翻地覆慨而慷。"抗日战争胜利后,中国革命的任务并没有彻底完成,中国仍然面临着"向何处去"的问题。当时摆在中国面前的有三条道路:代表广大工农群众的中国共产党主张建立各革命阶级联合专政的人民民主共和国;代表帝国主义、封建主义和官僚资本主义的国民党企图维持其一党专政的独裁统治;代表民族资产阶级的各民主党派幻想建立资产阶级民主共和国,即走一条既不同于国民党、也不同于共产党的中间道路(也称第三条道路)。在提出了和平、民主、团结三大口号后,为了揭露蒋介石真内战、假和平的阴谋,毛泽东不顾个人安危,毅然赴重庆谈判。毛泽东之行使整个山城为之沸腾,毛泽东被民主党派称为具有"弥天大勇",他走下飞机的时刻被定格为历史的"挥手之间"。内战爆发后,面对敌强我弱的巨大差距和美式装备的国民党军队的嚣张气焰,毛泽东再次显示了其力拔山岳的气概,提出了"一切反动派都是纸老虎"的著名论断。战略防御还未结束即开始进行战略反攻,三军配合、两翼牵制,刘邓大军千里跃进大别山,这种大胆的、独特的作战方式堪称世界军史的奇迹。这不仅成为国民党统治走向衰亡、人民解放战争走向胜利的伟大转折点,也是整个中国革命进入新高潮的根本标志。战场上的胜利进军,解放区的土地改革,国统区的第二条战线,都为"打倒蒋介石,建立新中国"奠定了坚实的基础,战略决战的时机也逐渐成熟。1948年9月—1949年1月,毛泽东尽情发挥了其高超的军事指挥艺术,三大战役"横扫敌军如卷席",基本上消灭了国民党军队的主力,解放战争在全国的胜利已成定局。作为中国革命由农村到城市转折点的七届二中全会,不仅提出了迅速夺取民主革命在全国胜利的目标和方针,而且科学分析了革命胜利后的基本矛盾和基本政策,并指出:中国革命的胜利只是万里长征走完了第一步,今后的路程更长,工作更伟大、更艰苦,全党务必继续保持谦虚、谨慎、不骄、不躁的作风,务必继续保持艰苦奋斗的作风,警惕资产阶级思想的侵蚀和糖衣炮弹的进攻。两个"务必",不仅是历史经验的总结,更是未来执政的警示。1949年4月23日,人民解放军占领南京,宣告了国民党22年反动统治的结束。历史证明:国民党的一党专政道路必定要失败,民主党派的中间道路纯粹是空想,只有中国共产党的人民共和国道路才是历史的选择!1949年10月1日,中华人民共和国成立,中国革命最终获得胜利。中国革命的胜利,推翻了帝国主义、封建主义和官僚资本主义在中国的统治,建立了人民民主专政的新中国,开始了中华民族伟大复兴的征程。这是近百年来中国社会性质的伟大转变,也是中国历史的伟大转折,标志着中国社会进入一个新的历史时期。中国革命的胜利,是马克思列宁主义、毛泽东思想的胜利。中国革命的正反两个方面的经验证明,没有共产党就没有新中国,没有马克思列宁主义基本原理与中国革命实际相结合的毛泽东思想的指导,就没有中国革命胜利的正确道路和光辉前景。"萧瑟秋风今又是,换了人间。"中国的历史因此而不同!

"一唱雄鸡天下白,万方乐奏有于阗"。新中国的建立,是中国历史翻天覆地的变化,千百年来处于被统治地位的人民翻身做了主人。"中华人民共和国中央人民政府今天成立了!"这带有湖南口音的庄严宣告,不仅是睡狮梦醒的呼喊,更是恰如自身版图形状的雄鸡的啼唱。"毛主席万岁!"这是人民的衷心赞叹。"人民万岁!"这是毛泽东的切实认同。这些呼喊引奏了一曲中国历史上无与伦比、美轮美奂的韶乐华章。建国后,尽管国内外形势依然严峻,千疮百孔,百废待兴,但作为集体智慧结晶的毛泽东思想仍然发挥了其战无不胜的伟大作用,创造了一系列新的辉煌。在国际上,争取获得了苏联、东欧与亚洲人民民主国家以及一些民族独立国家和资本主义国家的承认和支持,赢得了朋友遍天下。国内,在军事上,继续进军华南、西北、西南,和平解放西藏,实现了中国历史上祖国大陆多年来未曾有过的统一。在政治上,建立和健全地方各级人民政权,实现了中国历史上从未有过的人民群众当家做主。在经济上,没收官僚资本,建立国有经济,统一全国财经,稳定物价,实现了近百年来中国经济少有的稳定发展。在此基础上,开展了建国初期的三大运动,即镇压反革命、土地改革、抗美援朝。镇压反革命,不仅清除了国民党残余反动势力,而且解决了中国历史上猖獗不断的匪患问题。土地改革,彻底废除了几千年的封建剥削制度,使广大农民真正成为土地的主人,实现了中国历史上从未有过的伟大变革。抗美援朝,挫败了美国战无不胜的神话,雄辩地证明:西方侵略者几百年来只要在东方一个海岸上架起几尊大炮就可霸占一个国家的时代是一去不复返了,一个觉醒了的、敢于为祖国光荣、独立和安全而奋起战斗的民族是不可战胜的。(彭德怀语)为了实现由新民主主义社会向社会主义社会的转变,过渡时期总路线规定了"一化三改"的基本任务。"一化"即实现社会主义工业化,"三改"即实现对农业、手工业和资本主义工商业的社会主义改造,前者是发展生产力,后者是变革生产关系,最终实现"一体两翼"的腾飞。三大改造把对生产关系的改造和对人的改造有机结合,特别是具有中国特色的对资本主义工商业的"和平赎买"成为社会主义发展史上的伟大创举。1954年第一届全国人民代表大会的召开和第一部《中华人民共和国宪法》的颁布,标志着中国社会主义基本制度的最终建立。1956年9月，中共八大召开，开始了社会主义全面建设的新时期。毛泽东在此前的《论十大关系》和此后的《关于正确处理人民内部矛盾的问题》，成为"以苏为鉴"探索中国特色社会主义建设道路的经典文献。十年建设时期，尽管出现了如大跃进、人民公社化、反右派斗争的扩大化等各种曲折乃至导致了"文革"十年的严重挫折，但初步建立起了独立的相对完整的工业体系和国民经济体系，为社会主义现代化建设奠定了坚实的物质基础，培养了大批的人才和骨干力量，并成为中国特色社会主义的"活水源头"。对此，邓小平指出："我们尽管犯过一些错误，但我们还是在三十年间取得了旧中国几百年、几千年所没有取得过的进步。我们的经济建设曾经有过较快的发展速度。"① 因而，毛泽东思想不仅是中国革命的指导思想，而且是中国社会主义建设的指导思想。"天若有情天亦老，人间正道是沧桑。"中国革命不仅因此而不同，中国的社会主义建设也因此而不同。

## 二、毛泽东思想的产生和发展使中国的社会因此而不同

"千村薜荔人遗矢，万户萧疏鬼唱歌。"由于封建主义、帝国主义和官僚资本主义三座大山的统治和压迫，近百年来的中国社会也处于愁云惨淡、凝滞不前的局面。在自给自足的自然经济的生产方式下，"吃饱穿暖"也就成为国人千百年来梦寐以求的生活目标。传统农业社会下人们的交往极其封闭狭隘，基本上以血缘（家族、宗族）、地缘（同乡、邻里）和业缘（同业、师徒）为纽带，并且等级森严。在此制度下，"士读于庐，农耕于野，工居于肆，商贩于市"，各阶层相对稳定，流动艰难。在"三纲"（君为臣纲、父为子纲、夫为妻纲）"五常"（仁、义、礼、智、信）的伦理道德下，传统的家庭婚姻关系也是被动和不平等的。"父母之命、媒妁之言"是合法婚姻的唯一模式，男子可以三妻四妾、寻花问柳，而女子则必须内外有别、三从（未嫁从父、既嫁从夫、夫死从子）四德（妇德、妇言、妇容、妇功）。在此影响下，早婚大行其道，童养媳、指腹为婚等包办婚姻、买卖婚姻恶俗流行。在外国资本主义的冲击下，中国的贫富分化日益严重。上层社会灯红酒绿、挥

---

① 《邓小平文选》第2卷，人民出版社1994年版，第167页。

霍无度，而下层百姓则入不敷出、穷困潦倒。借债、典当、破产、流浪是当时的正常现象，"闯关东"、"走西口"、"下南洋"是背井离乡、离家谋生的无奈选择。生活无着，或沦为乞丐或娼妓，或结伙为盗和占山为匪，或当兵参加军阀混战，或加入黑社会扰乱一方，这些都成为旧社会难以割除的毒瘤。妇女儿童被拐卖虐待，老人长者遭打骂遗弃，中国的传统伦理甚至遭遇颠覆。在此状况下，人人面有菜色、疾病瘟疫流行、黄赌毒黑遍地，人们的生活质量难以保证，生存寿命大大降低。据统计，1935年南京市男性平均预期寿命仅为29.8岁，女性则为38.2岁。尽管蒋介石为此也曾搞过"新生活运动"，但收效甚微，自己不得不承认："一般国民的生计，不论哪一个地方，都是岌岌可危，朝不保暮，试看你们家乡有几家可以每日三餐吃饱，有几家的子弟能够好好的读书"。长夜漫漫，中国的社会发展何时能够转变？

"红旗卷起农奴戟"，"遍地英雄下夕烟"。在半殖民地半封建社会的旧中国，唯一能够让人呼吸到新鲜气息、感受到新生活希望的就是中国共产党领导的革命根据地。在这里，广大贫苦工农群众成为国家和社会的主人。1931年颁布的《中华苏维埃共和国宪法大纲》规定了法律面前人人平等，人民享有国家管理权和言论、宗教信仰等自由，劳动妇女享有合法权利等。受到千百年来"忠君"皇权思想束缚的农民百姓终于亲身体验到了主人翁的畅快感觉，因而纷纷参加革命支持革命。1941年在晋冀豫区的村政权大选中，各村有80%—95%的选民参加了选举。广大农民逐渐结束了与政权无缘、单纯关注衣食温饱、与世隔绝的生活模式，扩大了生活视野和社会交往，拥有了其祖辈未曾有过的社会地位和眼光。在中国共产党的土地政策下，农民获得了自己的土地，也成为真正的土地的主人。同时，根据地在创办军事工业之外，还创办了卫生、器材、纺织、制革、农具、石油、肥皂、造纸等民用工业，发展商业，为边区军民提供了前所未有的多种劳动方式和生活资料。在社会关系上，根据地确立和形成了新型的官兵关系、干群关系、军民关系和人际关系。官兵一律平等，干群同甘共苦，军民鱼水情深，全体民众相互依存，这在旧社会、旧军队是均不曾有过的。在党的领导和动员下，分散孤立的乡村民众组成了不同于过去落后社会组织的新的群众团体，如工会、农会、妇代会、共青团、少先队、士兵会、互济会、生产合作社、信用合作社等涉及政治、经济、文化、教育、军事等各个方面。男女婚姻关系也发生了前所未有的革命变化，婚姻家庭的法制化和民主化、妇女解放成为根据地的一道亮丽风景。《中华苏维埃共和国婚姻法》是我国第一部比较完备的婚姻法，打碎了中国几千年束缚人尤其束缚妇女的封建枷锁，标志着中国婚姻家庭制度改革的开端，符合人性发展的规律，也是中国社会发展的伟大变革之一。之后，男女平等、婚姻自由等新婚姻观念逐渐深入人心，《小二黑结婚》成为这一变革的形象写照。甚至像丁玲一样的"昨天文小姐，今日武将军"，在解放区也比比皆是。与此同时，根据地还进行了大规模的社会改造和社会重建，反对封建迷信，铲匪除盗，禁毒去赌，使人们的精神面貌和社会风气为之一新。当时到延安的人们，无论是心怀疑团的美军观察组，还是心仪憧憬的民主人士，甚至是心怀鬼胎的蒋管记者，都不禁对边区井然有序、规划有方的社会环境，路不拾遗、夜不闭户的社会治安，热火朝天、斗志昂扬的军民生活，发出由衷的赞叹和油然的敬意。"解放区的天是明朗的天，解放区的人民好喜欢。"人民在欢欣歌唱的同时，始终没有忘记给他们带来好生活的是原来的"毛委员"，后来的"毛主席"！家家户户逐渐去掉了"上天言好事、下地降吉祥"，事关人们吃饭问题的灶王爷，而挂上了毛主席像。根据地社会发展因此而不同！

"中华儿女多奇志，敢教日月换新天。"新中国建立后，中国的社会发展更是发生翻天覆地的变化。人民民主专政最终实现了人民在全国的当家做主，公有制基本确立起了人与人的平等关系，社会主义道德则奠定了平等、互助、合作的社会关系。中华人民共和国的建立，在中国历史上第一次实现了绝大多数人的民主政治，彻底结束了几千年的封建制度，基本上建立起社会主义的新制度。本着"迅速地荡涤反动政府留下来的污泥浊水"的要求，社会各方面除旧更新的民主改革全面展开。在工矿企业和交通运输业中，废除了工人群众深恶痛绝的封建把头制度。成为国家和社会主人的人民群众在各条战线上迸发出了惊人的热情，积极性、主动性、创造性得到空前的发挥。在此基础上，人们的生活水平迅速提高，衣食住行条件大大改善，卫生健康意识逐渐增长。国家提供的公房逐渐成为城镇居民的主要房源，也成为人们社会地位的一种象征。农民在分得地主的房子的同时，也盖起了新房。轿子、人力车逐渐淘汰，汽车、火车、轮船等现代化交通工具逐渐发挥了连通城乡的作用。自行车迅速增加，1950 年全国有 2.1 万辆，1957 年则增加到 84.7 万辆。1950年《中华人民共和国婚姻法》颁布实施,取消包办婚姻,禁止重婚、纳妾、童养媳,禁止干涉寡妇再嫁,实行婚姻自由、一夫一妻、男女权利平等、保护妇女和子女合法利益的新婚姻制度。新的婚姻家庭关系逐渐在全国铺开,旧的婚姻关系受到前所未有的冲击,1949—1957年出现了新中国第一次结婚高峰和离婚高峰。妇女逐渐走出了原来家庭的狭小范围,女干部、女科学家、女司机等纷纷涌现。随着社会流动的活跃,中国的社会阶级阶层结构也得到重塑。通过革命、改革和改造,官僚资产阶级、地主富农、民族资产阶级、个体小私有者等逐渐退出历史舞台,到1956年基本上只存在着社会主义的全民所有制和集体所有制的工人阶级和农民阶级,以及依附于他们的知识分子。城市建设、边疆建设、救济灾民、干部南下等政策,也促成了新中国成立后的第一次人口大迁徙。在社会主义劳动和交往中,人们平等互助、合作竞争、互惠互利,劳动热情迅速高涨,精神面貌空前焕发,形成了昂扬向上、奋发有为、积极进取的民族风貌。与此同时,党和政府一方面大力清除社会陋习,禁绝烟毒、娼妓、赌博、迷信、游民等,剿灭反革命、匪患,废除族权、神权,另一方面排斥西方社会风习,提倡艰苦朴素、勤俭节约的生活方式。中国的社会风气焕然一新,这在中国历史上是前所未有的,成为几千年的伟大变革。"没有共产党,就没有新中国。"这是历史的选择!"东方红,太阳升,中国出了个毛泽东。他为人民谋幸福,他是人民大救星。"这是人民的肺腑之言!尽管也出现了"文化大革命"的曲折,但"没有毛主席,至少我们中国人民还要在黑暗中摸索更长的时间"①。这是伟人对伟人的中肯评价!中国社会因此而不同!

## 三、毛泽东思想的产生和发展使中国的未来因此而不同

"千里来寻故地,旧貌变新颜。"按照马克思主义的理论,人类社会发展的趋势是走向社会主义和共产主义。中国也不例外,并且中国的历史和现实实践已经和正在证明这一点。作为这一发展趋势转折点和中国特色社会主义起始点的,是中国社会主义基本制度的建立。而对此作出重大贡献的,则是

---

① 《邓小平文选》第2卷,人民出版社1994年版,第345页。

毛泽东为代表的第一代领导集体和毛泽东思想。还在革命时期，毛泽东就指出，新民主主义是社会主义的必要准备，社会主义是新民主主义的必然趋势。回顾和总结中国近百年的历史经验，成立人民民主专政是历史的必然："资产阶级的共和国，外国有过，中国不能有……唯一的路是经过工人阶级领导的人民共和国。"① 1949年9月21—30日，中国人民政治协商会议第一届全体会议在北平召开。出席会议的代表共662人，包括各党派、区域、军队和团体代表共45个单位，具有极其广泛的代表性，反映了人民民主统一战线的巩固和扩大。新政协代行全国人民代表大会职权，选举产生了中央人民政府委员会，一致选举毛泽东为政府主席。10月1日，举行开国大典，毛泽东庄严宣告中华人民共和国诞生。中华人民共和国是工人阶级领导的、以工农联盟为基础的人民民主专政的社会主义国家，其国体是人民民主专政，政体是人民代表大会制，其指导思想是马克思列宁主义和毛泽东思想。中国共产党领导的多党合作和政治协商制度，是中国社会主义民主政治的重要形式，是我国的一项基本政治制度。民族区域自治，是我国解决民族问题的基本政策，也是我国的一项基本政治制度。通过没收官僚资本、帝国主义在华企业和1956年的三大改造，社会主义公有制最终确立。这样，社会主义基本的政治、经济、文化制度基本确立。1954年9月召开的第一届全国人民代表大会，以宪法的形式将这些制度固定下来。这些基本制度，不仅是中国翻天覆地变化的重要体现，而且是中国未来发展的基本指针。中国特色社会主义的核心是"一个中心、两个基本点"，"一个中心"是经济建设，"两个基本点"是四项基本原则和改革开放。"四项基本原则"是邓小平对我党一贯强调的思想政治原则的科学概括，即必须坚持社会主义道路、坚持人民民主专政、坚持共产党的领导、坚持马列主义和毛泽东思想，并说这是"实现四个现代化的根本前提"，是我国的立国之本。改革开放是新时代的一场伟大革命，但不是也不允许根本否定和抛弃社会主义基本制度。曾经"风雨如磐暗故园"，也曾故地"旧貌换新颜"，现在和未来还将"新颜换新颜"，但其基点和基础还是这些制度，万变不能离其"宗"。邓小平曾经深有感慨地说："没有中国共产党，不进行新民主主义革命和社会主义革命，不建立社会主义制度，今天我们的

---

① 《毛泽东选集》第4卷，人民出版社1991年版，第1471页。

国家还会是旧中国的样子。我们能够取得现在这样的成就，都是同中国共产党的领导、同毛泽东同志的领导分不开的。恰恰在这个问题上，我们的许多青年缺乏了解。"①

"红雨随心翻作浪，青山着意化为桥。"社会主义基本制度为未来的社会发展奠定了坚实的基础，但不等于一劳永逸、高枕无忧了。社会主义是科学，不是教条，必须根据本国的国情和时代的变化与时俱进，创新发展。对此，毛泽东有着清醒的认识，较早地提出了"以苏为鉴"，并进行了有"中国特点"的社会主义建设探索。毛泽东在对中国自己的社会主义建设道路的探索中，无论是在理论上还是在实践中，都为我们提供了关于中国社会主义建设的一系列伟大的构想和宏伟蓝图，为建设有中国特色社会主义理论的形成提供了"开场白"和主旋律。总结毛泽东探索中国社会主义建设的思想框架，至少应涉及以下几个方面：在社会主义建设的指导思想问题上，毛泽东十分重视国情研究，强调认清中国国情，乃是认清一切革命和建设问题的基本依据。在社会主义建设发展阶段问题上，毛泽东强调社会主义建设是一个较长时期的过程，这个过程要经历若干个发展阶段。在社会主义建设的根本任务问题上，毛泽东强调社会主义社会的基本矛盾仍然是生产关系和生产力的矛盾，上层建筑和经济基础的矛盾。在社会主义建设的动力问题上，毛泽东强调政治工作是一切经济工作的生命线，强调生产关系对生产力的发展的重大推动作用，同时又提出了社会主义经济体制改革的初步设想，认为"可以消灭了资本主义又搞资本主义"②。在社会主义建设的发展战略问题上，毛泽东强调要使中国稳步由农业国变为工业国，把中国建设成为伟大的社会主义国家；提出"农业为基础工业为先导"的思想，逐渐形成中国工业化道路的理论，同时处理好"十大关系"。在社会主义建设的外部条件问题上，毛泽东强调自力更生为主，争取外援为辅，维护世界和平，在和平共处五项原则基础上发展同世界各国的友好关系和经济文化往来，努力创造我国社会主义建设的有利和和平环境；他提倡"向外国学习"，但必须有分析有批判地学，不能盲目地学，不能一切照搬，机械搬运。在社会主义建设的政治保障问题上，

---

① 《邓小平文选》第 2 卷，人民出版社 1994 年版，第 299 页。
② 《毛泽东文集》第 7 卷，人民出版社 1999 年版，第 170 页。

毛泽东强调一定要坚持"最重要的是社会主义道路和党的领导两条"①，认为政治工作是一切经济工作的生命线；提出要正确处理人民内部矛盾，形成稳定的政治环境，以"巩固我们的新制度，建设我们的新国家"②。在社会主义建设的领导力量和依靠力量问题上，毛泽东强调党是经济建设的领导核心和领导力量，要求党的领导者成为精通经济工作的专家；强调社会主义经济建设必须依靠工人阶级，要努力把党内党外、国内国外的一切积极因素，直接的、间接的积极因素，全部调动起来，把我国建设成一个强大的社会主义国家。在社会主义经济的运行机制与管理体制问题上，毛泽东强调社会主义经济是生产资料公有制基础上的计划经济，同时必须尊重价值规律，正确处理好价值规律与计划工作的关系；强调发挥地方的积极性，正确处理好中央与地方、地方与地方的经济关系；"两参一改三结合"的企业管理原则，将民主管理体现与贯穿于企业管理中去。在社会主义国家统一问题上，提出跟台湾要"和为贵"、"爱国一家"、"以诚相见"和"来去自由"的政策；"建议举行谈判，实行和平解决"③。在社会主义政治建设问题上，提出人民民主专政应既具有无产阶级真正的国家政权性质，又能体现中国特色；创立共产党领导的多党合作制度和政治协商制度，提出共产党与民主党派"长期共存、互相监督"的方针；从世界范围内两种社会制度的根本对立与斗争中认识社会主义阶级斗争的长期性、复杂性，以及由此提出的抵御和反对帝国主义的"和平演变"思想；强调执政党的建设，警惕资产阶级思想的侵蚀，反对脱离群众的官僚主义和腐败现象等。在社会主义文化建设问题上，提出要使中华民族成为"具有高度文化的民族"，继续发展民族的、科学的、大众的文化；提出"百花齐放、百家争鸣"和"古为今用、洋为中用"方针。毛泽东思想中的一系列重要原则、构想和精湛论述，是在中国这样落后的国家坚持和发展运用马克思主义基本原理，开拓和探索适合中国国情的社会主义建设道路的产物。这标志着中国共产党人已经开始确立社会主义建设理论的中国特色和基本内容，并开始较为系统地总结我国社会主义建设的历史经验。尽管有

---

① 《毛泽东文集》第7卷，人民出版社1999年版，第234页。
② 《毛泽东文集》第7卷，人民出版社1999年版，第216页。
③ 《建国以来毛泽东文稿》第7卷，中央文献出版社1992年版，第440页。

过重大挫折，但如果没有毛泽东和毛泽东思想，没有这些基本的东西，"春天的故事"或许来得更晚更艰难。胡锦涛在党的十七大报告中指出："我们要永远铭记，改革开放伟大事业，是在以毛泽东同志为核心的党的第一代中央领导集体创立毛泽东思想，带领全党全国各族人民建立新中国、取得社会主义革命和建设伟大成就以及艰辛探索社会主义建设规律取得宝贵经验的基础上进行的。"①

"春风杨柳万千条，六亿神州尽舜尧。"经过新中国建立和改革开放两次重大转折，中国的发展取得了举世瞩目的成就，"北京共识"、"中国模式"、"中国奇迹"已引起了国内外的关注。中国为什么能够取得这么大的成就，除了社会主义制度的优越性、改革开放的活力等之外，就是中华民族和中国人民具有一种艰苦创业、敢于拼搏、勇于创新的精神。而毛泽东思想作为中国共产党和人民群众集体智慧的结晶和宝贵的精神财富，正是中国人民奋发有为和中华民族伟大复兴的精神支柱和力量源泉。毛泽东思想经历了大半个世纪的历史检验，有极其深厚的文化底蕴和极其丰富的思想内容。中华民族是一个有着优秀历史遗产和光荣革命传统的伟大民族。它创造出了闻名于世的东方文明，积淀了底蕴深厚的优秀文化传统，其中不乏民主性的精华和朴素的政治、哲学思维；它酷爱和平，反对外来侵略，富有爱国主义的革命传统，一些先进人物都提出过治国平天下的方略。这是毛泽东思想产生的不可或缺的历史渊源。正是在此基础上，以毛泽东为代表的中国共产党人，在哲学思想上发掘和清理了老子、庄子、韩非子直到王夫之、龚自珍等许多思想家的朴素辩证法思想；在革命道路问题上借鉴历代农民起义的有益经验，批判了流寇主义，阐明了建立巩固的农村根据地的意义；在斗争策略上，运用马克思主义阶级分析法，吸收中国古代政治斗争的智慧，提出了统一战线的策略；在军事思想领域，继承和发展了古代军事辩证法，充实了中国革命战争的军事理论；等等。而最重要的是，毛泽东为代表的中国共产党人用"实事求是"、"一分为二"来阐明哲学观点；用"知无不言，言无不尽，言者无罪，闻者足戒"来阐述党内民主生活方针；用"愚公移山"来形容中国人民推翻"三座大山"的坚强决心；用"以其人之道，还治其人之身"，来阐明对反动

---

① 《中国共产党第十七次全国代表大会文件汇编》，人民出版社2007年版，第7页。

派实行专政的合理性；等等。最终，实事求是、群众路线、独立自主成为毛泽东思想的活的灵魂。中国革命和建设事业取得了辉煌胜利，也经历了无数磨难。在这一历史过程中，党总结了许多宝贵的经验，毛泽东思想就是被实践证明了的正确经验的科学总结，是许多革命精神的汇聚凝结。以方志敏等为代表的视死如归清贫一生的爱国主义精神，以黄继光等为代表的前赴后继不怕流血牺牲的献身精神，以王进喜等为代表的艰苦奋斗勇于开拓进取的创业精神，以焦裕禄等为代表的鞠躬尽瘁死而后已的公仆精神，以雷锋等为代表的全心全意为人民服务精神，以张思德等为代表的集体主义价值观念，积极探索适合中国自身情况的革命和建设道路的自强自立精神，从实际出发敢于实践探索勇于改正错误的实事求是精神等等，是这些精神的具体表现。这些精神，无论过去、现在和将来都是我们中华民族的精神支柱和力量源泉。"八荣八耻"和社会主义核心价值体系，是这些精神的当今形态和时代体现。"八荣八耻"即：以热爱祖国为荣、以危害祖国为耻，以服务人民为荣、以背离人民为耻，以崇尚科学为荣、以愚昧无知为耻，以辛勤劳动为荣、以好逸恶劳为耻，以团结互助为荣、以损人利己为耻，以诚实守信为荣、以见利忘义为耻，以遵纪守法为荣、以违法乱纪为耻，以艰苦奋斗为荣、以骄奢淫逸为耻。"八荣八耻"明确了我国社会当前基本的价值取向和行为准则，体现了中华民族传统和改革开放的时代要求，具有很强的思想性和现实针对性。社会主义核心价值体系包括：马克思主义指导思想，中国特色社会主义共同理想，以爱国主义为核心的民族精神和以改革创新为核心的时代精神，以"八荣八耻"为主要内容的社会主义荣辱观。这其中，既包含了毛泽东思想，更体现了毛泽东思想的精髓和精神。毛泽东思想作为中华民族共同追求与理想的凝聚，中华民族精神的升华，中国革命精神的结晶，中国建设精神的体现，已经日益成为中华民族新文明的文化血脉。

（此文载于《聊城大学学报》2013年第4期）

# 浅析抗战时期"精兵简政"的历史经验

周浩集*

**摘 要**：抗战时期的"精兵简政"政策是中国共产党领导的抗日根据地采取的"十大政策"之一，也是抗日民主政府的重要工作原则，它的成功实施减轻了抗日根据地人民的负担，进一步密切了党同群众的关系，清除了官僚主义的病源，提高了边区政府的行政效能，为抗日根据地度过严重的困难时期和抗日战争的胜利作出了重大贡献。因此，总结这一政策成功实施的基本经验，能为我国今天进行的政府机构改革与人员的精简提供有益的借鉴。

1941年11月6日至21日，在陕甘宁边区召开的第二届参议会上，党外人士李鼎铭等十一人审时度势、联名提案，要求"政府应彻底计划经济，实行精兵简政主义，避免入不敷出、经济紊乱之现象"。这一提案立即为中共中央所接受，毛泽东认为"这个办法很好，恰恰是改造我们的机关主义、官僚主义、形式主义的对症药"[①]，并要求把"精兵简政"作为中国共产党的一项政策在边区与各根据地实行。这一政策的成功实施，完成了对政府系统的改革，确立了党领导下的政府组织原则、权力分配、运作机制及工作制度，建立起了一个民主、灵活、统一、高效、纪律严明、有制度可依的革命政府，赢得了广大民众的一致拥护，为抗日根据地度过严重的困难时期和抗日战争的胜利作出了重大贡献。抗战时期的"精兵简政"为中国共产党积累了一笔

---

\* 周浩集，聊城大学马克思主义学院讲师，法学博士，山东大学政党研究所博士后。
① 李维汉：《回忆与研究》（下），中共党史资料出版社1986年版，第502页。

巨大的无形财富，从中我们可以得到以下基本经验。

## 一、"精兵简政"作为中国共产党建政建军的基本原则，在今天的和平年代里依然重要

在抗日战争时期，随着战争转入战略相持阶段，日本侵略者调整了侵华的战略和策略，对共产党领导的抗日根据地实行严密封锁，切断它同外界的经济联系，同时加强军事进攻，大肆摧残抗日根据地赖以持久坚持的人力、物力，企图彻底摧毁抗日根据地军民的一切生存条件。同时，以蒋介石为代表的国民党顽固派表现出很大的妥协倒退倾向，对日作战日趋消极，反共活动日趋活跃。再加上华北地区连年遭受水、旱、虫等自然灾害，各抗日根据地的面积日益缩小，军队人数下降，财政经济陷入极端困难的境地。值此抗日根据地生死攸关之际，以毛泽东为首的中共中央果断接受了开明绅士李鼎铭的提议，及时作出了实行"精兵简政"的决策。他指出：抗日的第五第六年既接近胜利，又有极端的困难，也就是"黎明前的黑暗"。由于种种原因，这个最后阶段将面临极端严重的物质方面的困难，要克服这个困难，各抗日根据地全体军民就要在团结的基础上实行"精兵简政"。这一政策事关抗日根据地能否长期坚持下去，事关根据地居民的抗日积极性能否维持，事关能否进行长期斗争，准备反攻，最终战胜日本。由此可见，"精兵简政"是以毛泽东为首的中共中央审时度势，科学及时的决策，因此被称为"一个极其重要的政策"，是"当前工作的中心环节"。

抗战时期的"精兵简政"关系到共产党领导的抗日根据地及军队的存亡，不精简则无出路。今天，我们更应该充分认识到政府机构臃肿、人浮于事已成为我国经济体制改革的桎梏，已影响了党的形象和党群关系。所以，我们要树立一种机构改革势在必行，刻不容缓的危机意识。毋庸置疑，"精兵简政"是一项庞大的系统工程，当前的机构改革与抗战时期比起来难度更大，我们更应该充分认识到它的复杂程度。在构建社会主义和谐社会的今天，以"精兵简政"为中心的机构改革内涵更加丰富，这就是要转变政府职能，实现政企分开；按精简、统一、效能的原则，调整政府机构组织，实行精兵简政；按照权责一致的原则，完善行政运行机制；按依法治国要求加强行政体系的

法制建设①。进而深化政府机构改革，优化组织结构，减少行政层次，理顺职责分工，推进电子政务，提高行政效率，降低行政成本。由此可见，当代社会的"精兵简政"，是中国共产党"加强党的执政能力建设"宏伟篇章中的一页，"精兵简政"作为我党建政建军的基本原则，在今天的和平年代里依然重要。

## 二、"精兵简政"的实施过程中，领导重视，措施得力，稳步进行

在抗战时期"精兵简政"的过程中，以毛泽东为核心的中共中央高度重视，多次制定文件与发表社论，对精简工作进行指导和督促，解决实施过程中遇到的实际问题。各抗日根据地政府也都进行广泛深入的调研，制定详细周密的精简方案。

首先，"精兵简政"要在组织上贯彻，更重要的是如何先在思想上贯彻。"精兵简政"的实施要进行"改革体制、整顿机构、精简人员、健全制度等，一句话，要在组织上贯彻"②。但是，组织工作没有思想工作作保证，就不能持久。因此，要做通人们的思想工作，使政策的实施由被动强制变为自觉执行。像在《解放日报》的社论《一个极其重要的政策》中，毛泽东深刻地阐明了精兵简政同当前形势和党的各项政策的关系，并通俗地把它比做"要随季节变化而换衣"，来促使人们解放思想，提高对"精兵简政"重要性和必要性的认识。在社论《精兵简政当前工作的中心环节》中，重申精兵简政的重大意义，批评了政治上的"近视眼"、"远视眼""多兵论"和"繁政论"，指出这些是不顾马列主义一切必须从现实出发解决问题的片面的主观主义的错误。所有这些都对统一思想、提高精兵简政的自觉性起了很大的作用。

其次，"精兵简政"的实施必须实事求是，与时俱进，有计划、有步骤地进行。"精兵简政"势必涉及组织机构的改革，行政工作人员的精简调整，实

---

① 张白茹：《抗战时期的"精兵简政"对当前机构改革的启示》，载《党史博采》，2000年第5期。

② 李维汉：《回忆与研究》（下），中共党史资料出版社1986年版，第502页。

施起来十分复杂。因此必须全面规划、统筹兼顾、制订方案，有计划有步骤地进行。在中央发出"精兵简政"的指示后，各根据地按照本地的实际情况，实事求是地制定了精简方案，规定了精简的原则、方法以及要达到的目的。虽然各根据地都基本进行了三次精简，但是起始时间有先后，工作方式不尽相同。陕甘宁边区政府制定了《陕甘宁边区政府训令》和《陕甘宁边区政府为实行精兵简政给各县的指示信》，开始了首次精简。第一二九师师部发出了《一二九师关于实施精兵建设的命令》，以部队的精简带动边区政府的精简。另外，在实施的过程中会有新的情况出现，就会发现先前的精简方案不够完美、存在缺陷，因此就要重新进行调研，制定新的精简方案。在精简中加深了认识，在认识中完善方案，与时俱进地推动精简。像陕甘宁边区政府在总结前两次精简的基础上，制定了《陕甘宁边区精兵简政纲领（草案）》和《陕甘宁边区简政实施纲要》，开始了比较彻底的第三次精简。

## 三、"精兵简政"必须与相应的配套措施相结合，必须妥善安置和处理富余人员

"精兵简政"政策作为抗战时期的"十大政策"之一，很显然不是孤立进行的，而是和整风运动、大生产运动等相结合的。同整风运动相结合，是贯彻精兵简政的有效方法。通过开展整风运动，端正了干部的思想作风和工作作风，扫除了贯彻精兵简政政策的思想障碍，促进和推动了精兵简政工作的进展。因此，可以说"整风给了简政以思想上的准备，简政是整风的具体成果"①。精兵简政过程中要裁减人员，妥善安排富余人员是一个政策性很强的问题。因此，要具体问题具体分析，区别对待，在做好思想工作的前提下，充实基层和战斗部队；送学校学习培养深造；发挥技术专长转入生产等，争取做到去的高兴，留的安心。发展生产是克服当时物质困难的最根本的措施，离开这个中心，精简工作是做不好的，精兵简政的目的就是减轻民负，节省民力，促进生产发展。精兵简政作为一场深刻的政治体制改革，涉及政治、

---

① 施善元：《抗日民主根据地精兵简政政策的实行及其经验》，载《中共沈阳市委党校学报》，2000年第1期。

经济、文化各个方面，不仅是为了减少财政支出，更重要的是为了使上层建筑适应经济基础的需要，促进社会生产力的发展①。由此可见，精兵简政是一项综合工作，必须与发展生产、厉行节约和整顿三风相辅相成，相互促进，必须与发展生产力相结合。

那我们今天的"精兵简政"困难更多，更加复杂。当前，我国仍然是以经济建设为中心，所以要减去一些不必要的政务，集中力量把政府的工作放在发展经济的大政方针上，与此相适应要做到"放权"，真正转变政府的职能，做到"小政府，大服务"，真正把必要的权力下放到各级组织和企、事业单位，真正实现政府的事情政府办，企业的事情自己办，社会的事情大家办。今天的"精兵简政"会涉及数百万人的切身利益，涉及高层官员和既得利益者的利益，要改变他们习惯了的工作方式、思维方式和生活方式，变更他们的权力与利益，肯定会遇到重重阻力和多方面的矛盾。因此，要对他们进行思想教育，转变观念，统一认识，打破现状和习惯对他们的束缚，进而采取严密的组织措施，妥善安置富余人员，真正实现通过各种途径，搞好人员分流，在机关工作人员人尽其才，各得其所，在新的工作岗位上继续为现代化建设事业作出贡献，这将关系到政府机构改革的成败。

## 四、"精兵简政"必须坚决反对官僚主义，必须以人民群众的根本利益为出发点和归宿，必须靠制度保持其长效性

官僚主义是一种长期存在的、复杂的历史现象，是我们党和国家政治生活中广泛存在的一个大问题。它的主要表现和危害是：高高在上，滥用权力，脱离实际，脱离群众，好摆门面，好说空话，思想僵化，墨守成规，机构臃肿，人浮于事，办事拖拉，不讲效率，不负责任，不守信用，公文旅行，互相推诿，以至官气十足，动辄训人，打击报复，压制民主，欺上瞒下，专横

---

① 星光：《陕甘宁边区政府的精兵简政》，载南开大学历史系编《中国抗日根据地史国际学术讨论会论文集》，档案出版社1985年版，第283页。

跋扈，徇私行贿，贪赃枉法等等①。官僚主义必然造成机构臃肿，层次多、副职多、闲职多，而机构臃肿又必然促成官僚主义的发展，以至形成恶性循环。"精兵简政"就是为了反对官僚主义，消除机构臃肿，提高行政效率。官僚主义早为广大人民群众所深恶痛绝，实行"精兵简政"，反对官僚主义，符合广大人民群众的愿望，更加密切了共产党和人民群众的关系，充分体现了中国共产党始终代表中国最广大人民群众的根本利益，充分表明了中国共产党的根本宗旨是全心全意为人民服务，充分证明了中国共产党坚持以人为本，任何政策都是把人民群众的根本利益作为出发点和归宿。

精兵简政既是一项临时工作，又要作为经常性的工作。所谓临时工作，就是按照一定的精简计划要求在一定时间内完成的工作，有时间性。所谓经常性工作，就是要把精简精神在日常工作中贯彻始终，无时间性②。那么，如何保证"精兵简政"的长效性，不至于使其时过境迁，又如何走出"精简—膨胀—再精简—再膨胀"的怪圈呢？那就要靠完善的制度。要用立法明确规定政府机构的职能数量、人员编制、隶属关系等，要坚持和完善国家公务员制度，要真正打破行政机关"铁饭碗"式的人事任用制度，引入激励竞争机制，完善绩效考核制度，总而言之，只有完善制度建设，才能保持"精兵简政"的长效性。

（此文载于《沧桑》2013年第2期）

---

① 《邓小平文选》第2卷，人民出版社1994年版，第327页。
② 李维汉：《回忆与研究》（下），中共党史资料出版社1986年版，第502、509页。

# "南方谈话"与马克思主义中国化、时代化、大众化

刘焕申*

**摘 要**：邓小平《在武昌、深圳、珠海、上海等地的谈话要点》（以下简称"南方谈话"）把马克思主义基本原理同中国实际相结合，深刻回答了中国特色社会主义的一系列重大理论和实践问题，是把改革开放和社会主义现代化建设推进到新阶段的又一篇宣言书，是马克思主义中国化、时代化、大众化的经典之作。学习研究《南方谈话》，对于进一步推进马克思主义中国化、时代化、大众化具有重要理论和现实意义。

中共十七届四中全会提出，坚持和发展马克思主义，必须进一步推进马克思主义中国化、时代化、大众化。推进马克思主义中国化、时代化、大众化，不仅要及时总结党领导人民创造的新鲜经验，还要不断学习和总结党在领导中国革命、建设和改革进程中推进马克思主义中国化的历史经验。"南方谈话"是马克思主义中国化、时代化、大众化的经典之作，深刻回答了中国特色社会主义的一系列重大理论和实践问题，学习研究"南方谈话"，对于进一步推进马克思主义中国化、时代化、大众化具有重要理论和现实意义。

---

\* 刘焕申（1973— ），男，山东东阿人，聊城大学马克思主义学院副教授，研究方向为马克思主义理论与当代社会主义实践。

## 一、"南方谈话"与马克思主义中国化

马克思主义中国化,就是把马克思主义基本原理同中国具体实际相结合。具体地说,就是把马克思主义基本原理更进一步地同中国实践、中国历史、中国文化结合起来,形成具有中国特色、中国风格、中国气派的马克思主义。它一方面指运用马克思主义解决中国革命、建设和改革的实际问题,使马克思主义在中国具体化;另一方面指把中国革命、建设和改革的实践经验和历史经验提升为理论,使之变成中国化了的马克思主义。"南方谈话"是马克思主义中国化的经典性著作之一,丰富发展了马克思主义理论宝库。

### (一)改革也是解放生产力

社会基本矛盾运动规律是人类社会发展的一般规律。生产力和生产关系、经济基础和上层建筑的矛盾运动推动人类社会向前发展。革命与改革是解决社会基本矛盾的两种基本方式。社会主义基本制度是适应生产力发展的。但随着生产力的发展,社会主义的一些具体制度和机制逐步由促进生产力发展的积极力量转变为阻碍生产力发展的桎梏。邓小平指出,社会主义基本制度确立以后,还要从根本上改变束缚生产力发展的体制,建立起充满生机和活力的社会主义政治、经济、文化、社会和各方面体制,促进生产力的发展,这是改革,所以改革也是解放生产力。① 这突破了长期以来把解放生产力只同一个阶级推翻另一个阶级的革命联系到一起的认识,明确提出社会主义制度建立后仍然有一个解放生产力的问题,从而为改革开放提供了坚实的理论基础。

### (二)基本路线要管一百年,动摇不得

1987年党的十三大立足于中国现在处于并将长期处于社会主义初级阶段的基本国情,制定了党在社会主义初级阶段的基本路线。党的"一个中心、两个基本点"的基本路线高度概括了党在社会主义初级阶段的奋斗目标、基

---

① 《邓小平文选》第3卷,人民出版社1993年版,第370页。

本途径、根本保证、领导力量和依靠力量以及实现这一目标的基本方针,既紧紧抓住了中国现阶段的主要矛盾,又体现了运用社会主义社会基本矛盾运动的规律,是中国特色社会主义建设事业胜利前进的最可靠保证。在整个社会主义初级阶段,我们必须毫不动摇地坚持党的基本路线,邓小平反复强调:"不坚持社会主义,不改革开放,不发展经济,不改善人民生活,只能是死路一条。基本路线要管一百年,动摇不得。只有坚持这条路线,人民才会相信你,拥护你。"①

### (三) 不争论,大胆地试,大胆地闯

不搞争论,鼓励大胆试验和首创精神,最后拿事实说话,这是邓小平一以贯之的思想,其核心是加快发展。不争论,首先要有敢闯敢试的精神。建设中国特色社会主义事业是一项前无古人的崭新事业,没有答案可循,没有模式可套,没有经验可搬,只能在摸索中大胆创新、稳步前进。"改革开放的胆子要大一些,敢于试验。……看准了的,就大胆地试,大胆地闯","没有一点闯的精神,没有一点'冒'的精神,没有一股气呀、劲呀,就走不出一条新路,就干不出新的事业。"② 其次是允许看,不强制。改革开放是一项充满艰辛的探索历程,人们的认识有早有迟,执行的实践和力度会有差别。对此,邓小平明确说:"我们的政策就是允许看。允许看,比强制好得多。"③ 允许看是邓小平胆子要大、步子要稳改革原则的具体体现,在实践中获得很好成效。再次是不争论。面对严峻的竞争激烈的国际国内环境,必须抢抓机遇,加快发展。不争论,是为了争取时间干,一争论就复杂了,把时间都争掉了,什么也干不成。④ 最后是用事实说话。拿事实说话是不争论思想的核心和关键。实践是检验真理的唯一标准。"改革的政策,人们一开始并不是都能理解的,要通过事实的证明才能被普遍接受"。⑤

---

① 《邓小平文选》第 3 卷,人民出版社 1993 年版,第 370—371 页。
② 《邓小平文选》第 3 卷,人民出版社 1993 年版,第 372 页。
③ 《邓小平文选》第 3 卷,人民出版社 1993 年版,第 374 页。
④ 《邓小平文选》第 3 卷,人民出版社 1993 年版,第 374 页。
⑤ 《邓小平文选》第 3 卷,人民出版社 1993 年版,第 155 页。

### (四）判断改革姓"资"姓"社"的标准是"三个有利于"

在"南方谈话"中，邓小平明确提出了评价和判断改革成败与是非得失的"三个有利于"标准。"三个有利于"标准首先强调在改革性质问题上，必须理直气壮地坚持社会主义方向；其次强调对于改革的一些具体政策措施，必须从抽象的姓"资"姓"社"的争论中解脱出来，解放思想，放开手脚，把注意力放在研究用什么手段和方法才能有利于发展社会主义社会的生产力、有利于增强社会主义国家的综合国力和有利于提高人民的生活水平上来，不要因纠缠于抽象的姓"资"还是姓"社"的争论而贻误改革时机，从而在根本上损害社会主义社会的发展。

### (五）社会主义也可以搞市场经济

计划和市场是经济运行中资源配置的两种基本方式，是调节经济的两种手段，各有优势和长处。但市场经济对促进经济发展具有更强的适应性、更显著的优势和较高的效率。邓小平明确指出："计划多一点还是市场多一点，不是社会主义与资本主义的本质区别。计划经济不等于社会主义，资本主义也有计划；市场经济不等于资本主义，社会主义也有市场。计划和市场都是经济手段。"[①] 这一精辟论述，从理论上破除了把计划经济和市场经济作为制度属性的陈旧观念，从根本上解除了把计划经济和市场经济看做属于社会基本制度范畴的思想束缚，为形成社会主义市场经济理论奠定了坚实的基础。

### (六）科学概括了社会主义的本质

"什么是社会主义，怎样建设社会主义"是建设社会主义首要的基本理论问题。改革开放以来，邓小平在理论和实践上不断探索这个重大问题，在"南方谈话"中提出了关于社会主义本质的科学论断："社会主义的本质，是解放生产力，发展生产力，消灭剥削，消除两极分化，最终达到共同富裕。"[②] 这一新的理论概括，从历来关于社会主义经济、政治、社会等多个方面的特

---

① 《邓小平文选》第3卷，人民出版社1993年版，第373页。
② 《邓小平文选》第3卷，人民出版社1993年版，第373页。

征中,抽象出"社会主义的本质"这一范畴,把解放和发展生产力概括为社会主义本质的核心内容,强调了消灭剥削,消除两极分化,最终达到共同富裕这一社会主义根本目标,从更深层次上使人们科学地理解究竟什么是社会主义,从而也为探索建设和发展社会主义的新道路和新方法,提供了坚实的理论基础。

(七)社会主义要积极学习和借鉴资本主义国家有用的东西

当今世界,社会主义制度和资本主义制度两制并存。共产党人应该怎样正确对待资本主义?这是关系世界社会主义兴衰成败的一个必须解决的重大理论和现实问题。按照马克思主义创始人的设想,社会主义是在扬弃资本主义基础上创立和发展起来的,只能产生于资本主义高度发展的发达国家,而社会主义革命都是经济文化相对落后的国家取得了胜利,这种情况决定了现实的社会主义更需要大胆吸收资本主义国家所创造的先进文明成果,巩固和发展社会主义;纵观今日世界,全球化浪潮势不可挡,对外开放大势所趋,大胆利用资本主义,吸收借鉴其先进文明成果,是对外开放的应有之意。邓小平以一个杰出政治家所特有的敏锐目光,在"南方谈话"中特别指出:"社会主义要赢得与资本主义相比较的优势,就必须大胆吸收和借鉴人类社会创造的一切文明成果,包括资本主义国家的一切反映现代社会化生产规律的先进经营方式、管理方法。"[1] 立足于社会主义初级阶段的基本国情,学习吸收借鉴资本主义的优秀文明成果,以我为主,为我所用,是建设中国特色社会主义的重要条件。

(八)中国要警惕右,但主要是防"左"

马克思主义认识论认为,正确的认识过程必须是主观和客观、认识和实践的具体的历史的统一。"左"和右的错误,都以主观脱离客观、理论脱离实际为基本特征。"左"主要是超越客观实际的允许,在行动上表现为急躁冒进、盲动和蛮干;右主要是思想落后于实际,在行动上表现为保守和缺乏进

---

[1] 《邓小平文选》第3卷,人民出版社1993年版,第373页。

取精神。"右可以葬送社会主义,'左'也可以葬送社会主义。"① "左"和右的错误路线和倾向,都曾给中国革命和建设事业造成重大损失。中国共产党在领导中国人民进行革命、建设和改革的九十多年的历程中,经常受到"左"和右的错误的干扰,但其中主要是"左"的错误。从20世纪30年代王明"左"倾教条主义错误到1957年到1978年的"左"倾错误,再到1978年后遇到的诸如"两个凡是"、"姓资姓社"等"左"的干扰,"左"的错误经常以这样或那样的面目出现。在今天改革开放逐步深化的形势下,"左"的错误主要表现在建设社会主义的理论和实践上,以马克思主义经典作家的本本为依据,不敢越雷池半步,在新的条件下重复"本本主义"的错误。右的错误主要表现在否定四项基本原则,主张全盘西化。对此,邓小平旗帜鲜明地指出:"现在,有右的东西影响我们,也有左的东西影响我们,但根深蒂固的还是'左'的东西。……'左'的东西在我们党的历史上可怕呀!"② "中国要警惕右,但主要是防止'左'。"③ 这是邓小平深刻把握中国共产党的历史和现实,从改革开放和现代化建设的任务出发,总结历史经验教训得出的科学论断,是建设中国特色社会主义的一个重要指导方针。

(九)坚持两手抓,两手都要硬

建设中国特色社会主义,必须坚持以经济建设为中心,实行改革开放的基本国策;同时必须大力加强政治文化社会建设,推动社会全面进步。邓小平特别强调建设中国特色社会主义,要坚持两手抓,两手都要硬:必须坚持一手抓改革开放,一手抓打击各种犯罪活动;必须坚持一手抓物质文明建设,一手抓精神文明建设;必须坚持一手抓改革开放,一手抓反对腐败;必须坚持一手抓改革开放,一手抓四项基本原则。总之,只有两个文明都搞好,才是中国特色社会主义。

(十)中国的事情能不能办好,关键在人

一个国家、一个民族的持续发展,人才是根本。在日趋激烈的国际竞争

---

① 《邓小平文选》第3卷,人民出版社1993年版,第375页。
② 《邓小平文选》第3卷,人民出版社1993年版,第375页。
③ 《邓小平文选》第3卷,人民出版社1993年版,第375页。

中，人才已经成为事业成败的关键因素。正如"南方谈话"中指出的，中国的事情能不能办好，社会主义和改革开放能不能坚持，经济能不能快一点发展起来，国家能不能长治久安，在一定意义上说，关键在人。① 首先，要教育人。有效抵御帝国主义和平演变图谋，要加强教育。要把我们的军队教育好，把我们的专政机构教育好，把共产党员教育好，把人民和青年教育好。② 其次，要选准人。邓小平深刻指出，中国要出问题，还是出在共产党内部。对这个问题要清醒，要按照"革命化、年轻化、知识化、专业化"的标准，选更年轻的同志，选拔德才兼备的人进班子。③ 再次，要培养人。邓小平指出，人选好了，要帮助培养，要注意下一代接班人的培养，让更多的年轻人成长起来。④ 这是坚持党的基本路线一百年不动摇，保持国家长治久安的根本保证。

中国共产党在领导中国革命、建设和改革的长期实践中，实现了马克思主义中国化的两次历史性飞跃。第一次飞跃的理论成果是毛泽东思想，第二次飞跃的理论成果是中国特色社会主义理论体系。邓小平理论是中国特色社会主义理论体系的开篇和奠基，而"南方谈话"是《邓小平文选》第三卷的终卷篇，是全书的纲领和总结，标志着邓小平理论的成熟。"南方谈话"对改革开放和社会主义现代化建设的众多理论问题进行了全面而系统的阐述，提出了一系列新思想、新观点、新论断，澄清了一些重大是非问题，进一步破除了对马克思主义的教条式理解，有力推进了马克思主义中国化的伟大进程。

## 二、"南方谈话"与马克思主义时代化

马克思主义时代化，就是把马克思主义基本原理同时代特征相结合，适应时代需要、顺应时代发展，把握时代脉搏、回答时代课题，体现时代精神，与时俱进地发展马克思主义。马克思主义理论是时代精神的精华，是发展的

---

① 《邓小平文选》第 3 卷，人民出版社 1993 年版，第 380 页。
② 《邓小平文选》第 3 卷，人民出版社 1993 年版，第 380 页。
③ 《邓小平文选》第 3 卷，人民出版社 1993 年版，第 380 页。
④ 《邓小平文选》第 3 卷，人民出版社 1993 年版，第 381 页。

理论,不是必须背得滚瓜烂熟并机械地加以重复的教条。与时俱进是马克思主义的理论品质。时代在发展,实践在变化,"真正的马克思列宁主义者必须根据现在的情况,认识、继承和发展马克思列宁主义"。① "南方谈话"在20世纪80年代末90年代初国际国内政治风波严峻考验的重大历史关头,深刻把握中国发展的时代命脉和历史趋势,科学回答了中国向何处去,中国如何坚持和发展社会主义的一系列重大理论和实践课题,时代性是"南方谈话"的鲜明特征。

(一)"南方谈话"凸显了世情的要求

国际局势和世界格局的深刻变化是南方谈话的时代背景。20世纪80年代末90年代初,中国改革开放和社会主义现代化建设事业面临极为严峻的国际形势。国际矛盾错综复杂,国际风云变幻莫测。苏联解体,东欧剧变,给世界社会主义运动的前途蒙上阴影,对中国社会主义建设事业形成巨大压力;西方国家在苏联东欧变色后,气势汹汹逼人,把和平演变的矛头直指中国;苏联东欧易帜使两极格局瓦解,世界力量对比失衡,多极化时代来临;一些发展中国家在全球化进程中迅速发展,中国面临严峻挑战。"现在,周边一些国家和地区经济发展比我们快。如果我们不发展或发展得太慢,老百姓一比较就有问题了"。② 总之,中国往何处去是当时亟需迫切回答的时代课题。在"南方谈话"中,邓小平以一个无产阶级战略家的宏伟气魄,精辟地解答了这些时代变化引发的关系中国特色社会主义命运前途的重大课题。关于时代主题问题,邓小平深刻把握世界发展的趋势,明确指出虽然国际局势发生了深刻变化,但和平与发展的时代主题没有变化。世界和平与发展这两大问题,至今一个也没有解决③,中国是维护世界和平与发展的坚定力量。关于世界社会主义前途问题,邓小平坚信"世界上赞成马克思主义的人会多起来的,因为马克思主义是科学"。④ 他指出东欧制度不是社会主义的失败,而是僵化保

---

① 《邓小平文选》第3卷,人民出版社1993年版,第291页。
② 《邓小平文选》第3卷,人民出版社1993年版,第375页。
③ 《邓小平文选》第3卷,人民出版社1993年版,第383页。
④ 《邓小平文选》第3卷,人民出版社1993年版,第382页。

守的社会主义模式的失败,"一些国家出现严重曲折,社会主义好像被削弱了,但人民经受锻炼,从中吸取教训,将促使社会主义向着更加健康的方向发展。"①关于社会主义与资本主义关系问题,邓小平旗帜鲜明的指出建设中国特色社会主义,必须坚持"三个有利于"标准,大胆吸收借鉴资本主义优秀文明成果。关于中国往何处去的问题,邓小平一语中的:"不坚持社会主义,不改革开放,不发展经济,不改善人民生活,只能是死路一条。基本路线要管一百年,动摇不得"②,在国际竞争日趋激烈的环境下,中国必须抓住机遇,发展自己,"关键是发展经济"③,经济发展必须依靠科技和教育,"要提倡科学,靠科学才有希望。"④

(二)"南方谈话"顺应了国情的变化

1989年的"六四"风波,严重影响了改革开放事业的顺利发展。一方面,西方国家无理干涉中国内政,对中国进行所谓制裁、封锁和孤立的政策;在贯彻治理整顿方针过程中,有些措施以指令性计划和行政命令为主,发展速度受到一刀切的严格限制,造成了国内某些工业部门生产的困难和人民生活的困难。另一方面,基于风波的教训,各级党委政府大力进行思想教育工作,批判资产阶级自由化思潮,批判"民主社会主义",大做如何反和平演变的文章,这似乎已经是工作的重点。由此,改革开放的步伐慢了,经济发展的速度减缓了,人民生活水平提高的幅度小了,正常的经济工作受到了影响。国内形势的发展变化使得一部分干部和群众产生了困惑,对改革开放的前途表示担忧:改革开放姓"资"还是姓"社"?以经济建设为中心的党的基本路线是否还要坚持?作为改革开放和社会主义现代化建设的总设计师,邓小平在"南方谈话"中科学总结了十一届三中全会以来党的基本实践和基本经验,批判了"左"和右的错误思想,代表中国共产党人旗帜鲜明地拒绝了回到改革开放以前的老路,拒绝跟着走苏联东欧垮台的邪路,强调要坚持党的

---

① 《邓小平文选》第3卷,人民出版社1993年版,第383页。
② 《邓小平文选》第3卷,人民出版社1993年版,第371页。
③ 《邓小平文选》第3卷,人民出版社1993年版,第375页。
④ 《邓小平文选》第3卷,人民出版社1993年版,第377—378页。

十一届三中全会以来的路线方针政策，要坚持一个中心、两个基本点的基本路线。他认为革命是解放生产力、改革也是解放生产力，要求我们思想更解放一点，改革开放胆子更大一些，经济发展的步子快一点，千万不要丧失发展机遇。同时，"南方谈话"提出了社会主义市场经济理论、社会主义本质理论、社会主义发展台阶理论和两个文明建设理论等一系列新思想，解决了困惑中国特色社会主义建设的重大理论难题，把我国改革开放和现代化建设推到一个崭新的发展阶段。

## （三）"南方谈话"呼应了党情的发展

20世纪90年代初，主要由于苏联东欧执政的共产党人自身的严重失误，国际共产主义运动遭遇重大挫折，西方敌对势力对中国进一步加快了和平演变的步伐；中国共产党担负着进一步深化改革和继续推进社会主义现代化建设的重任，一些党员干部不能适应改革开放的新环境和新要求，官僚主义严重，特权思想浓厚，贪污腐败有所蔓延，引发人民群众强烈不满。党面临前所未有的巨大压力和挑战，中国共产党能否经受住执政的考验、改革开放的考验和和平演变的考验，这是中国共产党在理论和实践上必须回答的现实问题。直面这些问题，邓小平在"南方谈话"中直奔主题，他高瞻远瞩地指出，加强党的建设，关键是坚持"一个中心、两个基本点"的基本路线，"基本路线要管一百年，动摇不得"[1]，"只有坚持这条路线，人民才会相信你，拥护你。谁要改变三中全会以来的路线、方针、政策，老百姓不答应，谁就会被打倒。"[2] 坚持党的基本路线一百年不动摇，必须坚持党的解放思想、实事求是的思想路线，大胆地试，大胆地闯；必须坚持正确的组织路线，"正确的政治路线要靠正确的组织路线来保证。中国的事情能不能办好……关键在人"[3]，坚持正确的组织路线，必须注意培养人，选拔德才兼备的接班人。邓小平尖锐指出："中国要出问题，还是出在共产党内部"[4]，"要选人，人选好了，帮

---

[1] 《邓小平文选》第3卷，人民出版社1993年版，第370-371页。
[2] 《邓小平文选》第3卷，人民出版社1993年版，第371页。
[3] 《邓小平文选》第3卷，人民出版社1993年版，第380页。
[4] 《邓小平文选》第3卷，人民出版社1993年版，第380页。

助培养，让更多的年轻人成长起来。他们成长起来，我们就放心了。……关键是我们共产党内部要搞好，不出事，就可以放心睡大觉"。①

## 三、"南方谈话"与马克思主义大众化

马克思主义的大众化，就是把马克思主义科学理论同人民群众的实践活动结合起来，通过研究、宣传、普及工作，使马克思主义理论由深奥到通俗、由少数人掌握到成为广大人民群众共识，提高马克思主义理论的通俗化、易于接受性和普遍接受度，进而成为人民认识和改造世界的锐利武器。"南方谈话"关于反对形式主义、主张理论表达方式的通俗化、强调教育的重要性、要求吸收和借鉴人类文明的优秀成果等的论述，对于推动马克思主义大众化具有重要启示。

### （一）反对形式主义是马克思主义大众化前提

所谓形式主义，指的是只看事物现象而忽视其本质的思想方法和工作作风。它背离了内容决定形式、形式为内容服务、内容与形式相统一的科学原理，把形式的作用夸大到不恰当的地步。在观察事物时，总是从外部来判断和认识事物；在处理问题时总是脱离具体内容而追求表面形式，其结果往往是形式与内容脱节，形式决定内容，形式阻碍了实际工作的开展。早在延安时期，毛泽东同志就对形式主义予以批判："形式主义是一种幼稚的、低级的、庸俗的、不用脑子的东西。"② 推进马克思主义大众化，架起理论和大众的桥梁，使马克思主义理论更好地为人民大众所接受和应用，首先必须坚决反对形式主义，现在有一个问题，就是形式主义多。电视一打开，尽是会议。会议多，文章太长，而且内容重复，新的语言并不很多。重复的话要讲，但要精简。形式主义也是官僚主义。③ 其次必须大力弘扬理论联系实际的马克思主义学风。邓小平强调要注重马克思主义理论的精神实质和运用理论解决实

---

① 《邓小平文选》第3卷，人民出版社1993年版，第381页。
② 《毛泽东选集》第3卷，人民出版社1991年版，第839页。
③ 《邓小平文选》第3卷，人民出版社1993年版，第381页。

际问题。"学马列要精，要管用的。长篇的东西是少数搞专业的人读的，群众怎么读？要求都读大本子，那是形式主义的，办不到。"① 选择适合当前大众思想和生活实际的丰富多彩的具体形式，使广大人民群众把握马克思主义的立场、观点和方法，并能运用其指导实践，分析解决当前工作中的实际问题，是马克思主义大众化的必由之路。

### （二）理论表达方式的通俗化是马克思主义大众化的关键

马克思主义是人民大众的理论，它来自实践、扎根于人民群众、贴近现实，本质上更容易通俗化。"我们讲了一辈子马克思主义，其实马克思主义并不玄奥。马克思主义是很朴实的东西，很朴实的道理。"当代中国马克思主义是来自实践、扎根群众、贴近现实的科学理论，本质上更容易通俗化。"南方谈话"本身就是一篇光辉的通俗马克思主义经典著作。推动当代中国马克思主义大众化，应在保持基本原理、基本观点正确的前提下，将其以简明扼要、通俗易记、形象生动的语言表达出来，让大众看得明、听得懂、学得进。同时也要注意，通俗化不是简单化，更不是庸俗化。在推动当代中国马克思主义大众化的过程中，既要避免那种对理论生吞活剥、片面理解的倾向，也要避免那种由于哗众取宠或者不负责任而导致的降低理论本身水平的倾向。②

### （三）加强教育是马克思主义大众化的基础

推进马克思主义大众化，加强教育是根本，是主要途径。邓小平阐明了加强教育的重要性："十一届三中全会确立的这条中国的发展路线，是否能够坚持得住，要靠大家努力，特别是要教育后代"。③ 在全球化、信息化的背景下，马克思主义大众化的过程也是各种社会意识、思潮争夺意识形态话语主导权的过程。④ 在马克思主义大众化进程中，必须旗帜鲜明地反对资产阶级自由化思潮，"要把我们的军队教育好，把我们的专政机构教育好，把共产党员

---

① 《邓小平文选》第3卷，人民出版社1993年版，第382页。
② 陶文昭：《大众化是坚持和发展马克思主义的必然要求》，载《人民日报》，2010年6月21日。
③ 《邓小平文选》第3卷，人民出版社1993年版，第381页。
④ 王振民：《邓小平马克思主义大众化思想探析》，载《理论导刊》，2009年第8期。

教育好，把人民和青年教育好。"① 通过教育，使广大人民群众普遍认同、接受、信仰、掌握和运用马克思主义科学理论，运用马克思主义主义的立场、观点和方法认识世界、改造世界，解答群众思想困惑，反映群众切身利益，解决群众实际问题，使抽象的理论逻辑转变为形象的生活逻辑；通过教育，增强人民群众对中国特色社会主义的认同感和使命感，积极投身于改革开放和社会主义现代化建设的洪流中，形成建设中国特色社会主义的强大动力，培养和造就亿万优秀的社会主义建设者和接班人。

（四）大力吸收和借鉴人类文明的优秀成果是马克思主义大众化的重要条件

广泛吸收借鉴人类文明一切有益成果是中国特色社会主义理论体系形成的重要条件，也是马克思主义大众化的重要条件。邓小平在"南方谈话"中以一个伟大无产阶级革命家的胸怀再次重申社会主义要赢得与资本主义相比较的优势，就必须大胆吸收和借鉴人类社会创造的一切文明成果的思想，为我们吸收借鉴国内外先进经验，更好地推进马克思主义大众化的进程指明了方向。从一定意义上讲，马克思主义大众化是一个政治社会化进程，我们既要大力挖掘和吸取借鉴中国传统文化政治社会化的有益经验，更要积极吸收借鉴西方发达资本主义国家政治社会化的先进理论和实践，如隐性教育和显性教育的有机结合、正式政治教育和非正式政治教育的有机结合、个体自我教育和社会教育的有机结合等。以海纳百川的气魄吸收一切有益于马克思主义大众化的新理念、新模式、新方法，坚持马克思主义为指导并结合中国的国情予以实施和发展，必将有力推进马克思主义大众化的历史进程。

中国革命和社会主义建设的历史，就是一部马克思主义中国化、时代化、大众化的历史。邓小平"南方谈话"无疑是这一伟大历史进程中浓墨重彩的一个篇章。正如江泽民所述："南方谈话，是在国际国内政治风波严峻考验的重大历史关头，坚持十一届三中全会以来的理论和路线，深刻回答长期束缚人们思想的许多重大认识问题，把改革开放和现代化建设推进到新阶段的又

---

① 《邓小平文选》第 3 卷，人民出版社 1993 年版，第 380 页。

一个解放思想、实事求是的宣言书"。① "南方谈话"从形成到内容所充分体现的马克思主义中国化、时代化、大众化的方法论自觉,对于中国特色社会主义事业的发展具有深远的启示。新世纪新阶段,全面建设小康社会,构建社会主义和谐社会,推进社会主义现代化建设,需要我们继续深化"什么是马克思主义,怎样发展马克思主义"、"什么是社会主义,怎样建设社会主义"、"建设什么样的党,怎样建设党"、"实现什么样的发展,怎样发展"等重大理论和实践问题的认识,我们应当自觉领会践行"南方谈话"的精神实质,解放思想、实事求是、与时俱进、开拓创新,大力推进马克思主义中国化、时代化、大众化,创造中国特色社会主义新的辉煌。

(此文载于《厦门特区党校学报》2013年第4期)

---

① 《江泽民文选》第2卷,人民出版社2006年版,第9—10页。

# 论构建中国执政党建设理论的话语体系

姚 桓 邹庆国[*]

**摘 要**：构建中国特色的执政党建设理论话语体系，去承载、表达、传播党的信仰、纲领、政策主张和自身建设理念是一项重大的时代课题。中国共产党历来高度重视话语体系的构建，新时期党的理论创新迫切需要新的话语去表述。新的执政党建设理论话语体系是以执政合法性为基础范畴，以保持党的先进性和提高执政能力为核心概念，以党政关系、党派关系、党群关系、党内关系为基本概念，坚持时代新要求与历史继承性相结合，坚持借鉴吸收与自主创新的统一，坚持在尊重实践、依靠实践、总结实践的基础上打造新话语，坚持用简约、朴素的话语表达丰富、深刻的思想。

坚持一党长期执政和共产党领导的多党合作与政治协商，是中国政党政治发展的根本前提和最显著特点。打造具有中国特色、中国风格、中国气派的哲学社会科学学术话语体系是理论界和学术界面临的重大而紧迫的时代课题，也迫切需要中国共产党构建一套科学的、成熟的执政党建设理论的话语体系，去承载、表达、传播党的信仰、纲领、政策主张和自身建设理念，向世人展示中国政党政治的发展全景和基本特色，以获得理解和认同，有效应对各种风险挑战，破解各种理论迷思，实现执政实践与理论创新的良性互动，提高党的建设科学化水平。

---

[*] 姚桓，全国党建研究会特约研究员、北京市委党校教授；邹庆国，聊城大学政治与公共管理学院副教授。

## 一、中国共产党历来高度重视话语体系的构建

关于话语的问题，普遍认可的观点是来自法国学者米歇尔·福柯，他提出了"话语是权力，人通过话语赋予自己权力"① 的著名命题，认为话语不仅仅是思维符号和交际工具，而且是人们斗争的手段。话语，是表达一定思想观念的字词、句式、信息载体或符号。思想观念是内在的、反映本质内容的，而话语则是外在的、体现表达形式的。任何话语都代表一定的思想理论观念，而任何思想理论观念又都需要一定的话语来表达。孤立的话语单元，如相关的名词概念不能称之为话语体系。话语体系是一个完整的表达系统，包括一系列的概念、范畴、词汇以及表述方式等。话语体系是与理论体系处于相同位阶的概念，话语体系是思想理论体系的外在表达形式，受思想理论体系的制约。因此，构建科学成熟的话语体系，必须把主要精力放在丰富和完善已有的思想理论体系上；同时还要看到，不同特色、不同风格、不同气派的话语表达，对于增强某种思想理论体系传播力、竞争力、吸引力、感染力、影响力，意义是重大而深远的。对于中国执政党来说，构建执政党理论话语体系，实质上就是要科学地表达和传播党的思想观念体系，有效引领与整合多元化的社会思潮，破解各种理论困惑，牢牢掌握意识形态领导权，以获取广泛认同，巩固党的执政地位，完成执政使命。

在领导革命、建设和改革的不同时期，中国共产党始终高度重视构建具有中国特色的话语体系，以此来科学表达与宣传党的理论与政策，获取人民群众的广泛认同与支持。1938 年，毛泽东就提出要反对抽象的空洞的马克思主义，反对"把国际主义的内容和民族形式分离起来"，必须"使马克思主义在中国具体化，使之在其每一表现中带着必须有的中国的特性……洋八股必须废止，空洞抽象的调头必须少唱，教条主义必须休息，而代之以新鲜活泼的、为中国老百姓所喜闻乐见的中国作风和中国气派。"② 这段论述反映出的就是一定的思想理论要有相应的话语体系来表达的问题。在革命战争年代，

---

① [法] 福柯：《话语的秩序》，肖涛译，中央编译出版社 2001 年版，第 21 页。
② 《毛泽东选集》第 2 卷，人民出版社 1991 年版，第 534 页。

我们党坚持以马克思主义中国化为主题，围绕党的建设伟大的工程这个目标，科学处理党的思想理论体系与中国传统文化和西方文化的关系，形成了一套成熟的革命党建设理论的话语体系，体现出鲜明的中国特色与中国风格。建国以后尤其是改革开放以来，伴随着由革命党向执政党的转变，迫切需要话语体系的相应转变，邓小平曾针对由于思想僵化而产生的不良文风提出过尖锐批评，他着重从文风角度来阐释话语体系问题："应该学会用自己的话来写文章。当然不是说不要引人家的话，是说不要处处都引。主要的是要用马克思主义的立场、观点、方法来分析问题，解决问题。"① 在构建自己的话语体系方面，他特别强调要解放思想，独立思考，敢说新话，他在批评党内存在的一些形式主义问题时指出："现在有一个问题，就是形式主义多。电视一打开，尽是会议。会议多，文章太长，讲话也太长，而且内容重复，新的语言并不是很多。"② 江泽民也强调指出："只有首先赢得中国人民的喜爱，具有中国风格、中国气派，才能堂堂正正地走向世界和屹立于世界文化之林"。③ 党的十六大以来，胡锦涛多次强调："中国哲学社会科学的繁荣发展要既立足当代又继承传统，既立足本国又学习国外，大力推进学术观点创新、学科体系创新和科学方法创新，努力建设具有中国特色、中国风格、中国气派的哲学社会科学。"④

经过几代共产党人的不懈努力，我们已经初步形成中国特色的话语体系，正如邓小平所说："改革开放以来，我们立的章程并不少，而且是全方位的。经济、政治、科技、教育、文化、军事、外交等各个方面都有明确的方针和政策，而且有准确的表述语言。"⑤ 这种话语体系，是我们党领导下的中国社会生活、历史进程、价值观念的反映和表现形式，它与改革开放的历史实践互为表里。应该肯定，当代中国的话语体系，在人民群众中已经深入人心，在世界上也有着广泛的影响。同时也要看到，这种话语体系也面临着严峻的挑战和考验，还有很大的完善空间，在这样的背景下，2004 年启动实施的马

---

① 《邓小平文选》第 2 卷，人民出版社 1994 年版，第 118 页。
② 《邓小平文选》第 3 卷，人民出版社 1994 年版，第 381 页。
③ 《十四大以来重要文献选编》下册，人民出版社 1999 年版，第 2152 页。
④ 《人民日报》，2004 年 5 月 29 日。
⑤ 《邓小平文选》第 3 卷.，人民出版社 1994 年版，第 371 页。

克思主义理论研究和建设工程正是以建设具有中国特色中国风格中国气派的哲学社会科学为重要使命。这一工程的深入实施，离不开承载与传播其研究成果的话语体系，以高度的理论自觉与理论自信，用中国的理论研究和话语体系解读中国实践、中国道路，赋予中国特色社会主义以鲜明的实践特色、民族特色和时代特色。

## 二、理论创新呼唤新的执政党建设理论话语体系

话语体系是一个历史的范畴，新的理论体系、新的思想观念要用新的话语来表述。20世纪初叶中国的新文化运动中之所以大力提倡白话文，是因为除了大众化外，更重要的是文言文这种形式难以容纳和承载运动中所要传播的科学民主思想，难以为民众所理解和把握。在不同的历史阶段，党的中心任务与实践内容不同，由此所产生的思想理论就不同，承载这种思想理论的话语体系也就不同。领导革命时期的中国共产党，在内容上把马克思主义与中国实际相结合，在表达形式上则与中国传统文化相结合，比如修养、德才兼备、任人唯贤、知行合一、实事求是等这样一些极具传统文化底蕴的词汇概念，甚至来自佛教语境中的"觉悟"一词，也出现在党的思想体系之中，打造出中国民众所喜闻乐见的形式，形成了独具中国特色的话语体系。

从革命党向执政党的转变，不仅是历史使命、实践内容、领导方式和思想观念的转变，还包括话语体系的转变。在改革开放之前，我们党并没有很好地完成这种转变，并没有形成与执政地位相适应的理论体系与话语体系，而是在很大程度上沿袭了领导革命时期的观念与话语，在内容上强调阶级斗争与不断革命，话语体系则以党章为总体框架，以科学社会主义为理论基础，以苏共经验为实践参照，以党的历史为论证依据，既缺乏理论的创新，亦缺失话语的吸引力，导致理论上的封闭与僵化。

改革开放以来，我们党对自己的历史方位作出重新审视和判定，党的十六大报告归纳为"已经从领导人民为夺取全国政权而奋斗的党，成为领导人民掌握全国政权并长期执政的党；已经从受到外部封锁和实行计划经济条件下领导国家建设的党，成为对外开放和发展社会主义市场经济条件下领导国家建设的党"。这两大转变涵盖着党的历史使命、活动环境、中心任务、职能

角色、领导方式等多方面的变迁，迫切要求执政党建设理论的创新与发展，也要求构建新的话语体系来承载和传播理论创新的成果。这主要是由三方面原因决定的：其一，理论创新的需要。改革开放之前尤其是极"左"时期广为运用得很多充满阶级斗争色彩的话语已经很不适应理论创新的要求，不利于诠释生动的实践，不利于增强理论的说服力与感染力，不利于理论的广泛普及与深入人心。其二，展示自身形象的需要。开放的新环境使党面向世界，既要注重吸收人类文明优秀成果纳入中国共产党的思想体系，也要向世界展示先进、向上、自信的执政党形象，这也要求我们突破过去相对封闭的话语体系，与世界接轨，吸收政治文明尤其是政党政治研究中的一些通用的概念、范畴，既保持特色，又便于让世界了解、读懂"中国故事"及其主导者——中国共产党。其三，争夺话语权的需要。西方所谓的民主与自由，就其实质来说是很苍白的，但是其相应的话语体系历经几百年的沉淀，是很有迷惑性的。近年来，一些西方国家打着"普世价值"的幌子，披着民主、自由的华丽外衣，利用他们的话语优势，对我们党的执政活动进行诘难与攻击，对此，我们不能采取回避与躲让的态度，而必须用新的话语体系给予有力的回答与驳斥。

## 三、构建中国执政党建设理论话语体系的基本框架

以增强党长期执政的合法性为前提，以执政党建设面临的问题为导向，以党正在做的事情为中心，以执政党理论的研究和创新为基础，用新的概念、新的范畴、新的表述来阐述新的理论，是构建执政党建设话语体系的基本任务，也初步勾勒出这一话语体系的基本框架。

第一，执政合法性是基础性范畴。执政合法性是现代政党政治的一个基础性范畴，也是政党执政的逻辑起点。合法性是有效统治与政治稳定的基础，只有当执政党获得民众的信任、支持和认同时，其执政活动才有效力，政局才能稳定，执政地位才能巩固。对于执政的中国共产党来说，把执政合法性作为新的话语体系的基础性范畴，需要我们不仅要创造执政的合法性资源，还要高度重视论证合法性的话语体系。从总体上讲，改革开放之前，我们论证合法性主要是依据党在民主革命时期的丰功伟绩与先进的意识形态。然而，

对于长期执政的党来说，合法性不能总是依靠历史的功劳簿和对未来生活的理论描述，更要依靠执政业绩，也就是执政活动给人民群众生活带来的实际变化，从"一个中心，两个基本点"的概括提炼，到立党为公、执政为民，再到以人为本、科学发展、公平正义等新词汇的产生，无一不是围绕执政合法性而展开的。

第二，保持党的先进性与提高执政能力是核心概念。中国执政党建设面临的主要问题是研究和阐明保持党的先进性和加强执政能力建设的规律，在实践中成为党的建设的主线，在话语体系构建上就成为一组核心概念。围绕这组概念，我们初步形成了相应的一系列话语单元和表述，如党的先进性不是一劳永逸的，主要体现为对时代脉搏的准确把握；坚持人民利益至上，保证党始终与人民群众共命运；使党的理论与路线方针政策不断与时俱进；衡量一个政党是否先进，归根到底要看在推动历史前进中的实际作用；坚持党要管党、从严治党等。此外，还有对党的执政能力五个方面的概括，即驾驭社会主义市场经济的能力、发展社会主义民主政治的能力、建设社会主义先进文化的能力、构建社会主义和谐社会的能力、应对国际局势和处理国际事务的能力，以及由此所衍生出的对各级党委和领导干部的"五种能力"要求，即科学判断形势的能力、驾驭市场经济的能力、应对复杂局面的能力、依法执政的能力、总揽全局的能力等，通过以上的新表述，初步阐释了新的执政建设理论话语体系中的核心概念。

第三，党政关系、党派关系、党群关系与党内关系是基本概念。这四个概念反映的问题，既是我们党要着重研究和解决的基本问题，也是各国执政党所面临的共性问题，是支撑新的执政党建设理论话语体系的基本范畴。

一是党政关系。这是指执政党与国家公共权力体系的关系。党政关系模式受制于政党产生的方式、获取政权的途径、政体形式及政党制度等多种因素，在新时期中国政党政治的话语环境中，我们创造性地采用了领导核心、党政分开、依法治国、治国理政以及总揽全局、协调各方等表述，话语的变迁体现出我们对这一问题的艰辛探索与基本成果。围绕党政关系，又产生了执政体制、领导方式、执政方式、领导制度等子概念，根本目标是在坚持一党长期执政的前提下，挖掘并发挥体制潜能，推动并阐明党政关系的科学化、规范化、法治化。

二是党派关系。中国共产党领导的多党合作和政治协商制度,既是一项基本政治制度,也是对中国党派关系的集中表述。对民主党派地位的阐释,则是与其他国家党派关系中的"在野党"、"反对党"等概念相区别,即各民主党派不是在野党,也不是反对党,它们是参政党。同时,还在实践中创造出"长期共存、互相监督、肝胆相照、荣辱与共"这一极具中国特色的表述范畴。围绕党派关系,我们应继续创新民主党派参政方式,拓宽参政渠道,丰富参政平台,以新的话语向外界说明中国选择这种政党制度的必然性合理性,充分展示自身的独特优势。

三是党群关系。党群关系体现的是政党性质与政党的代表性,是政党政治中的一个源概念。在西方语境中,党群关系更多是指"政党"与"选民"的关系,附有很强的党派私利与功利成分;而在中国,"人民群众"则是一个更具人文关怀与感情色彩的概念,比如产生于革命战争年代的"全心全意为人民服务"、"鱼水关系",还有新时期的"人民公仆"、"尊重群众首创精神","权为民所用、情为民所系、利为民所谋","只有我们把群众放在心上,群众才会把我们放在心上;只有我们把群众当亲人,群众才会把我们当亲人"等极具中国风格的表述,无不体现出这一概念的特征。在社会结构、社会分层日益多元化的今天,党群关系面临着很多风险考验,在坚持传统话语的基础上,还应引入执政资源、执政基础、社会整合、执政绩效等新语汇,深化对党群关系的学理化阐释与规范化表述。

四是党内关系。党内关系反映的是通常所讲的自身建设问题,包涵着新的伟大工程目标、五大建设(思想建设、组织建设、作风建设、反腐倡廉建设和制度建设),以及党内民主、党内监督、干部选拔任用、党员队伍建设管理、党的纪律等一系列话语单元,根本目的是要防止长期执政带来的创造力、生命力衰退,形成党内自我净化、自我更新机制,保持执政党的组织和个体活力。

综上所述,构建执政党建设理论话语体系的基本思路就是围绕基础范畴、核心概念、基本概念,形成相互贯通、相互支撑的理论表述,旨在阐明执政党建设的内在规律,落实到解决为谁执政、如何执政及怎样才能长期有效执政的问题上来。

## 四、解决学风和文风问题，坚持构建话语体系的科学原则

理论的研究、创新与表述问题是与学风和文风紧密相连的。中国共产党在延安整风中反对主观主义以整顿学风和反对党八股以整顿文风是联系在一起的。因为党八股与教条主义互相依附、互为护卫，有极大的顽固性。不反对党八股，教条主义难以彻底扫除。目前在话语体系构建中存在的一些问题，比如全盘否定历史、编造空洞的新概念、脱离国情照搬西方、故弄玄虚把简单的问题复杂化等，都是学风文风不正的表现。为此，必须概括并坚持构建话语体系的科学原则。

1. 坚持体现时代新要求与历史继承性相结合。新的话语体系要反映时代变化对执政党提出的新任务和新要求，但是，不能误读革命党向执政党转变，这不是党的根本性质的改变，不是革命精神的彻底丧失，不能任意割断历史、裁剪历史、否定历史。苏共失败一个重要原因就是简单否定自己的光荣历史。坚持二者的结合有三种情况：一是有些不符合时代新要求的话语要淘汰，比如以阶级斗争为纲、一元化领导、政治挂帅等。二是要创造一些反映新要求的新话语，比如科学发展、以人为本、党群和谐、党内和谐等。创造新话语本身也是理论发展，比如党内和谐就是对思想和组织建设理论的发展；党群和谐是对群众路线的发展；坚持以人为本则是对党的宗旨观的深化与拓展。三是有些话语要继续沿用并赋予新的时代内涵。一个工人阶级执政党的话语体系中没有艰苦奋斗、大公无私、自我牺牲、党性修养这些赖以安身立命的词汇是难以想象的，但并不是简单照搬，而是要结合时代要求赋予新的含义。比如，在物质短缺时代与今天国家扩大内需政策导向的不同背景下，艰苦奋斗的内涵会有很大区别，必须给予新的解读，否则会使这样的词汇因脱离实际丧失生命力。

2. 坚持借鉴吸收与自主创新的统一。人类政治文明有相通性，因为各国执政党面对许多共同的问题。国外尤其是西方政党执政的经验，西方政治学研究中的许多思想观念均具有借鉴作用。但由于取得政权的路径不同、在国家和社会生活中发挥的作用及其范围不同、国家政党制度不同，决定了我们只能借鉴而不能照搬。坚持借鉴吸收与自主创新的统一，要注意区分以下几

种情况：一是有些话语本身没有意识形态色彩，反映了经济社会发展的客观规律，可以直接用于中国执政党建设，比如制定政策参考帕累托改进；防止两极分化注意基尼系数；提高生活水平降低恩格尔系数等，使政策表述更容易为其他国家所理解和接受。二是有些话语在表述上尽管不同，但是含义是相似的，比如西方国家的阳光法案，在我国则表述为让权力在阳光下运行。三是有些话语在字面上是相同的，理解上有共同点也有深刻的分歧。比如，在民主方面，现代民主理论源于西方，尽管民主是人类的共同追求，但对民主的理解有共性也有差异。实现民主的方式、途径因国情和社会制度不同而体现出很大的差别。西方的权力制衡原理、程序民主等可以借鉴，但并不必然与"多党竞争"、"三权分立"等联系在一起，尤其是中国共产党的党内民主不能简单地运用西方话语中的民主原则去诠释。民主集中制体现了我们党的组织优势，有利于政党力量的凝聚和运用，充分发挥社会动员能力，有利于增强政策制定和执行的科学性和高效性。但是也要科学理解和阐述，使集中真正建立在民主的基础之上。再如，近年来我们的话语体系中也纳入了自由、人权、公平、正义、分权制衡、民主授权等来自西方的词汇，但在理解与运用上则有很大不同，必须坚持创新的原则完善我们的话语体系。总的来说，由于在国际上的政治文化领域西方还掌控着话语权，我们又不能与世隔绝，对西方的政治思想及话语表达既不能跟着走，又不能对着干。既要坚持以我为主、为我所用、摒弃一些不科学、不适用的话语；又要有开放、学习、借鉴、包容的心态，搭建好与国际交流的话语平台。这样，才能使我们的话语体系更具有感染力、亲和力、影响力、说服力和发展壮大的潜力。

3. 坚持在尊重实践，依靠实践，总结实践的基础上打造新话语。话语体系的构建不是封闭的概念推演和逻辑论证，而是与社会实践发展息息相关的思维活动。立足中国党的建设实践、总结中国党建设的经验、解决中国党建设的问题，是打造中国执政党建设理论话语体系的着眼点。建设新的伟大工程的实践是打造执政党建设理论话语体系的源头活水。构建新的话语体系的着力点应该是实践基础之上的创新性表述，本身也是对理论的丰富与发展，而绝不仅仅是词汇、概念的翻新。新话语体系需要有很多新概念、新范畴来支撑。这些新概念、新范畴只能来自实践，是对实践经验的高度概括与诠释，比如执政成本、权力期权化、腐败黑数、区域化党建、网络党建、学习型党组织等词汇；有些则是严重脱离实际的凭空编造，如"政治红利"等，必须废弃。

4. 坚持用简约、朴素的话语表达丰富、深刻的思想。中国的话语体系应当充分考虑最广大人民群众的思维习惯、语言风格与接受程度，邓小平曾经指出："我们讲了一辈子马克思主义，其实马克思主义并不玄奥。马克思主义是很朴实的东西，很朴实的道理。""学马列要精，要管用的。长篇的东西是少数搞专业的人读的，群众怎么读？要求都读大本子，那是形式主义，办不到。"① 因此，我们要善于用群众听得懂的语言讲群众听得懂的道理，善于把深邃的理论转化为通俗易懂的语言，把抽象的理论逻辑转化为形象的生活逻辑。比如讲基层党组织的地位作用，用"一个支部一面旗，一个党员一盏灯"的说法更容易为基层群众所理解和接受。

总之，新的执政党建设话语体系是反映党的优良传统的，又是与时俱进、不断发展的；是表现中国共产党特色的，又是能和世界其他政党对话的；是来自实践为党员干部所熟悉的，又是高于实践指导实践的。新的话语体系是马克思主义中国化时代化大众化重要成果的准确表述形式，对内能够为全党全社会所掌握，提升党的建设科学化水平；对外，既有助于借鉴人类文明优秀成果，又有助于世界更好地了解中国共产党，增强中国政党理论的国际影响力竞争力。

（此文载于《新视野》2013 年第 2 期）

---

① 《邓小平文选》第 3 卷，人民出版社 1994 年版，第 382 页。

# 坚定中国特色社会主义制度自信

周浩集*

**摘　要**：党的十八大提出，在中国特色社会主义伟大实践中，要坚定制度自信，充分发挥中国特色社会主义制度的根本保障作用。坚定中国特色社会主义的制度自信，要做到让人民群众真正了解中国特色社会主义制度的构成，充分体会中国特色社会主义制度的优越性，从而增强对中国特色社会主义制度的认同感，这样才能使坚定中国特色社会主义的制度自信有了基础、根本与源泉。

一个国家和政党的宏伟目标的实现，要有科学的理论指导、切合实际的发展道路和根本性的制度保障，要做到道路、理论和制度三者的统一。具体到中国，就是要把中国特色社会主义道路，中国特色社会主义理论体系，中国特色社会主义制度统一于中国特色社会主义伟大实践，这是党领导人民在建设社会主义长期实践中形成的最鲜明特色。三者之中，中国特色社会主义制度是党和人民九十多年奋斗、创造、积累的根本成就，是推进中国特色社会主义事业最根本的制度保障，这关系党和国家的前途命运，关系到社会主义现代化建设的成败得失。因此，我们必须坚定中国特色社会主义的制度自信。

坚定中国特色社会主义的制度自信，不能只是挂在嘴上，写在纸上，要

---

* 周浩集（1978—　），男，山东莘县人，聊城大学马克思主义学院讲师，法学博士，主要研究中国共产党执政理论与实践。

做到让人民群众真正了解中国特色社会主义制度的构成，充分体会中国特色社会主义制度的优越性，从而增强对中国特色社会主义制度的认同感，这样就使坚定中国特色社会主义的制度自信有了基础、根本与源泉。

## 一、坚定制度自信的基础：真正了解中国特色社会主义制度的构成

让人民群众真正了解中国特色社会主义制度的构成，弄清楚中国特色社会主义制度是什么，是坚定中国特色社会主义制度自信的基础。党的十八大报告指出："中国特色社会主义制度，就是人民代表大会制度的根本政治制度，中国共产党领导的多党合作和政治协商制度、民族区域自治制度以及基层群众自治制度等基本政治制度，中国特色社会主义法律体系，公有制为主体、多种所有制经济共同发展的基本经济制度，以及建立在这些制度基础上的经济体制、政治体制、文化体制、社会体制等各项具体制度。"[①] 由此可见，中国特色社会主义制度是一整套相互衔接、相互联系的制度体系，既包括根本制度、基本制度，又包括具体制度以及中国特色社会主义法律体系，不同层面的制度在中国特色社会主义制度体系中具有不同的地位和作用。

实践证明，中国特色社会主义制度的构成科学合理、行之有效，既符合我国社会主义初级阶段的国情，又顺应广大人民群众的意愿，更丰富了中国特色社会主义的内涵，具有旺盛生命力和巨大优越性。我们应该倍加珍惜、始终坚持、充分自信。

其一，中国特色社会主义制度的是符合国情的伟大创造。每个国家的历史、文化和传统不同，生产力发展水平不同，制度选择也会不同，不同国家的制度选择关键要符合本国国情。中国特色社会主义制度，就是从我国社会主义初级阶段基本国情出发，把科学社会主义基本原则同中国具体实际相结合，逐步确立起来的既坚持社会主义本质要求又体现鲜明中国气派、中国风格的社会主义制度模式。比如，作为中国特色社会主义制度重要组成部分的

---

① 胡锦涛：《坚定不移沿着中国特色社会主义道路前进为全面建成小康社会而奋斗》，人民出版社2012年版。

中国共产党领导的多党合作和政治协商制度，就是把马克思主义政党理论和统一战线学说与我国具体实际相结合的产物，是中国社会主义民主政治制度的重要形式。作为中国特色社会主义制度重要组成部分的民族区域自治制度是解决我国民族问题的基本政策，在坚持实行各民族平等、团结、合作和共同繁荣的原则下，把民族因素与区域相结合，把政治因素与经济因素相结合，促进了新型社会主义民族关系的确立和发展，有利于维护民族团结、社会稳定、国家统一。作为中国特色社会主义制度重要组成部分的基本经济制度，要求实现公有制为主体、多种所有制经济共同发展，既坚持公有制的主体地位，确保我国的社会主义性质，又充分发挥非公有制的积极作用，确保不脱离当代中国的基本国情，这就体现了把社会主义的本质特征和初级阶段的现实要求的有机统一，是社会主义所有制理论上重大的突破和创新。

其二，中国特色社会主义制度是人民群众的历史选择。中国特色社会主义制度的建立和发展，是中国共产党把马克思主义与中国实际相结合的过程，更是中国人民作出历史选择的过程。在长期革命、建设和改革的进程中，中国共产党人带领人民英勇奋战、艰辛探索，最终形成了符合中国国情、顺应时代潮流、具有强大生命力的中国特色社会主义制度。近代以来，中国民族危机日益深重，人民生活在水深火热之中。在多种冀求走向民族复兴的救国方案失败后，中国共产党承担起争取民族独立、人民解放和实现国家富强、人民富裕的两大历史任务。中国共产党领导人民建立了新中国，开创了中国历史新纪元，为当代中国的发展奠定了根本制度基础。新中国成立后，从建国初期的新民主主义制度，到1956年三大改造完成后确立社会主义制度，我们党对社会主义制度进行了艰辛探索，付出了沉重代价，积累了丰富经验，认识也不断深化。改革开放以来，我们完善人民代表大会制度这一根本政治制度，完善包括中国共产党领导的多党合作和政治协商制度、民族区域自治制度以及基层群众自治制度等在内的基本政治制度；建立以公有制为主体、多种所有制共同发展的基本经济制度，改革和完善经济体制、政治体制、文化体制、社会体制等各项具体制度，健全中国特色社会主义法律体系，逐步确立了中国特色社会主义制度。

其三，中国特色社会主义制度丰富了中国特色社会主义的内涵。中国特色社会主义制度是包含根本制度、基本制度、法律体系以及具体制度在内的制度体系，这一体系是经过我国60多年来社会主义制度自我完善和发展，尤其是经过改革开放30多年来不断实践探索，在经济、政治、文化、社会等各个领域形成的一整套相互衔接、相互联系的制度体系。这一制度体系体现了国家和社会的性质，体现了人民群众的根本利益。作为根本政治制度的人民代表大会制度是社会制度系统的基础和核心，是中国特色社会主义制度在国家政权组织形式上的体现，是我国的政体。它要求中华人民共和国的一切权力属于人民，人民依照法律规定，通过各种途径和形式，管理国家事务，管理经济和文化事业，管理社会事务。基本政治制度和基本经济制度在制度体系中处于基础地位，决定着中国社会的政治和经济格局，是发展社会主义民主政治，推进社会主义市场经济发展的支柱性制度保障，是中国特色社会主义制度体系的重要支撑。中国特色社会主义法律体系从法律上解决了国家发展中带有根本性、全局性、稳定性和长期性的制度法制化问题，为中国特色社会主义事业提供了法制保障。具体制度，也可以称之为体制机制，这是我们改革的对象。通过对具体制度的改革，就是要使各种体制机制与根本制度、基本制度相适应、相协调，使体制机制在整个中国特色社会主义制度中更好地发挥作用。

## 二、坚定制度自信的根本：充分显示中国特色社会主义制度的优越性

让人民群众充分体会到中国特色社会主义制度的优越性，弄清楚中国特色社会主义制度的优势在哪里，是坚定中国特色社会主义制度自信的根本。改革开放以来，我国各方面都取得了巨大成就，我们实现了经济腾飞、发展了人民民主、创造出了"中国模式"，这些成就取得的真正原因是确立了中国特色社会主义制度。这些历史性成就的取得，使中国特色社会主义制度的优越性不仅能从理论上阐释，而且在实践中充分印证；不仅中国人民深切感受到，而且得到国际社会的认可。

首先，中国特色社会主义制度能够保证上层建筑和经济基础始终适应生产力发展的需要，通过建立和完善社会主义市场经济体制，为解放和发展社会生产力，推动经济社会全面协调可持续发展创造条件。在中国特色社会主

义制度保障下，中国经济发展成绩斐然，2010年中国GDP超越日本，居世界第二位，外汇储备居世界第一位，已成为世界第一大出口国、第二大进口国，加入世贸组织以来，中国在世界贸易中的比重从4.3%提高到10.4%。中国经济的增长成为推动世界经济增长的主导性因素，对促进世界经济复苏作出了巨大的贡献。美国经济学家斯蒂芬·罗奇说："在经济困难时期，中国的指挥和控制体系实际上比其他市场经济体系更有效。"

其次，中国特色社会主义制度能够维护和促进社会公平正义，统筹兼顾不同阶层、不同群体的利益，推动实现全体人民共同富裕，让人民群众共享改革发展成果，促进社会和谐稳定。实现社会公平正义是中国特色社会主义的内在要求，中国特色社会主义制度以共同富裕、让人民群众共享改革发展成果为价值取向，把实现社会公平正义放到更加突出的位置。中国特色社会主义制度是全面贯彻、充分体现社会主义本质要求的制度载体，能够把效率与公平、生产与分配、先富与共富有机统一起来，克服平均主义的弊端，遏制两极分化的趋向，更加有效地维护和实现社会公平正义。法国《欧洲时报》认为："包括'制度优势'在内的'中国特色'已成为中国信心的有力支撑。"

其三，中国特色社会主义制度能够保证坚持党的领导、人民当家做主、依法治国的有机统一，能够实现人民的主体地位，广泛凝聚社会共识，保持党和国家的活力，激发广大人民群众的积极性、主动性、创造性。中国特色社会主义制度始终站在最广大人民群众的立场上，深入开展政治协商、民主监督、参政议政，深入了解民情、充分反映民意、广泛集中民智、切实珍惜民力，极大地激发了社会活力，保证了人民群众的智慧和力量充分运用于中国特色社会主义伟大事业之中。中国特色社会主义制度，为人民当家做主开辟了广阔、丰富的途径，人民既可以通过选举自己的代表，依法管理国家事务，管理社会事务和经济文化事业，又可以通过监督、听证、公示、基层自治、信访等多种途径和形式，依法直接行使民主权利、表达意愿和利益诉求，以体现人民群众享有平等的经济、政治、文化和社会权利。

其四，中国特色社会主义制度能够有效整合各方面资源，集中力量办大事，有效应对前进道路上的各种风险挑战，推进社会主义各项事业全面发展，使社会主义制度的优越性得到充分发挥。这种优势在抗击南方部分地区严重低温雨雪冰冻灾害、四川汶川特大地震灾害、甘肃舟曲特大泥石流灾害等斗争取得重大胜利，北京奥运会、残奥会、上海世博会、广州亚运会等取得圆满成功，多次载人航天包括神舟九号飞行任务顺利完成等重大事件中显示出巨大威力。有国外学者评价中国抗击汶川地震灾害时说："地震之后人们确实看到了中国制度体系的优越性，中国在短时间内动员巨大的力量投入，这是其他任何制度所不能比拟的。"日本《朝日新闻》认为，北京奥运会"使中国特有的体制模式越来越显现出巨大的优越性"。

## 三、制度自信的源泉：增强对中国特色社会主义制度的认同感

人民群众真正了解了中国特色社会主义制度的构成，充分体会到中国特色社会主义制度的优越性，认识到中国特色社会主义制度是切合中国实际的，是符合发展规律的，就能由衷的拥护和支持这一制度，增强对这一制度的认同感，这是坚定中国特色社会主义制度自信的源泉。增强对中国特色社会主义制度的认同感主要通过两个途径：一是改革和完善中国特色社会主义制度，二是严格执行中国特色社会主义制度。

增强对中国特色社会主义制度的认同感，需要改革和完善中国特色社会主义制度。习近平总书记说过："中国特色社会主义制度是特色鲜明、富有效率的，但还不是尽善尽美、成熟定型的。"任何一种制度都不可能完美无缺，一劳永逸，都需要在实践中不断发展完善，中国特色社会主义制度也不例外。中国特色社会主义制度本身就是一个开放的、发展的体系，是坚持科学社会主义基本原则与中国基本国情的有机统一，需要根据客观条件的发展变化而不断调整变革。在制度的改革和完善中进一步增强对中国特色社会主义制度的认同感，进一步坚定全党全国人民的制度自信。第一，要进一步深化经济体制改革，坚持社会主义市场经济的改革方向，处理好政府和市场的关系，更加尊重市场规律，更好发挥政府作用。要充分发挥市场在资源配置中的基础性作用，用市场经济手段来提高效率，同时政府应充分发挥保障公平公正的作用，实现政府这只看得见的手和市场这只看不见的手的有机结合。要加快转变经济发展方式，大力推进经济结构战略性调整，以改善需求结构、优

化产业结构、促进区域协调发展、推进城镇化为重点，着力解决制约经济持续健康发展的重大结构性问题。要深化收入分配制度改革，提高劳动在初次分配中的比重，加大税收的调节作用，形成市场决定初次分配，国家调控再分配的格局。第二，要继续积极稳妥推进政治体制改革，发展社会主义民主政治，真正实现党的领导、人民当家做主、依法治国的有机统一。要改革完善党的领导方式和执政方式，实行党政分开，科学地划分执政党和国家机关的职能、职权，理顺党同人大、政府、司法机关的关系。要深化行政管理体制改革，转变政府职能，依法规范中央和地方的职能和权限，彻底实现政企分开、政事分开，形成行为规范、运转协调、公正透明、廉洁高效的行政管理体制。要改革和完善权力运行机制，让权力在阳光下运行，建立结构合理、配置科学、程序严密、制约有效的权力运行机制，真正做到把人民赋予的权力用来为人民谋利益。第三，要积极推进司法制度改革，不断完善社会主义法律体系，真正实现用司法公正来保障社会公正。虽然中国特色社会主义法律体系已经形成，但是一些法律法规急需修改，一些领域存在法律空缺，一些法律缺乏配套法规，导致执行性和可操作性大打折扣。所以我们要按照依法治国基本方略的要求，加强和改进立法工作，修改与经济社会发展不相适应的法律，制定部分法律的配套法规，不断完善中国特色社会主义法律体系。同时，要大力推进司法制度改革，完善司法机关的机构设置和职权划分，形成权责明确、相互制约、高效运行的司法体制，保障人民法院、人民检察院依法独立公正地行使审判权和检察权。

增强对中国特色社会主义制度的认同感，必须严格执行中国特色社会主义制度。300多年前，英国哲人培根曾说过："有制度不执行，比没有制度危害还要大。"再好的制度如果得不到执行必然会削减人民群众对制度的认同，必然会在某种程度上消解对制度的自信。中国特色社会主义制度的执行应包含两个层面的内容：一是要坚持中国特色社会主义的根本制度和基本制度。实践证明，我国的根本政治制度、基本政治制度和基本经济制度，是符合社会主义初级阶段基本国情的，改革开放三十多年来我们取的成就已充分显示出了这些制度的优越性。中国特色社会主义制度的本质是人民当家做主，坚持中国特色社会主义制度，就是要真正实现人民当家做主的地位和权利，充分发挥广大人民的积极性、主动性和创造性，维护与实现人民群众的根本利益。中国特色社会主义制度作为推进中国特色社会主义事业最根本的制度保障，能否真正坚持和执行，事关最广大人民群众的根本利益能否充分实现，事关中国特色社会主义现代化建设能否顺利进行。二是要严格执行中国特色社会主义的具体制度。我们必须严格把握具体制度的执行环节，拟定执行制度的具体规划和实施细则，堵住制度执行中的各种漏洞，增强制度的针对性和可操作性。还要完善制度执行的监督制约机制，加大制度执行过程的监督检查力度，对违背和破坏制度的行为予以坚决查处，在整体上形成一个制度管理的立体网络，确保各项制度能够真正落到实处、收到实效。必须强化制度执行过程的公开透明，明确制度的运行流程，加大信息公开的力度，规范信息公开的程序，接受社会各界和广大群众的监督，使制度在阳光下贯彻实施。只有这样，才能让好的制度和好的执行成为我们制度自信的不竭源泉。

（此文载于《黄河科技大学学报》2013年第3期）

# "性格色彩理论"与领导能力提升

刘 伟 李卫红*

**摘 要**：性格色彩理论认为，颜色与人的性格联系密切，喜欢不同颜色的人性格也不一样。"红色性格"喜欢表达，对人热情，是快乐的带动者；"蓝色性格"比较理智，强调规则，是最佳的执行者；"黄色性格"善于谋划，精于计算，是有力的指挥者；"绿色性格"宽容友善，适应性强，是和平的促进者。作为领导干部应当做到：一方面，要突出主色调：执政为民；另一方面，要当好调色板：多色兼顾。

党的十八大报告指出，"能力不足"是当前领导干部队伍建设中面临的"危险"。化解这种"危险"、进一步提升领导干部能力是干部队伍建设中必须面临的课题。那么，在当前形势下，如何提升领导干部能力呢？对这一问题，仁者见仁、智者见智，每个人都会有不同的答案。本文从"性格色彩理论"和2012年美国总统大选——"奥罗之辩"的角度，谈谈对领导干部能力提升的看法。浅知拙见，恳请方家指正。

## 一、"性格色彩理论"的基本涵义

FPA（Four-colors Personality Analysis）性格色彩理论创始人乐嘉认为，颜

---

\* 刘伟，男，山东滕州人，聊城大学政治与公共管理学院副教授，研究方向为传统文化与公共管理。李卫红，女，山东聊城人，聊城大学政治与公共管理学院图书馆员。

色与人的性格联系密切，喜欢不同颜色的人性格也不一样。FPA 是一种性格分析系统，可以根据色彩评价自己与他人的性格，在此基础上，确定采用何种策略与他人进行沟通和相处。在 FPA 系统中，通常用红色、蓝色、黄色和绿色等四种不同的颜色表示不同的性格。"红色性格"喜欢表达，对人热情，是快乐的带动者；"蓝色性格"比较理智，强调规则，是最佳的执行者；"黄色性格"善于谋划，精于计算，是有力的指挥者；"绿色性格"宽容友善，适应性强，是和平的促进者。需要指出的是，人的性格是复杂的，一个人绝不可能仅仅只受一种色彩支配；通常情况下，以一种色彩为主，同时兼顾其他色彩。

## 二、"奥罗之辩"中奥巴马之失误分析

电视辩论是美国总统选举的必经程序，也是展现个人素质的最佳舞台。中国有句俗语："是骡子是马，拉出来溜溜"。电视辩论是"溜溜"的最好场所，谁优孰劣，赛场上见。因此，历届美国总统的候选人都非常重视电视辩论尤其是首场电视辩论，事前都会百般操练、精心准备。2012 年美国总统大选已经尘埃落定，奥巴马有惊无险地击败了共和党总统候选人罗姆尼获得连任。纵观奥巴马的竞选过程，精彩之处可圈可点，但败笔也随处可见。尤其在科罗拉多州丹佛大学与罗姆尼的首场辩论中，表现得不尽人意。尽管双方事先都做了精心准备，但奥巴马明显要逊色于罗姆尼。根据美国有线电视新闻网（CNN）的事后民调显示，罗姆尼支持率飙升至 67%，而奥巴马则跌至 25%。如果我们从"性格色彩理论"的视角来分析这场电视辩论，奥巴马的失误主要体现在以下三个方面。

### （一）"黄色性格"欠缺——谋划不充分，辩论出现低级错误

众所周知，在电视辩论中，在规定时间内完成规定的"动作"是最起码的要求，也是必备的素质，参加者一般都能在规定的时间内完成所讲的内容，不会超时。从听众心理的角度来分析，一旦"超时"，会让人有"准备不充分"、"拖沓冗长"的"错觉"，即便后面的内容再精彩也往往会让人厌烦。况且，在超时的情况下，参加者常常语无伦次、画蛇添足，演讲的内容也是

前面内容的延续或者重复。在这场电视辩论中，以演讲著称的奥巴马谋划不充分，在辩论时间安排上犯了低级错误。在"医疗保健"专题辩论时，规定的两分钟已经用完，奥巴马便请求主持人吉姆·莱雷尔宽限五秒钟，结果在后来的陈述中又远远超过了五秒钟。吉姆·莱雷尔不得不幽默地说："你的五秒钟在很久以前就溜走了。"这番话虽然令现场气氛活跃，但给听众的感觉却是奥巴马多次超时、准备不足。

（二）"蓝色性格"不足——应对能力平淡无奇，针对性不强

在电视辩论中，参加者一般都攻击对方的"软肋"，专拣"软柿子"捏。对方如果能够做到见招拆招、应对自如，往往会得到高分。一旦应对无措、思路不清则会败给对手。众所周知，奥巴马执政近四年来美国经济一直不景气，制造业低迷，金融业回天乏力。"经济政绩欠佳"是奥巴马政府的"软肋"，也是罗姆尼攻击的首要目标。对此，奥巴马应该心知肚明，事前作好充分的应对准备。然而，在阐述经济问题时，奥巴马的开场白并没有抓住这一"表明政府经济政绩"的绝佳时机。"众所周知，四年前，我们经历了大萧条以来最严重的金融危机，数以百万的人失去了工作，制造业和金融系统均陷入困境。正是因为美国人民的坚韧和决心，我们才有了复苏的机会。刚刚过去的30个月里，我们欣喜看到私营企业至少创造了500万的就业机会。制造业和房地产都在复苏。但我们仍有许多事情要做，因此，今晚我们不应该去争辩美国人民正处于什么样的阶段，而是去关注我们正在向何处去。"这段话给人的感觉是：奥巴马正面回击的力度不够，既然料到对方会抓住"经济政绩不佳"这个"软肋"不放，那么就应该抓住这个机会，先把经济政绩摆出来，用数据或者事实把"亮点"说出来。遗憾的是，奥巴马只是轻描淡写地说明经济在金融危机后得到了复苏，在就业问题上也仅用了一个数字，而没有其他令人信服的例证。在没有把"经济政绩"阐述到位的前提下却话锋一转，指责"罗姆尼减税等政策倾向富人利益，将使未来十年美国新增超5万亿美元财政赤字"。从辩论的视角来审视，这种回应不仅达不到反击对手的效果，而且会让人有避重就轻、回避矛盾之嫌。反观罗姆尼的阐述，则让人感到更有新意。他在攻击奥巴马执政近四年来经济政绩不佳的同时，阐明了自己帮助美国创造就业的五点计划，包括发展油气等

传统能源产业、加强民众技能培训、签订新国际贸易协定、削减联邦政府财政赤字、降低税率以刺激工商业发展等。罗姆尼既指出了奥巴马政府的主要问题，又提出了自己解决这一问题未来将要采取的主要措施。这种回应让人感到目标明确，思路清晰，有理有据，比奥巴马轻描淡写、泛泛而谈的阐述更有说服力。

（三）"红色性格"不够——外在风采沉稳有余，激情不足

奥巴马的开场白虽然不算是"败笔"，但罗姆尼的应对则绝对是一个"亮点"。奥巴马的开场白打的是亲情牌："今晚我有很多要点想说，但最重要的是20年前我成为地球上最幸运的男人，因为米歇尔同意嫁给我。亲爱的，我只想要你周年纪念日快乐，想让你知道，一年后我们就不好在4000万人面前庆祝了。"对此，罗姆尼回应道："总统先生，祝贺你们的周年纪念日。我肯定这是你能够想象到的最浪漫的地方，在这里和我在一起。我向你表示祝贺。"不可否认，罗姆尼机智幽默的回应比奥巴马单纯地"煽情"更能赢得观众的认可。另外，在整个辩论过程中，奥巴马说理有些散漫，对事实和政策的熟悉程度不够；语言表达也不是很流畅，有些时候磕磕绊绊，让人感到平淡呆板；表情始终严肃，缺乏亲和力，没有表现出"演讲家"的风采。罗姆尼则恰恰相反，思路清晰，对事实和政策了如指掌；回击有力，切中肯綮，语言流畅，充满活力与激情。正如媒体所评论的那样："奥巴马的表现不如罗姆尼有激情，对事实与政策的把握也出人意料地略逊于罗姆尼。"（参见2012年10月5日《新京报》）

## 三、几点启示

"性格色彩理论"告诉人们，每个人的性格都有一种色彩，这种色彩可以主导人的行动；每个人可以根据需要补充不同的色彩，以达到与他人和谐相处的目的。如果从领导干部能力提升的角度来审视，"性格色彩理论"带给我们的启示主要体现在两个方面：一方面，要突出主色调：执政为民；另一方面，要当好调色板：多色兼顾。

## （一）要突出主色调：执政为民

党的十八大报告指出："为人民服务是党的根本宗旨，以人为本、执政为民是检验党一切执政活动的最高标准。任何时候都要把人民利益放在第一位，始终与人民心连心、同呼吸、共命运，始终依靠人民推动历史前进。"领导干部是社会的管理者，权力来源于人民。这指出了领导干部工作的实质。其实，无论是传统社会还是现代社会，执政为民是对管理者的基本要求。

首先，执政为民是传统社会为官的价值追求。在传统社会，上至皇帝下到基层官员，为官的理念在很大程度上都在于为天下苍生负责。从"民可近，不可下；民惟邦本，本固邦宁"（《尚书·五子之歌》）、"民以君为心，君以民为本。心以体全，亦以体伤；君以民存，亦以民亡"（《礼记·缁衣》）的帝王执政为民思想，到"衙斋卧听萧萧竹，疑是民间疾苦声。些小吾曹州县吏，一枝一叶总关情"（郑板桥《潍县署中画竹呈年伯包大中丞括》）、"当官不为民做主，不如回家卖红薯"的基层官吏"为官一任，造福一方"人生追求，我们不难看出传统社会中管理者的为民情怀。在最高统治者看来，老百姓是国家稳定和发展的根本，"君者舟也，庶人者水也，水能载舟，水能覆舟"，政权稳定的基础在于百姓。因此，治理国家的着眼点就在于为百姓谋福祉。"民心无常，惟惠之怀。为善不同，同归于治。为恶不同，同归于乱"（《尚书·蔡仲之命》）。在普通官员看来，为官的最高价值就在于"人过留名，雁过留声"，在为民办事的过程中得到老百姓的认可和拥戴。

其次，执政为民是现代社会为官的必然要求。如果说在传统社会公共权力是"神授"的话，那么在现代社会权力则是"民授"。公共权力的根源来源于人民。官员作为公共权力的行驶者必须把"为民谋福祉"作为出发点和落脚点。从"全心全意为人民服务"到"党要始终代表中国最广大人民的根本利益"，从"权为民所用、情为民所系、利为民所谋"到"问政于民、问需于民、问计于民"，我们可以看到党对领导干部要执政为民的谆谆教诲。因此，作为领导干部，在工作中必须突出"执政为民"这一主色调，一切为了群众，一切依靠群众，从群众中来，到群众中去。只有这样，才能真正用好手中的权力，才能最终得到老百姓的肯定与认可，领导能力的提升才有坚实的基础。

## （二）要当好调色板：多色兼顾

"奥罗之辩"告诉我们，在多元化社会里，单一色彩、"一招鲜"的领导者很难坚持长久，具有多种颜色的"多面手"才能走得更为长远。因此，领导干部要注意培养多种色彩，提高综合素质，全面发展，以应对多元化社会的挑战。

1. 确立目标——要多些黄色，理性冷静，做有力的指挥者。"目标"是领导活动的一个基本要素，能否确立正确的发展目标是考察领导者预测能力、分析能力的重要指标。"目标"也是一个综合体，有大小之别、长（期）短（期）之分。每一个阶段、每一项任务都应该确立具体的目标。喜欢黄色的人，往往都具有指挥者的潜质。因此，当代领导者在确立目标时要多些黄色，保持"理性冷静"，胸怀全局，善于谋划；面对复杂多变的情况，要临阵不乱，冷静对待，理性分析，使所确立的目标符合客观实际，便于落实。既不能好高骛远、不切实际，又不能一叶障目、琐碎无章。目标得当，指挥才能有力，从而才能达到最佳的效果。

2. 具体工作——要多些蓝色，脚踏实地，做最佳的执行者。东汉陈蕃小的时候自命不凡，一心只想干大事业，对生活小事并不放在心上。有一天他父亲的朋友薛勤来访，见他独居的院内龌龊不堪，便对他说："客人来了，你怎么连屋子都不打扫一下呢？"陈蕃应答道："大丈夫处世，当扫天下，安事一屋？"薛勤当即反问道："一屋不扫，何以扫天下？"陈蕃无言以对。这个故事告诉人们，任何理想或者目标的实现都需要从具体的小事做起。"合抱之木，生于毫末；九层之台，起于累土；千里之行，始于足下。"目标一旦确立，脚踏实地的工作就显得尤为重要。蓝色性格的人，往往是最佳的执行者。因此，在具体工作中，领导干部要多些蓝色，坚守规则，求真务实，按照既定的目标抓好落实，绝不能当甩手掌柜、大而化之。"细节决定成败"，在决策执行过程中的细节尤为关键。奥巴马在辩论过程中，没有把"经济政绩"充分展现出来，这微不足道的"细节"不能不说是奥巴马在具体落实过程中的失策。

3. 与人交往——要多些绿色，学会倾听，做和谐的促进者。俗话说："一个篱笆三个桩，一个好汉三个帮。"能否协调好外部关系、能否激发出团队成员开拓进取努力工作的积极性，是领导水平的重要体现。喜欢绿色的人，往往善于与人沟通。因此，在与人交往中，领导干部要多些绿色，学会适应，学会倾听。"倾听"是一门学问，也是一门艺术。上帝给人们两只耳朵，一张嘴，目的就是要我们多听少说。最有魅力的领导往往是倾听者，而不是滔滔不绝、喋喋不休、忽视他人意见和看法的人。作为领导，只有认真倾听，才能洞察他人话语中背后隐藏的真实想法，摸清情况，然后才能对症下药，作出决策。同时，领导干部只有学会倾听，努力做到与他人交流思想，充分沟通，才能增进与他人的感情，人际关系才能和谐，群众基础才能更为巩固。

4. 现实生活——要多些红色，充满激情，做快乐的带动者。在首场电视辩论中，奥巴马之所以败给罗姆尼，抛开辩论的具体内容不说，最根本的一点就在于奥巴马缺乏激情。纵观整个辩论过程，奥巴马表情严肃，不瘟不火，像是一潭秋水，激不起任何波澜。罗姆尼则恰恰相反，激情四射，充满活力，与奥巴马形成强烈反差。两者的外在表现，显然是"冰火两重天"。前者让人沉闷，后者给人快乐，罗姆尼首辩获胜也在意料之中。喜欢红色的人，往往热情尤加，受人欢迎。因此，领导干部要吸取奥巴马的教训，在现实生活中要多些红色，与人相处要多些激情，摘掉"面无表情"、"令人敬而远之"的面具。只有这样，才能在给人带来快乐的同时赢得人们的信任。

总之，在多元化的社会，领导干部既要突出"执政为民"的主色调，牢记宗旨意识不动摇，又要与时俱进，兼顾多种色彩。只有融"红"、"黄"、"蓝"、"绿"于一体，才能在提高领导能力和领导水平的基础上绘出色彩绚丽的宏伟蓝图，从而最终赢得社会的认可，实现个人的价值。

（此文载于《领导科学》2013年第4期）

# 高校党风廉政建设的问题与对策

## ——基于巡视监督视角的思考

徐传光 于学强[*]

**摘 要**：加强巡视监督，在改变高校"一把手"弱监状况、改变"高校体制内"监督状况、改变高校"被动型"监督状况、改变高校"滞后性"监督状况、助力高校"自主性"监督状况中具有不可替代性。巡视视角下高校党风廉政建设突出的问题在如下几方面：在基建和采购方面的腐败易高发，在招生用人方面的腐败难规避，在资金运营方面的问题较严重，在各种评比中存在的腐败最痛心。高校巡视工作对于高校党风廉政建设和各项事业的科学发展有积极作用，但高校党风廉政建设还必须寄托于其自廉的意识和能力。

建立和完善巡视制度，是党的十六大作出的一项重大决策，是加强和改进党内监督制度的创新，也是新时期党风廉政建设的一项重要举措。党的十七大把巡视制度正式写进党章，以党内根本大法的形式确定下来，这既是对十六大以来巡视监督制度的充分认可，也体现了我们党对推进巡视监督的新期待。巡视监督较高校体制内监督而言有较为突出的优势，在巡视视角下考察高校党风廉政建设更容易发现问题和提供解决方略。

---

[*] 徐传光（1957— ），男，山东高唐人，聊城大学党委副书记，研究方向为思想政治教育；于学强（1973— ），男，山东茌平人，聊城大学政治与公共管理学院教师，研究方向为中国共产党的执政理论与实践。

## 一、巡视监督在加强高校党风廉政建设中的地位与作用

早在2004年中纪办就通过《关于中共中央纪委、中共中央组织部巡视工作的暂行规定》，强调并组织开展巡视监督工作；2006年教育部通过《中共教育部党组关于开展直属高校巡视工作的意见》，巡视工作在高校中开始系统推进；2009年《中国共产党巡视条例》出台，巡视监督进一步规范化、制度化、实效化。我们党之所以如此注重推进巡视工作，在于巡视监督在党内监督中的重要地位和作用，这一点在高校党风廉政建设中也体现得很充分。

第一，加强巡视监督，在改变高校"一把手"弱监状况中具有不可替代性。"权力导致腐败，绝对权力导致绝对腐败"，① 阿克顿勋爵的这一论断精辟地指出了腐败的根源所在，也同样适用于高校。高校也不能存在离开监督的权力，否则也会出现严重的腐败问题。事实上，高校中最难监管的权力仍然是"一把手"，因为他们处于高校权力的顶端，在某种意义上就是绝对权力。当前世情、国情和党情发生了一系列新变化，高校也面临着基于这些新变化带来的种种挑战，这必然要求其领导干部特别是"一把手"要慎用权力，把权力运行置于有效的制约和监督之下。针对传统"一把手"体制监督难的现状，开展巡视监督工作能够在制度上解决以往监督体制存在的突出问题，借助于高校之外的监督力量来监控其顶端权力，能够确保高校领导班子特别是主要领导干部的自身廉洁。

第二，加强巡视监督，在改变"高校体制内"监督状况中具有不可替代性。从现实上看，权力滥用生成腐败，权力之所以滥用一是因于没有阳光化，出现诸多的暗箱操作，二是缺乏分权与制权，权力大到没的约束的境地。所以，杜绝腐败一方面要使得权力运行阳光化，另一方面要加大分权与制权的力度。表面看，高校的权力是分散的，各司其职的。但是，高校不同部门的分管领导，往往在自己分管的领域拥有绝对的话语权和决定权。如分管基建的领导，在基建方面就可能一言九鼎，但相关的监督部门并不能直接干预或

---

① ［英］阿克顿：《自由与权力：阿克顿勋爵论说文集》，商务印书馆2001年版，第342页。

监督到分管领导。再者，从人理性自私的角度看，如果体制内没有提供充足的监督条件，没有人冒失去自身利益的风险去监督这些领导，这更可能使他们在权力运用方面有恃无恐。从实质意义上看，高校体制内监督还属于同体监督。在同体监督中，"监督的主体和客体相一致，监督者的视角容易受到某些限制，监督的实施也容易受到某些干扰。"①巡视监督能改变这一状况，因为"空降"方式不受制于高校体制内的规约，没有监督领导干部特别是主要领导干部的后顾之忧。

第三，加强巡视监督，在改变高校"被动型"监督状况中具有不可替代性。从现实看，高校的腐败很少是通过高校自身加强党风廉政建设，自己在打扫自己屋子的过程中发现和清除的。高校中的腐败分子有些是"拔出萝卜带出泥"被连带出的；有些则是通过内部举报引起上级重视被纠出的；也有些是基于权力斗争或职称评聘之争呈现出来的，等等。高校"被动型"监督状况，不仅仅因为高校教师自恃清高、洁身自好的追求，也在于高校学生事不关己、高高挂起的惰性，更在于高校领导官学商一身，利益诱惑多、监管控制少的现实。高校腐败之所以呈现"被动型"，其根本原因还是在于监督主体不愿监督、不敢监督，监督客体不想被监督的体制。巡视监督则可以通过全方位巡视来促进学校主动查找问题，特别是促使领导干部主动加强学习，知法懂法守法，廉洁自律，从而由被动型监督转化为主动型监督。

第四，加强巡视监督，在改变高校"滞后性"监督状况中具有不可替代性。监督本身不是为了惩治，而是为了预防。传统高校监督存在"滞后性"，或者根本发现不了问题，或者发现问题时问题已经成为真正的大问题了。这也是导致高校"净土"一下子成为是非之地的根本原因。比如，目前我国高校基础建设、招生等方面的自主权很多，但其应承担的义务和责任缺少具体规定；高校党风廉政建设责任制虽然基本确立，但相应配套制度并不完善，规范权力运行的制度建设比较滞后，不仅难以预防问题的产生，也难以发现问题。巡视监督的不同在于，它能够通过较长时间在被巡视地区或部门开展工作，对一些重要问题进行深入了解，加强事前、事中的监督，做到对苗头

---

① 本书编委会：《中国特色和谐政党关系论》，中国言实出版社2009年版，第114页。

性、倾向性问题早提醒、早反映、早制止，把一些不正之风和腐败问题解决在萌芽状态，从而避免小问题发展成为大问题或严重问题，减少和抑制腐败现象的滋生。

第五，加强巡视监督，在助力高校"自主性"监督状况中具有不可替代性。高校自身的发展情况，其中的师生最为了解，虽然基于信息不公开等原因可能了解不全面，但至少能感受到。在高校传统的监督体制下，师生自发性的建议献策往往难以得到实质性的重视，使得不少高校的师生监督是通过向上级举报或者上访的形式实现的。虽然向上级举报和上访也可算做监督的形式，但是从学校师生本身来看确实是不得已而为之的手段。而这种不得已手段之所以成就甚至常态化，一个根本的原因就是一些高校内部民主政治生活不正常，监督精神得不到尊重。"民主政治内含着深刻的监督精神，民主制度无不以监督机制作为其实现的基本方式。"[1] 可以想象，如果高校权力运行习惯化于在"暗箱"中实现，就难以形成有效监督，因为缺乏有效监督的要件——权力运行的阳光化。相反，暗箱操作很容易形成权力的专断。巡视监督的实施，可以助力师生的自主性监督，充分调动师生自主性监督的积极性。

总之，加强高校巡视监督，通过发展党内民主、健全监督制度、完善权力制约机制，促使高校领导干部严格按制度办事，少犯或不犯错误，对于改进高校监督现状，改变高校内部监督部门对领导班子监督"软"和上级党组织对高校领导班子监督"远"的现实问题，促进高校健康发展、和谐发展意义重大。

## 二、巡视视角下高校党风廉政建设的问题分析

随着高校扩招和教育管理体制改革的深入，高校的独立法人地位逐步得到确定，学校基础建设、招生就业、资金运营和职称评聘等方面开始拥有一些自主权。少数学校的党员领导干部经受不住权力的考验，把权力视为谋取私利的筹码，利用学校在各方面享有的自主权营私舞弊使得各类腐败不断衍

---

[1] 陈国权：《论民主的监督机理及对腐败的遏制作用》，载《国家行政学院学报》，2004年第1期，第32页。

生，其突出的问题在如下方面：

第一，在基建和采购方面的腐败易高发。肇始于 20 世纪 90 年代的高校扩招，在推进教育大众化方面曾起到积极作用，但也衍生了一些问题。因为高校办学规模的扩大必然要求相应的硬件设施的跟进，伴随高校招生扩大其校园越来越大、大楼越来越高，楼内的基本装备的需求也越来越多。近年来，高校经费支出最多的项目就集中于此，高校扩张过程中的腐败也集中于此，因为这些领域的腐败行为较为隐蔽，甚至可以打着招投标的幌子。比如 2009 年 9 月武汉大学原常务副校长陈昭方、原党委常务副书记龙小乐被批捕，原因就是基建工程中接受了巨额受贿。更具代表性的还有长春大学原副校长门树廷，"2003 年至 2011 年间，门树廷利用自己负责学校后勤和基建的职务之便，索取和收受他人贿赂 939 万余元"。① 从现实看，高校扩张或升级项目中基建工程招投标、承发包，实验仪器设备、图书资料、各类教材、基建维修材料以及学生食堂原材料和医药用品的采购等等方面，存在用职权收受贿赂、拿"回扣"的法律空当和制度空间，但更重要的是信息不公开、监督不到位和缺乏经常性监督，致使不少高校出现"大楼建起来，干部倒下去"的现象。

第二，在招生用人方面的腐败难规避。随着高校招生自主权的不断扩大，高校招生的公正性正在受到挑战和置疑。一些高校中的个别招生工作人员在招生工作中存在滥用职权、违规招生，甚至收受贿赂、敲诈勒索等种种不正之风和违法乱纪行为。一些招生人员在招收特长生、"特批录取"等过程中徇私舞弊，贪污受贿。比如 2009 年的湖南省罗彩霞被顶替案，重庆市文科状元何川洋少数民族加分造假现象，重庆数百名"高考移民"案等等。面对种种有违教育公平的腐败问题，面对高校招生中的种种所谓"潜规则"，一方面应推进招生录取工作透明化，另一方面要加强对本领域的全方位监督和追惩。另外，高校用人中存在的问题依然是制约高校健康发展的重要因素。在高校中，任命人员由主要领导说了算、内定某些岗位、明目张胆不公示、公示与测评的意见不反馈、排除异己等用人腐败，仍不时发生。同时，高校用人还与职称评聘、岗位选择、设岗转岗等交织在一起，加上社会领域吏治腐败的

---

① 《长春大学原副校长受贿近千万被判无期徒刑》，载《北京晨报》，2012 年 4 月 19 日。

影响，使得高校组织人事工作中也成为腐败易于寄生的重要场所。

第三，在资金运营方面的问题较严重。最近几年，一些高校故意将国家禁止向学生收费的项目违规收取后上缴国家财政，以图获得国家全额返还，少数领导干部和教职员工仍利用筹资办学、办班创收之便，私设"小金库"，致使高校资金运营方面出现问题。预防高校在资金运营方面出现问题，必须强化内部控制。事实上，早在 1997 年，由财政部和原国家教委制订实行了《高等学校财务制度》，2000 年，财政部和教育部又印发了《关于高等学校建立经济责任制加强财务管理的几点意见》，要求在高校建立各级经济责任制。财政部提出加强企业内部控制后，高校相关主管部门也要求完善内控机制，多数学校的内部控制工作由高校财务处联合其他部门来推动。虽然高校已有内控的要求，但多属于教育部转发各部委的相关内控要求，在监管、监察方面较为薄弱。并且，目前高校内控制度对执行人的规范较强，但对高层管理者的规范则较弱，而目前高校的腐败多与高校高层管理者相关。目前在我国高校资金使用的监管上，财务处对其资金进行掌控和限制，内审部门对其进行监督，注册会计师很少介入高校审计，会计师事务所的业务即使与高校有联系，也多在高校的资产清查方面，有关财务监督的较少。所以，高校的财务和资金运营缺乏独立的外部监管，也很容易出现问题。如果在监督中委派专业人员，加强高校资金运营方面的监管，就能避免出现大的问题。

第四，在各种评比中存在的腐败最痛心。从高校发展的视角看自然离不开竞争，关键是要平等竞争，有良好的竞争环境。目前，高校有各种各样的评比，大部分评比向有职务的倾斜，向高职称的倾斜。作为师生个人，为了赢得一些荣誉，也不得不向权握评比重权的人行贿送礼；一些高校的极少数领导和职能部门工作人员、任课教师，借为学生转系、转专业、专科升本科、评奖学金及各种奖励或表彰、考试阅卷等机会，搞权钱交易，以"分数卖钱"，接受学生家长的礼品和宴请。比如，2012 年 5 月 5 日，"湖南省教育厅证实，对于微博曝光的高校职称评委开房收钱一事，当事评委承认去过宾馆，教育厅已终止其 2011 年度高校教师系列职称评审专家资格。"[①]应当看到，在高校职称评聘和奖项评聘中确实存在突出问题，这些问题的存在也影响到

---

① 《湖南教授被终止职称评审资格》，载《新闻晚报》，2012 年 5 月 6 日。

人们对评聘评比的最终结果的认可度。原因很简单，就是因为各种评聘权力太集中，各种评聘过程不公开，各种评聘活动无法较好地监控，致使有评聘权力者运用这种权力搞权钱交易，权情交易。要规避这种情况，或者采用自上而下的方式，加强上级部门监督或巡视力度，让权力公正用权，或者采用自下而上的方式，通过公开透明和公众参与制约权力。

由此可见，高校党风廉政建设方面存在诸多问题的原因是多方面的，关键是监督方面出了问题，尤其是对高校领导干部缺乏有效的监督和制约机制。高校是知识分子聚集的地方，高校师生有良好的民主监督的意识和能力，民主监督的基础较好。但是，由于体制等方面的原因，高校实际上存在监督的"缺位"与弱化现象，责任主体不到位的问题还不同程度地存在。只有加强巡视监督力度，真正发挥高校巡视的功能和作用，才能有效解决高校党风廉政建设存在的现实问题。

## 三、巡视视角下改善高校党风廉政建设的措施

高校巡视工作对于加强上级党委对被巡视高校情况的了解，促进被巡视高校的领导班子建设、党内民主建设、党风廉政建设和各项事业的科学发展有积极作用。但巡视工作毕竟不是工作常态，高校党风廉政建设还必须寄托于其自廉的意识和能力。

第一，实施校务公开是推进高校党风廉政建设的前提。实施校务公开，取消高校领导特权，对于增强高校党风廉政建设工作的针对性、实效性和主动性有重要意义。尽管目前高校普遍推行了校务公开工作，但其中存在的问题仍较为突出：如校务公开在内容上信息量小且有避重就轻之嫌；缺少规范的校务公开规章制度；缺乏创新管理机制等。鉴于此，实施高校校务公开要做到如下三点：首先要全面认识校务公开的重大意义。校务公开的实质是加强民主管理、强化学校工作、接受师生监督、实行依法治校、从源头上预防和治理腐败的治本之策。其次要从系统论的视角推进校务公开。高校应全面规范校务公开的内容、类型、程序、形式和校务公开的组织领导及具体要求，尤其关注在基础建设、招生录取、物资招标、教育收费、干部竞聘、人才引进、职称评定等方面实行政策、程序和结果三公开，落实群众的监督权和维

护群众利益。再次要从制度机制的视角持续不断地加大校务公开的保障措施建设。高校党风廉政建设中要注重制度建设，提高公开制度的针对性、操作性，加强公开制度与学校的相关制度相配套性，厘清公开责任推进责任制度建设。抓制度公开与制度建设，关键在于持续性，如聊城大学纪委将 2010 年确定为"反腐倡廉制度创新年"，2011 年又组织实施了"反腐倡廉制度深化年"，2012 年为"反腐倡廉制度落实年"，使得高校党风廉政制度建设取得良好成效。

第二，完善责任制度是推进高校党风廉政建设的基础。实施阳光治校，推进校务公开若要真正起到反腐倡廉的作用，还必须要结合责任制度建设。目前，高校党风廉政责任制度存在的问题主要是贯彻落实责任制中的具体实施机构职责范围与职权的不对应，纪委在同级党委下负责很难；缺乏可操作性，对很多具体可能出现的问题难以正确判断、准确定性等。鉴于此，高校落实党风廉政建设责任制，领导重视是关键。只有各级领导干部高度重视，坚持"一把手负总责，分管领导各负其责"的原则，真正建立起"一把手"抓班子成员，班子成员抓分管部门，一级抓一级、一级对一级负责的从上至下的一个领导责任体系，明确各部门、各级领导在党风廉政建设中的责任，才能保障党风廉政建设的真正落实。与此同时，应增强责任制度的可操作性，应当本着权责统一、依法有序、民主公开、客观公正、有错必究的原则与相关责任者签订明确的责任状，定期组织人员对责任履行情况进行民主评议、考核，尤其是对校领导及班子成员完成党风廉政建设岗位责任目标情况进行检查，并及时进行反馈指导，及时进行相关责任的追究。只有通过细化责任制度、明确责任到位，迫使各个部门、各级人员增强责任感，才能使责任制度更具可操作性、可量化性，从而有力地保障高校反腐倡廉整体工作的进行。

第三，健全考核指标是推进高校党风廉政建设的关键。责任是针对任务指标的，缺乏明确的考核指标体系就无以落实责任制度。目前，高校党风廉政建设考核指标体系还不甚健全，有些指标过于模糊和宏观，有些指标没有明确具体的责任者。建立健全高校党风廉政建设考核指标体系，应按照"共性目标和个性任务"的要求细化考核内容，充分考虑考核内容的涵盖性、稳定性、综合性、互补性、可比性、适用性特点，将反腐败斗争重点任务达标率、分管部门廉政制度落实率、廉洁自律制度落实率、查摆问题整改率、群众测评认同率等纳入考核内容，把学校二级单位需要承担党风廉政建设内容具体量化成评估指标，使考核工作校级和二级单位考核相结合，组织和群众相结合，定期和平时相结合，定量与定性相结合，增强量化指标的可操作性；要针对目前对校领导个人目标责任制考核不到位的现实，探索有效考核方法，将自查、领导考查、职能部门考查、审计部门考查、纪委监察部门考查、群众评议、来信来访、网络举报等方面有机结合起来，从听、看、查、议出发，创新考核办法、充实考核评价体系。聊城大学本着"以评促改、以评促建、评建结合、重在建设"的原则构建考核指标体系和任务分解表，将党风廉政建设考核指标体系与惩治与预防腐败体系结合起来，在落实"十个不准"的同时提倡"十个带头"，注意并将考核、自查与整改贯通起来，取得了良好实效，值得借鉴。

  第四，发挥监督功能是推进高校党风廉政建设的根本。高校内部腐败蔓延的主要原因是高校内部监管体制不完善，监督功能得不到有效发挥。目前，高校内部监管机构的独立性、权威性不强，一方面是内部监督者在党政一把手领导之下，不敢监督；另一方面由于缺失独立性使得监督人员对自身要求不高，监督意识不浓、监督能力不强。有效发挥高校监督功能需要注意三点：一是高校党政"一把手"要虚心接受监督。高校党政领导人要从服务师生出发，摆正位置，做出愿意接受监督，鼓励师生勇于监督的姿态，特别是要调动监督部门和人员监督的主动性，积极为推进内部监督创设条件和优化环境。二是加强宣传教育，推进全员监督。高校是人才汇集的地方，应充分利用全校师生的力量来推进廉洁校园建设和党风廉政建设。每位师生都有监督的权利，都是监督主体，应充分调动师生为学校发展服务尽心的积极性。三是提高专职监督者素养，加强纪委检察审计部门的监督力度。在既有的监督体制之下，监督人员自身素养对于推进监督的作用是巨大的。监督者本身就是黑脸形象，也有较为专业的监督知识和监督能力，如果能提高素养和强化监督意识，真正做到查找问题常态化、责任化、实效化，高校党风廉政建设就一定会取得较好的成绩。

  总之，近年来高校党风廉政建设存在的问题必须引起我们的广泛关注。高校是培养人的地方，如果这方净土不净，就会影响其培养人才的质量。全面推进高校党风廉政建设一定要加强高校巡视监督，为高校定期体检。同时，如何不断提高高校的自查能力,完善其内部监督检察体制和理顺领导干部的权责关系,也是现在体制下必须考虑的重要课题。

(此文载于《广州大学学报》2013年第3期)

# 廉政教育生活化[*]

## ——"腐败亚文化"背景下的"廉政文化"之路

陈延庆

**摘　要**：新时期，虽然我国的廉政文化建设和反腐败工作取得了重大进展，但在腐败渐呈普遍化、习惯化倾向，具有生活方式化并形成"腐败民俗学"危险的背景下，要持续推进此项工作，便不能仅仅停留在"实物"建设和"制度"设计的层面，必须特别强调廉政文化"精神"和廉政价值观的宣传教育。而这种宣传教育也必须与民俗化、生活方式化的"腐败亚文化""背道而驰"，"反其道而行之"，以使之生活化，使廉政成为生活方式。

2005 年，中央颁布《建立健全教育、制度、监督并重的惩治和预防腐败体系实施纲要》，不但明确了"三位一体"的惩治和预防腐败体系的目标、任务，而且第一次在党的文献中提出"廉洁文化"概念。自此，包括廉政文化建设在内的我国反腐败工作进入了新的发展阶段：2006 年实施了《关于党员领导干部报告个人有关事项的规定》；2008 年颁布了《政府信息公开条例》；2009 年先后下发了《关于实行党员领导干部问责的暂行规定》、《国有企业领导人廉洁从业若干规定》；2010 年发布实施了《中国共产党党员领导干部廉洁从政若干准则》和《关于领导干部报告个人有关事项的规定》等重要文件，

---

[*] 基金项目：国家社科基金项目"中国特色社会主义制度体系研究"（13BKS022）的阶段性成果。

作者简介：陈延庆，聊城大学政治与公共管理学院教授，博士。

初步建立了新时期预防和惩治腐败的制度体系。另外，教育部也于 2007 年发布了《关于在全国大中小学全面开展廉洁教育的意见》，提出了让廉洁教育进学校、进课堂、进头脑的目标任务；同时，中央还决定于 2005 年 1 月至 2006 年 6 月在全党开展保持共产党员先进性教育活动，并在全国范围内深入开展"小金库"治理活动，严肃惩处了陈良宇、薄熙来等一大批腐败分子。

## 一、反腐："仍需努力"

据最高人民检察院年度工作报告的数据，2003—2007 年落马并进入司法程序的省部级官员有 35 人①，2008—2009 年落马并进入司法程序的省部级官员也多达 15 人。而 2010 年，纪检监察部门处分的县处级以上干部多达 5098 人，移送司法机关的就有 804 人②。另据报道："十八大后，各级党委、政府及司法机关已经宣布了至少 15 名厅级以上干部落马、12 名厅级以上干部免职的信息，其余级别官员数量更多。"

所有这些，不但有效地遏制了腐败在一部分地区、一部分领域愈演愈烈的趋势，而且深得军心、民心，使全国人民深受鼓舞。这表明中央在新时期提出的"三位一体"的惩治和预防腐败体系已经取得了预期的初步成果。

尽管如此，正如中纪委书记王岐山在第十八届中纪委第二次全体会议报告中指出的："新形势下……消极腐败危险更加尖锐地摆在全党面前"，与"广大人民群众对我们党解决这些问题充满期待"相比较，"一些领域消极腐败现象易发多发"的局面还未根本扭转。

因此，研究新形势下腐败的表现、特点，分析其深层次原因，并探寻相应对策、措施，既是全党、全国人民面临的一项紧迫的现实任务，也是摆在理论工作者面前的一个重大的理论课题。借用孙中山先生话说："革命尚未成功，同志仍需努力！"

---

① 徐传光、孔祥华：《激浊扬清——大学生廉洁教育纵横谈》，人民出版社 2012 年版，第 34 页。

② 徐传光、孔祥华：《激浊扬清——大学生廉洁教育纵横谈》，人民出版社 2012 年版，第 44 页。

## 二、腐败："腐败亚文化"背景下的"生活化"倾向

如果说，腐败"就是公职人员滥用公共权力谋取私利、损害公共利益或公民个人合法权益的行为"①，那么，它是人类自进入文明时代，有了阶级、国家、公共权力后，就开始出现的一种社会历史现象。所以，腐败不仅是当代的"世界通病"，也是一种世界性的"历史顽疾"，是世界各国家、民族，无论（阶级社会的）任何一个时期，都无法逃避的重大现实问题。尽管如此，新形势下，腐败在我国不但有了不同以往的新形式、新特点，而且也有了不同以往的更深层次的原因。

### （一）腐败的新趋势：随反腐"水涨船高"

因腐败是一种"历史顽疾"，反腐也就有了相对的永恒性。而伴随着反腐斗争的日益深入，腐败的方式也不断花样翻新、层出不穷，正所谓"水涨船高"。所以，与传统的收钱、收物的"硬腐败"相比，新时期，腐败更多采取收授无形"好处"的"软腐败"形式；与传统的一手交钱、一手收货的立竿见影的"直接性"腐败不同，目前，腐败正向立足长远、着眼未来的放长线钓大鱼的"间接性"腐败转换；而由于其"软性化"与"间接化"，腐败也日益呈现出"隐性化"或"潜性化"的特点。因而，与传统腐败的"相对显性化"有了很大区别。有鉴于此，知名党史党建专家于学强博士指出，腐败呈现出群体化、高位化、落势化、低龄化、期权化、隐蔽化、新型化、巨额化、国际化、渗透化等趋势②。

事实上，于先生指出的"新趋势"也就是腐败的"新表现"。而从其所谓"群体化"、"落势化"、"低龄化"等趋势，我们发现：新形势下，涉腐范围越来越广、人数越来越多；从其所谓"高位化"、"巨额化"和"国际化"等趋势，我们又看到：现阶段，腐败程度越来越高、越来越深；从"期权

---

① 邓频声：《中国特色反腐倡廉道路研究》，时事出版社2011年版，第2页。
② 徐传光、孔祥华：《激浊扬清——大学生廉洁教育纵横谈》，人民出版社2012年版，第33页。

化"、"隐蔽化"和"新型化"等趋势,我们还注意到:目前,随着腐败范围愈广、程度愈深、技术愈高,反腐败难度也日益加大。这说明我国的反腐败工作虽已取得了阶段性的初步成果,但面临的形势依然严峻,正可谓"任重道远"。

因此,为把反腐败工作继续引向深入,我们决不能仅停留在对腐败问题的如上表象认识上,而应该认真分析其范围愈广、程度愈深、技术愈高,及反腐难度益大的深层次原因。

(二)腐败的新成因:"腐败亚文化"背景下的"民俗化"倾向

尽管从根本上来说,腐败是私有制和私有观念的产物,是伴随公共权力出现的,但新形势下,其在某些国家、地区的某些部门和领域的蔓延表明,除了上述传统因素的影响外,还有其他新生诱因在起作用。

因此,诺贝尔经济学奖获得者冈纳·谬尔达尔在《亚洲的戏剧》中指出:一个时期以来,南亚的许多国家之所以腐败盛行,是因为存在着"腐败的民俗学"。正是它使得腐败渗透到人们日常行为模式中,成为全社会的行为准则,且已形成一种与主流价值并行的社会心理,并最终促成"腐败成了人们一方面深恶痛绝,另一方面又心驰神往,因而,'爱恨交加'、无可奈何却又不得不作出的最佳选择"①。

值得警惕的是,冈纳·谬尔达尔指出的倾向也有在我国出现并蔓延的趋势。因此,国内才有学者们惊呼"警惕腐败成为人们的一种生活方式"的同时,不无担忧地指出:腐败在我国的危害性绝不仅仅在于如上所说的泛滥并不断蔓延等一些外在表现,甚至不主要表现于这样一些方面,其最大的危害是,目前,它似乎正在逐渐成为一种生活方式、价值观念、民族心态,日益呈现出"民俗化"倾向,进而表现在社会生活的许多方面,渗透到日常行为的诸多环节,并日益为社会各阶级、阶层和社会集团所普遍接受与共同采纳。而长此以往,其结果必然是:当人们"一方面对腐败深恶痛绝,另一方面却又'向往腐败'……不但提高了人们对腐败的容忍度,也使全社会的道德集

---

① 冈纳·谬尔达尔:《亚洲的戏剧——南亚国家贫困问题研究》,首都经济贸易大学出版社 2001 年版,第 112 页。

体下滑,使腐败被日常化、合理化时,腐败就已经成为一种'腐败亚文化'在存在和流传了"①。

(三) 腐败的新特点:渐呈"生活方式化"趋势

政治学中的"腐败亚文化"是由社会学中"亚文化"衍生出来的,是指腐败群体乃至整个社会对待腐败现象所产生的一系列畸形、扭曲、反主流的认识和判断。在其腐蚀下,人们往往会将"权力"等同于"特权",并默认掌权者享受的特权待遇,甚至一有机会,自己也会亲身"实践腐败"。

而腐败民俗化的结果,不但掌握权力的人会腐败,而且社会公众对待腐败的态度也悄然发生变化,由深恶痛绝、"人人喊打"、必予除之而后已,变得"爱恨交加":在骂别人腐败的同时,在内心深处,自己却向往着腐败、必予行之而后快。正因如此,当上海某工商所叫停一家旅游企业"将腐败休闲游进行到底"的广告宣传时,不但没有赢得社会公众的拍手称快,反而引起一场轩然大波。时至今日,"腐败休闲游"之类的提法,不但对广大市民和网友早已司空见惯,而且作为一种较为休闲、随意的旅游方式,也正在受到越来越多的人热捧,更有甚者,"腐败"在有些地区的某些特定人群中,已经成为各类休闲聚会的代名词。这其中到底蕴含着何等深义?非常值得人们认真体味!

其实,腐败成为一些人追求的目标,不管蕴含何等深义,但值得警惕的事实是:时下,腐败在一些地区、一些领域和一些群体中似乎正在逐渐成为一种风俗、习惯,不但相当比例的大众对其保持沉默、漠视,而且还在不遗余力地追逐。这意味着,对他们而言,腐败已经成为一种信念、道德和文化,并深入其生活中,日益成为其认可的行为方式和价值目标。长此以往,如果普遍蔓延开来,后果才真正不堪设想。

而环视四周,我们也惊诧地发现:原本意义上只有贪官把腐败当成生活方式的现实正在悄然发生改变。当今,腐败已经成为相当一部分人的生活方式,与其生活变得须臾不可分割:一个平民百姓,从孩子在医院出生到上学读书,从毕业找工作到其事业开拓,从生病住院直到死后火葬,但凡去办任

---

① 林金芳:《当腐败成为一种生活方式》,载《同舟共济》,2007年第2期。

何一件事儿，人们首先想到是找关系、走后门，而不是依靠真才实学和正常的组织渠道。因而，同乡、同学、同事，首长、部下、邻里，亲戚、朋友、战友、球友、牌友、病友甚至狱友都可成为借以利用以猎取非法利益的目标人选，以致于虽然他们也都憎恨腐败，但自己又都腐败并腐蚀着别人与社会。对他们而言，腐败已经成为其生活方式，成为一种生存文化，最终使得腐败无孔不入、无处不在。对于腐败在一定范围内和一定程度上的普遍化、生活化和习惯化的特点和趋势，也有学者概括为如下几个方面：（1）政治上的"腐"。公职人员运用权力时，不遵循公平、正义和党性的原则，不履行职责，而是滥用权力、任人唯亲、欺上瞒下，压制民主、跑官卖官、弄权渎职，从而造成官僚主义盛行。（2）经济上的"腐"。政治权力与物质利益非法交易、非法挪用公款和其他公共资源、贪赃枉法、贪污盗窃、行贿受贿、请客送礼，讲排场、比阔气，奢侈挥霍、用公款大吃大喝，甚至敲诈勒索，凭借职权吃拿卡要。（3）生活作风上的"腐"。背离社会公德和党纪国法，追逐私利和个人享乐，腐败、堕落、道德败坏等①。据中纪委研究室原副主任刘春锦介绍：受处分的厅局干部中，90%都有包养情人，甚至有多个贪官共用一个情人的现象，而原中纪委常委祁培文也指出："在中纪委查处的大案中，95%都有女人问题。"② 因此，近年来，才有人吐槽："二奶反腐"、"小三反腐"等女人反腐已经成为贪官下马的重要方式。

　　任由这种现象继续蔓延，势必造成清华大学孙立平教授预言的局面："（当）人们对不公平、不道德的行为逐步感到麻木，形成了对腐败的认同感，并自觉地接纳腐败的人际关系和生活逻辑的时候，腐败便会反而不败，斩而不绝，大家都成了培植社会腐败的资源。"③

　　至此，我们耳边不断回响起德国新教神父马丁·尼莫拉的忏悔：当初，德国的纳粹希特勒，在德国国内追杀共产主义者的时候，我在想，我不是共产主义者，此事与我无关，所以我不说话。后来，纳粹们又开始追杀犹太人，

---

① 毕野青：《警惕腐败成为人们的一种生活方式》，载《经济生活导刊》，2010年第13期。
② 李少威：《95%以上大案有女人问题》，载《广州日报》，2009年7月9日。
③ 张友谊：《警惕腐败成为生活方式》，载《人民论坛》，2009年第18期。

我想我不是犹太人，与我无关，我不说话。再接下来，他们又开始追杀工会会员，我想我不是工会会员，所以与我无关，我还是不说话；再接下来，他们又追杀新教教徒，那我不是新教教徒，所以我觉得与我无关，我继续不说话。最后，纳粹们带着刀冲着我们来了，我才发现：在我们身边，已经没有人帮我们说话了。

## 三、廉政文化：让教育生活化

2005年中央颁布《建立健全教育、制度、监督并重的惩治和预防腐败体系实施纲要》以来，伴随着"三位一体"的惩治和预防腐败体系的建立，我国的反腐工作和廉政文化建设虽已取得重大进展，但在"一些领域消极腐败现象易发多发"的局面并未根本扭转，腐败与反腐败"水涨船高"，以致出现腐败民俗化、普遍化、生活化和习惯化倾向。笔者以为，要从根本上加以扭转，必须了解文化和廉政文化的特点并遵循其建设、发展的规律。

### （一）文化：以文教化

文化是个外延极广的概念，据不完全统计，学界有关文化的定义不下数百个之多。现实生活中，各种文化现象也林林总总、不一而足，足以使人如坠烟海、眼花缭乱。在如此"雾里看花"的背景下，准确理解文化的内涵与核心，对于廉政文化建设具有极为重要的意义。

尽管对文化的理解各有侧重，但其最基本的含义却顾名思义，即通过"文"，而非"武（力）"的方式使之发生改变。正如西汉刘向所说："凡武之兴，为不服也，文化不改，然后加诛"（指武篇）①，亦如西晋束皙所言："文化内辑，武功外悠。"② 因而，文化的功能，可以一言蔽之———以"随风潜入夜，润物细无声"的方式，在无声无臭、不知不觉中，通过影响人的思维方式而改变的人的行为方式。

---

① 王锳：《说苑全译》，贵州人民出版社1994年版，第58页。
② 田广林：《中国传统文化概论》，高等教育出版社1999年版，第9页。

### （二）廉政文化：一个核心、三个层面

党的文献首提"廉洁文化"概念以来，"廉洁文化"、"廉政文化"概念虽然频繁见诸各种媒体，但因受国内外"泛文化"思潮影响，人们在论及文化时，往往过多把注意力放在"制度"和"实物"层面，有意无意间忽略了其"精神"层面，特别是其核心——价值观。

因而，廉政文化建设中，一些机关和部门，要么仅仅局限于制定各种勤政、廉政制度，要么仍然停留在组织几个笔杆子或专家策划几句口号、设计若干标识、展出一些图片、雕塑、几尊塑像等看得见、摸得着的层面。这反映出人们对廉政文化的认识既相当片面——有意无意忽略其"精神"方面，同时也相当肤浅——很少触及其核心：廉政价值观。

有鉴于此，笔者以为，廉政文化建设既不能忽略"实物"建设，也不能撇开"制度"设计，更不能忽略廉政文化"精神"和廉政价值观的宣传教育。

### （三）廉政文化建设：廉政教育生活化

在"如何建设（廉政文化）"问题上，人们也存在诸多认识误区。因而，实际操作过程中，诸多不当的行为也随处可见。结果，不但没有达到拒腐防变、勤政廉政的目标，反而是越防越腐，越反越贪，最终不但劳民伤财、事与愿违，而且既败坏了廉政文化的声誉，也打击了人们反腐防变的信心，挫伤了进行廉政文化建设的积极性。

有鉴于此，笔者以为：既然新形势下，腐败在一定范围内和一定程度上呈民俗化倾向，具有形成"腐败亚文化"的趋势，且已在部分人群中渐呈生活方式化，那么，反腐和加强廉政文化建设的根本之道，便不能只停留在"实物"和"制度"层面，必须特别强调廉政文化"精神"和廉政价值观的宣传教育。

值得特别注意的是，在"腐败亚文化"影响日盛，腐败在一部分人群中渐呈民俗化、生活方式化的背景下，加强廉政文化的"精神"层面建设和进行廉政价值观教育，也不能仅仅停留在宣传教育的层面，而必须与民俗化、生活方式化的"腐败亚文化""背道而驰"、"反其道而行之"——把廉政文

化精神和价值观教育生活化,让廉政生活方式化。

何以必须如此?让我们重温陶行知先生的话,作为答案,也作为本文的结语:

"生活教育是生活所原有,生活所需自营,生活所必需的教育。教育的根本意义是生活之变化。生活无时不变,即生活无时不含有教育的意义。……过什么样的生活,便是受什么样的教育;过好的生活,便是受好的教育;过坏的生活,便是受坏的教育;过有目的的生活,便是受有目的的教育;过糊里糊涂的生活,便是受糊里糊涂的教育;过有组织的生活,便是受有组织的教育;过一盘散沙的生活,便是受一盘散沙的教育;过有计划的生活,便是受有计划的教育;过乱七八糟的生活,便是受乱七八糟的教育。"[1]

(此文载于《学术论坛》2013年第10期)

---

[1] 董宝良:《陶行知教育论著选》,人民教育出版社1991年版,第390页。

# 人民性：中国共产党廉政思想的根本特征和价值考量*

秦正为

**摘　要**：胡锦涛总书记在十八大报告中指出："反对腐败、建设廉洁政治，是党一贯坚持的鲜明政治立场，是人民关注的重大政治问题。这个问题解决不好，就会对党造成致命伤害，甚至亡党亡国。"这是对其在 2011 年初的中纪委全会上提出要在反腐倡廉中深入贯彻"以人为本、执政为民"理念的再次强调，充分凸显了中国共产党廉政建设的人民性特征。中国共产党廉政思想的人民性特征是历史形成的。党的性质和宗旨决定了人民性是廉政思想的根本特征，也是其价值考量。坚持人民性为根本特征和价值考量的基本经验和现实启示在于：为了人民，必须坚持人民利益至上，务求从严治党；依靠人民，必须坚持廉政综合建设，不搞群众运动；取信于民，必须坚持实实在在反腐，以廉政保民生。

胡锦涛总书记在十八大报告中指出："反对腐败、建设廉洁政治，是党一贯坚持的鲜明政治立场，是人民关注的重大政治问题。这个问题解决不好，就会对党造成致命伤害，甚至亡党亡国。"① 这是对其在 2011 年初的中纪委全会上提出要在反腐倡廉中深入贯彻"以人为本、执政为民"理念的再次强调，

---

\* 基金项目：教育部社科基金青年项目（11YJC710042）、山东省人文社科强化建设基地项目（MJDXK0103）阶段性成果。

① 《中国共产党第十八次全国代表大会文件汇编》，人民出版社 2012 年版，第 50 页。

充分凸显了中国共产党廉政建设的人民性特征。新一代领导集体继续坚持这一理念,习近平总书记在十八大后多次强调,"反腐败斗争形势依然严峻,人民群众还有许多不满意的地方";"如果不坚决纠正不良风气,任其发展下去,就会像一座无形的墙把我们党和人民群众隔开,我们党就会失去根基、失去血脉、失去力量";"要以踏石留印、抓铁有痕的劲头抓下去,善始善终、善做善成,防止虎头蛇尾,让全党全体人民来监督,让人民群众不断看到实实在在的成效和变化";"要坚持'老虎'、'苍蝇'一起打,既坚决查处领导干部违纪违法案件,又切实解决发生在群众身边的不正之风和腐败问题";"任何人都没有法律之外的绝对权力,任何人行使权力都必须为人民服务、对人民负责并自觉接受人民监督"。[①] 全心全意为人民服务,是中国共产党的宗旨,也是中国共产党一切革命和建设工作的根本准则。因此,中国共产党的廉政建设必须始终遵循人民利益至上的原则,而任何腐败现象也必定是违背和损害了人民利益的。由此,人民性,不仅是中国共产党廉政思想的根本特征,也是这一思想的价值考量和评判标准。中国共产党廉政思想的人民性特征是历史形成的,党的历代领导集体在坚持廉政建设人民性特征的进程中不仅积累了一些基本经验,也给继续加强廉政建设以极其重要的现实启示意义。

## 一、中国共产党廉政思想人民性特征的历史生成和发展演进

中国共产党廉政思想的人民性特征,是中国共产党与生俱来的根本特征,也是在中国共产党发展历程中逐渐发展成熟并固定下来的根本准则。

以毛泽东为代表的第一代领导集体确立了廉政建设的人民性特征。中国共产党从一成立就宣布代表"劳动阶级"的利益,这就首先确立了党的建设的基本前提和基本原则。此后,毛泽东将其更加明确地概括为"全心全意为人民服务",并将其作为反对腐败的基本准则。根据土地革命的经验,毛泽东总结指出:"县政治必须农民起来才能澄清,……在土豪劣绅霸占权力的县,

---

[①] 习近平:《更加科学有效地防治腐败 坚定不移把反腐倡廉建设引向深入》,载《人民日报》,2013年1月23日。

无论什么人去做事，几乎都是贪官污吏。在农民已经起来的县，无论什么人去，都是廉洁政府。"① 这充分说明了人民群众在反对腐败政府、建设廉洁政府中的决定性作用。抗日战争时期，毛泽东在六届六中全会上的政治报告中说："共产党员在政府工作中，应该是十分廉洁……应该是民众的朋友，而不是民众的上司，是诲人不倦的教师，而不是官僚主义的政客。共产党员无论何时何地都不应以个人利益放在第一位，而应以个人利益服从于民族的和人民群众的利益。"② 解放战争时期，针对蒋介石国民党政权"假公济私"聚敛财富而致人民于"水深火热"之中的腐败现象，毛泽东提出了"废除蒋介石统治的腐败制度，肃清贪官污吏，建立廉洁政治"③ 的基本政策。在此前后，各解放区都制订了惩治贪污条例，规定了各种贪污罪行和对贪污罪的惩治办法。1945年7月针对黄炎培提出的"兴勃亡忽"周期律的问题，毛泽东回答道："我们已经找到新路，我们能跳出这周期率。这条新路，就是民主。只有让人民来监督政府，政府才不敢松懈。只有人人起来负责，才不会人亡政息。"④ 为此，毛泽东在七届二中全会上提出"两个务必"的著名思想。在进北平前夕，毛泽东继续告诫：我们共产党人进北平，不要以功臣自居，不要搞腐化，不许讲享乐，要坚持继续革命；进京赶考要争取"及格"，不要做李自成。建国后，面对不断滋生的腐败现象，毛泽东始终高度警惕、坚决打击，并将其与群众运动相结合。1952年1月4日毛泽东亲笔修改的《人民日报》社论指出："必须立即在全国范围内……充分发动群众，把反对贪污、反对浪费、反对官僚主义的斗争，形成一个广泛的群众运动，如同镇压反革命的运动一样，大张旗鼓地雷厉风行地坚决进行到底。"否则"就有亡党、亡国、亡身的危险。"⑤ 为此，即使对于刘青山、张子善等有功的高级干部也严惩不贷，从而保证了中国较长时间的廉洁局面。即使"文革"时期，毛泽东也高度重视反腐问题，提醒全党拒腐防变，并提出了一些防范和克服的具体措施。综

---

① 《毛泽东选集》第1卷，人民出版社1991年版，第29页。
② 《毛泽东选集》第2卷，人民出版社1991年版，第522页。
③ 《毛泽东选集》第4卷，人民出版社1991年版，第1238页。
④ 薄一波：《若干重大决策与事件的回顾》（上卷），中共中央党校出版社1991年版，第156—157页。
⑤ 《毛泽东新闻工作文选》，新华出版社1983年版，第415—419页。

而言之，毛泽东的反腐思想始终是站在人民利益的高度，并且与群众运动紧密相连的。

以邓小平为代表的第二代领导集体坚持了廉政建设的人民性特征。作为纵跨两代领导集体的邓小平继续坚持和发展了"为人民服务"的思想，在改革开放的新时期明确指出：人民满意不满意、人民高兴不高兴、人民赞成不赞成，应当成为检验我们一切工作的标准。早在1956年，邓小平就指出，一些人"把党和人民的关系颠倒过来，完全不是为人民服务，而是在人民中间滥用权力，做种种违法乱纪的坏事"①，这种情况既是腐败的具体表现，也是腐败的重要原因。为此，必须"要有群众监督制度，让群众和党员监督干部，特别是领导干部。凡是搞特权、特殊化，经过批评教育而又不改的，人民就有权依法进行检举、控告、弹劾、撤换、罢免，要求他们在经济上退赔，并使他们受到法律、纪律处分"，并提出"最重要的是要有专门的机构进行铁面无私的监督检查"②。在此基础上，邓小平强调，抓反腐败要干实事、出实效。要从具体事件抓起，"要扎扎实实做几件事情，体现出我们是真正反对腐败，不是假的。"③ 解决群众关心的热点问题，做几件使人民满意高兴的事情，取信于民，一是要紧抓不放，透明度要高，处理不能迟；一是要狠抓要点，特别是高干子弟、高级干部和名人犯罪。而这两点都离不开群众的监督和举报，为此必须广泛地发动群众。尽管如此，邓小平并不主张在党风廉政建设上搞群众运动，这也邓小平很重要的一个思想取向。他多次谈到我们党在社会主义时期搞过多次运动，使我们付出了沉重的代价。在新时期的党风廉政建设实践中，要接受过去的教训，不能搞运动，搞运动容易冲击经济建设中心，容易犯简单化、扩大化的"左"的错误。中国发展的条件，关键是要政局稳定。为此，邓小平指出，反腐倡廉建设的根本途径在于依靠法制，必须"从改革制度着手"，"认真建立社会主义的民主制度和社会主义法制。只有这样，才能解决问题"④。因为，社会主义的民主和法制，不但可以解决"人治"问

---

① 《邓小平文选》第1卷，人民出版社1993年版，第222页。
② 《邓小平文选》第2卷，人民出版社1994年版，第332页。
③ 《邓小平文选》第3卷，人民出版社1993年版，第297页。
④ 《邓小平文选》第2卷，人民出版社1994年版，第348页。

题、实现民主，而且可以使更多的人懂得法律、遵守法律和维护法律，更重要的是能够体现人民的意志、维护人民的利益。

以江泽民为代表的第三代领导集体发展了廉政建设的人民性特征。世纪之交，国内外形势的变化给党的建设带来了新的挑战。东欧剧变的一个重要原因就是党的自身的腐败，日本自民党、印度国大党、墨西哥革命制度党和印尼专业集团等大党老党的衰落失政也是源于腐败，"建设什么样的党、怎样建设党"成为一个严峻的时代课题。正是在此背景下，江泽民提出了"三个代表"重要思想和党的建设新的伟大工程的任务，而"代表最广大人民的根本利益"和提高拒腐防变的能力则成为新阶段反腐倡廉的重要指针。江泽民指出："我们党来自人民，植根于人民，服务于人民。建设有中国特色社会主义全部工作的出发点和落脚点，就是全心全意为人民谋利益。共产党员要倾听群众呼声，关心群众疾苦，为群众办实事、办好事。"① 要"实现好、维护好、发展好人民的利益，任何脱离群众、任何违反群众意愿和危害群众利益的行为都是不允许的"。② 正因如此，加强和改进党的作风建设，核心问题是保持党和人民群众的血肉联系。而任何腐败现象，都是损害人民利益和破坏党群血肉联系的行为。正是从这一角度，江泽民分析了腐败的成因，指出许多消极腐败现象，都是因私利而起，把"党和人民的利益、国家的利益抛在脑后"③，甚至把人民赋予的职权看成所谓的"既得利益"。正因如此，江泽民多次严厉指出："腐败现象是侵入党和国家机关健康肌体的病毒。如果我们掉以轻心，任其泛滥，就会葬送我们的党，葬送我们的人民政权，葬送我们的社会主义现代化大业。"④ "如果腐败得不到有效惩治，党就会丧失人民群众的信任和支持。"⑤ "不坚决惩治腐败，党同人民群众的血肉联系就会受到严重损害，党的执政地位就有丧失的危险，党就有可能走向自我毁灭。"⑥ 为了有效地防止和惩治腐败，也必须"从群众反映强烈的问题入手"，在全党共

---

① 《江泽民文选》第 2 卷，人民出版社 2006 年版，第 45 页。
② 《江泽民文选》第 3 卷，人民出版社 2006 年版，第 3 页。
③ 《江泽民文选》第 3 卷，人民出版社 2006 年版，第 182 页。
④ 《江泽民文选》第 1 卷，人民出版社 2006 年版，第 319 页。
⑤ 《江泽民文选》第 2 卷，人民出版社 2006 年版，第 46 页。
⑥ 《江泽民文选》第 3 卷，人民出版社 2006 年版，第 573 页。

同努力和人民群众大力支持下，推进反腐倡廉工作。坚持从严治党，诚心诚意为人民谋利益，吃苦在前，享受在后，克己奉公，多作贡献。要把群众公认是坚决执行党的路线、实绩突出、清正廉洁的干部及时选拔到领导岗位上来。坚持人民监督，"继续加强社会主义民主政治建设和法制建设，继续完善政务公开、厂务公开、村务公开、民主评议、质询听证等民主形式，使人民群众在民主选举、民主决策、民主管理、民主监督中发挥更加积极的作用，保证权力的正确行使。"① 由此可见，江泽民始终把维护人民的根本利益、保持与人民的血肉联系作为反腐倡廉的核心问题。

以胡锦涛为代表的新一代领导集体丰富了廉政建设的人民性特征。新世纪以来，改革开放进入一个新阶段，反腐倡廉的任务也更加艰巨。党的十六大刚刚结束，胡锦涛就带领中央书记处的同志到西柏坡学习，要求全党牢记毛泽东同志提出的"两个务必"，发扬求真务实的作风，做到权为民所用、情为民所系、利为民所谋。此后，胡锦涛一再强调，全党同志要真正做到为民、务实、清廉。在党的十七大报告中，胡锦涛指出：坚决惩治和有效预防腐败，必须"坚持全心全意为人民服务，坚持群众路线，真诚倾听群众呼声，真实反映群众愿望，真情关心群众疾苦，多为群众办好事、办实事，做到权为民所用、情为民所系、利为民所谋"②。形势在发展，实践在深入，胡锦涛反腐倡廉的思想也在不断发展。胡锦涛不仅在中央纪委全会上一直坚持发表重要讲话，也在许多场合适时及时地谈论反腐倡廉问题。这些讲话和谈话，无时无刻不体现出极强的人民性特征。如在反腐倡廉指针上，要心系群众、服务人民，牢固树立马克思主义的群众观点，始终坚持党的群众路线，时刻摆正自己和人民群众的位置，在思想感情上贴近人民群众，下大气力解决好群众反映强烈的突出问题，下大气力做好关心困难群众生产生活的工作，多办顺应民意、化解民忧、为民谋利的实事。如在反腐倡廉重点上，要以人民利益为重，"切实解决群众反映强烈的突出问题，坚决维护群众切身利益"③，坚

---

① 《江泽民文选》第3卷，人民出版社2006年版，第187页。
② 《中国共产党第十七次全国代表大会文件汇编》，人民出版社2007年版，第53页。
③ 胡锦涛：《加强领导干部党性修养弘扬良好作风 继续推进党风廉政建设和反腐败斗争》，《人民日报》，2009年1月14日。

持以人为本，坚持问政于民、问需于民、问计于民，努力把为群众排忧解难的工作落到实处。如在反腐倡廉措施上，坚持标本兼治、综合治理、惩防并举、注重预防，加强以保持党同人民群众血肉联系为重点的作风建设，加强以完善惩治和预防腐败体系为重点的反腐倡廉建设。2011年1月10日，胡锦涛在十七届中央纪委六次全会上发表重要讲话，明确提出党风廉政建设和反腐败斗争要深入贯彻"以人为本、执政为民理念"。胡锦涛指出：要"把实现好、维护好、发展好最广大人民根本利益作为一切工作的出发点和落脚点，认真解决损害群众利益的突出问题和反腐倡廉建设中群众反映强烈的突出问题，切实维护社会公平正义；大力加强干部队伍作风建设，保持党同人民群众的血肉联系；紧紧依靠人民群众支持和参与，充分发挥人民群众在党风廉政建设和反腐败斗争中的积极作用；坚决反对腐败、严厉惩治腐败分子，以党风廉政建设和反腐败斗争的实际成效取信于民"。[①] 并从六个方面作出了具体的指示和安排。胡锦涛"以人为本、执政为民"廉政建设理念的提出，更加凸显和紧扣了这一问题的人民性特征。

## 二、人民性是中国共产党廉政思想的根本特征和价值考量

人民性，不仅是中国共产党廉政思想的根本特征，而且是中国共产党廉政建设的价值考量和评判标准。这是由中国共产党的性质和根本宗旨决定的，是中国共产党自身建设的应有之义和具体体现。

党的性质和宗旨决定了人民性是中国共产党廉政思想的根本特征。中国共产党是中国工人阶级的先锋队，同时也是中国人民和中华民族的先锋队。党的性质决定了党源于人民，代表人民。党的宗旨是全心全意为人民服务，这就决定了党的所有工作必须一切从人民出发，以人民的利益为最高利益，而没自己任何的私利。对此，毛泽东多次强调：共产党和革命队伍"完全是为着解放人民的，是彻底地为人民的利益工作的"[②]。"我们共产党人区别于

---

① 胡锦涛：《深入贯彻落实以人为本执政为民理念 扎实开展党风廉政建设和反腐败斗争》，《人民日报》，2011年1月11日。

② 《毛泽东选集》第3卷，人民出版社1991年版，第1004页。

其他任何政党的又一个显著的标志，就是和最广大的人民群众取得最密切的联系。全心全意为人民服务，一刻也不脱离群众；一切从人民的利益出发，而不是从个人或小集团的利益出发，这些就是我们的出发点。"① 正是从这一高度出发，毛泽东在处理中共反腐历史上枪毙的第一个贪官谢步升时曾经斩钉截铁说道："腐败不清除，苏维埃旗帜就打不下去，共产党就会失去威望和民心！与贪污腐化作斗争，是我们共产党人的天职，谁也阻挡不了！"② 邓小平有句名言："我是中国人民的儿子，我深深地爱着我的祖国和人民。"正因如此，作为"改革开放的总设计师"，邓小平总是考虑"人民的生活"、"人民的利益"、"人民的意愿"等等。他指出："公民在法律和制度面前人人平等，党员在党章和党纪面前人人平等。人人有依法规定的平等权利和义务，谁也不能占便宜，谁也不能犯法。……只有真正坚决地做到了这些，才能彻底解决搞特权和违法乱纪的问题。"③ 这充分说明，新时期的腐败现象都是违背了人民性这一根本特征的。"三个代表"重要思想是新形势下对党的性质和宗旨的凝炼和升华，而其核心更是对人民群众根本利益的关注和关怀。因为，先进生产力和先进文化中渗透着、体现着和服务于最广大人民群众的根本利益。所以，江泽民一直强调，为人民服务是共产党人不变的价值追求，"我们党的最大政治优势是密切联系群众，党执政后的最大危险是脱离群众。在任何时候任何情况下，都必须坚持党的群众路线，坚持全心全意为人民服务的宗旨，把实现人民群众的利益作为一切工作的出发点和归宿。"④ 面对新形势新变化，胡锦涛在十七大报告中重申："中国共产党的性质和宗旨，决定了党同各种消极腐败现象是水火不容的。坚决惩治和有效预防腐败，关系人心向背和党的生死存亡，是党必须始终抓好的重大政治任务。"⑤ 由此观之，中国共产党廉政思想尽管还有其他特征，但人民性是其根本特征，是贯穿整个反腐倡廉建设的主线。

---

① 《毛泽东选集》第3卷，人民出版社1991年版，第1094—1095页。
② 转引自孙艳敏：《中华苏维埃查处的第一起腐败案件》，《检察日报》，2003年7月8日。
③ 《邓小平文选》第2卷，人民出版社1994年版，第332页。
④ 《江泽民文选》第3卷，人民出版社2006年版，第572页。
⑤ 《中国共产党第十七次全国代表大会文件汇编》，人民出版社2007年版，第53页。

党的性质和宗旨决定了人民性是中国共产党廉政思想的价值考量。既然党的性质和宗旨决定了人民的利益至高无上，那么党的一切工作包括廉政建设的价值考量和评判标准也应该是人民利益。毛泽东曾经告诫全党："应该使每个同志明了，共产党人的一切言论行动，必须以合乎最广大人民群众的最大利益，为最广大人民群众拥护为最高标准。"① 他还说："我们的责任是向人民负责。每句话、每个行动，每项政策，都要符合人民的利益。"② 邓小平也提出："一切以人民利益作为每一个党员的最高准绳。"③ 并坚持把"人民拥护不拥护"、"人民赞成不赞成"、"人民高兴不高兴"、"人民答应不答应"作为制定各项方针政策的出发点和检验改革开放的实践的标准。他指出，如果哪个党组织违背了党的宗旨，严重脱离群众而又不能坚决改正，就一定会被人民抛弃。面对世纪之交国内外新形势的变化，江泽民仍然强调："我们党始终坚持人民的利益高于一切。……党的一切工作，必须以最广大人民的根本利益为最高标准。"④ "人民，只有人民，才是我们工作价值的最高裁决者。"⑤ 1998年12月18日，江泽民在总结二十年来党的主要历史经验时指出："人民是我们国家的主人，是决定我国前途命运的根本力量。党的全部任务和责任，就是为人民谋利益，团结和带领人民群众为实现自己的根本利益而奋斗。在任何时候任何情况下，党的一切工作和方针政策，都要以是否符合最广大人民群众的利益为最高衡量标准。这是我们观察和处理问题的一个根本原则。"⑥ 正是从这样的高度判断，始终代表中国最广大人民的根本利益，是"三个代表"重要思想的基本内容，也是新形势下反腐倡廉的标准反映。对此，江泽民在党的十六大报告中严峻指出："不坚决惩治腐败，党同人民群众的血肉联系就会受到严重损害，党的执政地位就有丧失的危险，党就有可能走向自我毁灭。"⑦ 胡锦涛也指出："建设中国特色社会主义的根本目的是

---

① 《毛泽东选集》第3卷，人民出版社1991年版，第1096页。
② 《毛泽东选集》第4卷，人民出版社1991年版，第1128页。
③ 《邓小平文选》第1卷，人民出版社1993年版，第257页。
④ 《江泽民文选》第3卷，人民出版社2006年版，第280页。
⑤ 江泽民：《论党的建设》，中央文献出版社2002年版，第181页。
⑥ 《江泽民文选》第2卷，人民出版社2006年版，第262页。
⑦ 《江泽民文选》第3卷，人民出版社2006年版，第573页。

不断实现好、维护好、发展好最广大人民的根本利益，党的理论、路线、纲领、方针、政策和工作必须以符合最广大人民的根本利益为最高衡量标准。"①正因如此，以人为本、执政为民，是中国共产党新时期新阶段更加明确的执政理念，也是反腐倡廉的根本要求。2006年10月22日，胡锦涛在国际反贪局联合会第一次年会上向世界宣布：反对腐败是关系国家发展全局、关系最广大人民根本利益、关系社会公平正义和社会和谐稳定的重大问题和紧迫任务。今后，中国政府将继续旗帜鲜明，毫不动摇地开展反腐败斗争，以实现好、维护好、发展好最广大人民的根本利益。在十七届中央纪委六次会议上，胡锦涛更加明确地提出在党风廉政建设和反腐败斗争中要深入贯彻以"人为本执政为民"理念，强调"全党同志必须坚持全心全意为人民服务，做到权为民所用、情为民所系、利为民所谋，使我们的工作获得最广泛、最可靠、最牢固的群众基础和力量源泉，使我们的事业经得起任何风浪、任何风险的考验"②。由此可见，党的历代领导集体都把"人民利益"和"民心向背"作为反对腐败的衡量标准，并且将其放到了关系"失败"、"垮台"和"生死存亡"的高度，始终将其作为"第一重要问题"、"大事"和"重大政治任务"来抓。

## 三、中国共产党廉政建设坚持人民性的基本经验和现实启示

人民性是中国共产党廉政思想的根本特征和价值考量，是由党的性质和宗旨决定的，也是党的廉政建设的基本经验总结。历史证明，当紧紧抓住和牢固坚持这一根本特征和考量标准时，反腐倡廉工作就取得重大成效，当有所忽视和落实不到位时，工作就会受到影响乃至出现偏差。对于这些经验和教训，必须深入加以总结，并望对现实和未来有所启示。

---

① 胡锦涛：《在"三个代表"重要思想理论研讨会上的讲话》（2003年7月1日），人民出版社2003年版，第8—9页。

② 胡锦涛：《深入贯彻落实以人为本执政为民理念 扎实开展党风廉政建设和反腐败斗争》，《人民日报》，2011年1月11日。

第一，为了人民，必须坚持人民利益至上，务求从严治党。党是人民的先锋队，党具有无比的先进性和纯洁性。因而，腐败现象既是对党的性质的根本颠覆，也是对党的宗旨的根本背离，更是对人民利益的根本侵犯。而在中国，谁有资格犯大错误？就是中国共产党。"中国要出问题，还是出在共产党内部。"① 这是邓小平，包括此前的毛泽东和此后的江泽民、胡锦涛等历代领导人的共同认识。正因如此，反腐必先治党，治党务必从严。从严治党，是保持党的先进性和纯洁性、增强党的凝聚力和战斗力的重要保证，更是保持党的性质和宗旨、对人民高度负责的根本体现。在对腐败分子的处理问题上，毛泽东历来主张要严厉。正是毛泽东的严厉惩贪，才保证了中国革命的胜利、新生政权的稳固和较为长期的清廉局面。从严治党，更是中国共产党适应长期执政、改革开放和发展社会主义市场经济的新情况新问题而提出的加强党的建设的基本方针和根本要求。改革开放后的几代领导人，也都是主张严厉反对腐败的。邓小平多次讲："现在刹这个风，一定要从快从严从重。……对有一些情节特别严重的犯罪分子，必须给以最严厉的法律制裁。"② "要多杀几个，这才能真正表现我们的决心。"③ 江泽民指出，我们在反腐败问题上的态度是：坚定不移，坚持不懈，绝不姑息，绝不手软。胡锦涛也多次指出：对腐败分子，发现一个就要坚决查处一个，绝不能姑息，绝不能手软。正因如此，近些年来，一大批大案要案得到查处，一大批高官纷纷落马，中国反腐的决心和表现正引起国内外的关注和瞩目。

第二，依靠人民，必须坚持廉政综合建设，不搞群众运动。群众的眼睛是雪亮的，任何腐败现象都不能逃脱群众的监督和检举。因此，在反对腐败问题上，坚持依靠群众是一条基本的原则。毛泽东曾经指出，只有实行民主，让人民监督政府，才不会人亡政息。邓小平也指出：廉政建设"还是要靠法制，搞法制靠得住些。"④ 在庆祝建党八十周年大会上，江泽民指出："我们手中的权力都是人民赋予的，各级干部都是人民的公仆，必须受到人民和法

---

① 《邓小平文选》第 3 卷，人民出版社 1993 年版，第 380 页。
② 《邓小平文选》第 2 卷，人民出版社 1994 年版，第 403 页。
③ 《邓小平文选》第 3 卷，人民出版社 1993 年版，第 153 页。
④ 《邓小平文选》第 3 卷，人民出版社 1993 年版，第 379 页。

律的监督。"① 这充分说明人民群众是反腐的决定性力量。只有充分发动群众，调动群众的积极性，营造全民反腐的巨大声势和浓厚氛围，才能扭转至今仍然存在的"上级监督太远、下级监督太险、同级监督太难、纪委监督太软、组织监督太短、法律监督太晚"等尴尬局面。但是，必须注意的是，充分发动群众并不等于搞群众运动。对此，邓小平多次谈到：过去的经验教训证明不能搞群众运动；搞运动影响安定团结，干扰经济建设；反腐斗争是长期的，不可能搞运动，只能靠说服教育和必要的行政、法律手段；不搞群众运动，不等于政治工作没有方向，也不是不要声势。正因如此，改革开放以后，党的反腐战略改变了过去主要依靠整风和政治运动反腐的方式，转为主要是"两手抓"，即一手抓思想政治教育，一手抓腐败分子的惩治工作。1993 年特别是 1997 年党的十五大后，党的反腐败战略进一步演进为"三管齐下"的战略，即思想政治教育、查处腐败大案要案、加强制度建设从源头上预防和治理腐败，其中最后一项工作被提到了治本的高度来认识，治本工作的力度不断加大。2010 年 1 月 12 日，胡锦涛总书记在十七届中央纪委五次全会上发表重要讲话时，强调要逐步建成内容科学、程序严密、配套完备、有效管用的反腐倡廉制度体系。这种与社会主义市场经济体制相适应的教育、制度、监督并重的全面协调的惩治和预防腐败体系（"三位一体"的反腐体系），说明中国反腐在取得重大成绩的同时，也正逐渐走向更加科学的轨道。

第三，取信于民，必须坚持实实在在反腐，以廉政保民生。腐败是对人民利益的侵犯，因而坚决反对腐败是取信于民的最基本的手段和表现。毛泽东在其 19 岁写的《商鞅徙木立信论》中就指出，为政者要取信于民，而执政者的腐败失信是导致当时中国几乎"蹈于沦亡惨境"的深层原因。正是出于这种深层认识，毛泽东一直从"民心向背"的高度重视反腐、严厉惩腐。邓小平早就指出："经验尤其证明：谁关心人民的问题……保护人民利益，谁就是人民爱戴的领袖。"② 1989 年邓小平在总结出现政治动乱的教训时更加沉痛地指出："这次出现这样的乱子，其中一个原因，是由于腐败现象的滋生，使

---

① 《江泽民文选》第 3 卷，人民出版社 2006 年版，第 291 页。
② 《邓小平文选》第 1 卷，人民出版社 1993 年版，第 234—235 页。

一部分群众对党和政府丧失了信心。"① 要取信于人民，必须坚持从严治党、从严治政，毫不放松地抓好反腐倡廉工作。而只要"一手抓改革开放，一手抓惩治腐败，这两件事结合起来，对照起来，就可以使我们的政策更加明朗，更能获得人心。"② 对于邓小平的这一"政治嘱托"，新一代领导集体始终牢记并坚决贯彻执行。江泽民在十四大报告中强调："坚持反腐败斗争，是密切党同人民群众联系的重大问题。要充分认识这个斗争的紧迫性、长期性和艰巨性。在改革开放的整个过程中都要反腐败，把端正党风和加强廉政建设作为一件大事，下决心抓出成效，取信于民。"③ 在实践中，严格要求党员领导干部首先是高中级干部，要严以律己，以身作则，教育好子女，并且带头同腐败现象斗争。坚决查处一批大案要案，以反腐的决心取信于民。为此，胡锦涛也一直要求，各级领导干部要坚持权为民所用、情为民所系、利为民所谋，为群众诚心诚意办实事，尽心竭力解难事，坚持不懈做好事；抓紧解决反腐倡廉建设中人民群众反映强烈的突出问题，着力推进反腐倡廉制度建设；认真解决损害群众利益的问题，严肃查处严重侵害群众利益案件，促进社会和谐稳定；坚持标本兼治、综合治理、惩防并举、注重预防的方针，以党风廉政建设和反腐败斗争的新成效取信于民，为改革发展稳定提供坚强保证。为此，2011 年初胡锦涛在十七届中央纪委六次全会上从六个方面对在反腐倡廉中如何深入贯彻"以人为本、执政为民"作出了安排，这是科学发展、以改革成果惠及人民思想在反腐倡廉建设中的反映和体现。

（此文载于《扬州大学学报》2013 年第 5 期）

---

① 《邓小平文选》第 3 卷，人民出版社 1993 年版，第 300 页。
② 《邓小平文选》第 3 卷，人民出版社 1993 年版，第 314 页。
③ 《江泽民文选》第 1 卷，人民出版社 2006 年版，第 248—249 页。

# 社会道德价值导向与国民幸福的实现*

## ——不丹的社会管理模式及启示

### 黄富峰 王 坤

**摘 要**：不丹通过公正与和谐的社会道德价值观推动了政府善治、社会经济的公平发展、文化的传承与推广、环境的治理与保护，大幅度提升了国民幸福水平。因此，我们要重新思考和定位 GDP 和 GNH 的辩证关系，为社会道德价值导向的制定提供基础；充分发挥社会道德价值导向的重要作用，强化对各项政策和制度的道德设计和道德审查，为实现国民幸福提供制度保证；突出政府在社会道德建设中的重要作用，建立和维护国民追求和实现幸福的良好社会环境；以社会道德价值导向促进幸福观教育。

当下中国，社会道德底线不断被突破，幸福指数难以有效提升，道德与幸福的关系再次成为社会的焦点问题。道德与幸福的关系在中外伦理思想史上屡有争论，十分复杂。如西方的伊壁鸠鲁学派，认为幸福是道德的前提，把道德建立在幸福之上，斯多葛学派则认为，幸福是道德的成果，把德行看做幸福的根源，而康德则认为，道德与幸福在现实世界中无法实现必然的统一，否则就会造成理性的二律背反。中国的儒家虽然期望道德与幸福的一致性，但也不得不承认现实生活中道德与幸福的背离，"虽然儒家并不保证成就道德一定会得到物质幸福，但它却非常坚定地承认，成就道德一定可以得到

---

\* 基金项目：2010 年度教育部新世纪优秀人才支持计划（NCET-10-0921）。

黄富峰（1968— ），男，山东冠县人，聊城大学政治与公共管理学院教授，哲学博士。

道德幸福。"① 这些思考无疑对我们思考道德与幸福的关系问题提供了重要借鉴。道德作为一种实践理性，需要在社会实践中才有意义，幸福作为每个人的最高人生追求也要落到现实中。如果我们突破以个体为基点的思维模式，将道德与幸福的关系放在整体的社会发展过程中，就会发现社会道德价值导向能够促进国民幸福的实现。在此方面，我国南亚近邻不丹国的社会管理模式为我们提供了诸多有价值的启示。

## 一、不丹的道德与幸福

2011年7月《中国国家地理》的特别策划"我们的邻居不丹：人人觉得很幸福"指出：我们的邻国不丹，这个只有70万人口的农业国，2006年之后引起了世人的广泛关注——因为它被评为全世界"幸福指数最高的国家"之一：幸福指数亚洲排名第一，世界排名第十三。不丹之所以成为全世界"幸福指数最高的国家"之一，根本原因在于其追求国民幸福总值的治国理念。1972年7月，吉梅尔·辛格·旺楚克接替父亲成为不丹的第四位国王，在其执政期间（2006年12月将王位传给儿子吉格梅·凯萨尔·那姆耶尔·旺楚克），提出国家政策应该关注人的内心幸福，并应以实现国民幸福为根本目标，用国民幸福总值GNH（Gross National Happiness）作为衡量国家发展的标准。尽管国民幸福总值可以分解为一系列具体指标（包括9大领域、72个量化指标），但其核心要素不外乎四大方面，即政府善治、经济的公平发展、文化传承与推广、环境治理与保护。在以上四个核心要素中，处处体现了公正与和谐的社会道德价值导向，它引导着不丹政府和人民超越GDP崇拜，极大提升了国民幸福指数，国民达到了一种高度幸福的生活状态。

（一）以公正与和谐的社会道德价值观推动政府善治

吉梅尔·辛格·旺楚克认为，政府的根本理念不应片面追求GDP（国民生产总值）的增长，更应关注GNH（国民幸福总值）的增加，应在国民物质生活和精神生活的平衡中实现国民的幸福，将国民的幸福作为执政的根本目

---

① 杨泽波：《从德福关系看儒家的人文特质》，载《中国社会科学》，2010年第4期。

标。为此，政府要提供好的制度、政策来保证国民的幸福，用好的行为支持国民追求幸福。例如，不丹本是一个世袭君主制国家，但新老国王却主动放弃自己的王权，积极推进不丹的君主立宪和民主进程，将国民的需要放在第一位，顺应了国际发展潮流。2008年不丹人民迎来了国家的首次选举，年轻的国王吉格梅·凯萨尔·那姆耶尔·旺楚克说，"这是一个让我有极大满足感的时刻。作为儿子，我很感激能通过成功的民主变革为父亲服务。作为国王，我为我们的人民感到骄傲。不丹人民建设了一个强大而独具特色的国家，我们现在将开始不丹的民主之路。"[1] 不丹的民主化进程保证了人民的权力，提供了平等和谐的政治环境，为制定和实施公正、透明的政策和制度提供了必备条件。在各项政策和制度的制定和实施过程中，以国民幸福总值的增加为核心，将国民的幸福当做目的而不是将物质财富的增加当做目的，体现了对人的关注，它引导和保障国民在在物质生活和精神生活的和谐中寻求生命的意义，增进了人们的幸福感。

### （二）以公正与和谐的道德价值观推动社会经济的公平发展

平等是实现社会公正的基础，不丹的民主化进程促进了社会各阶层的平等。在具体的社会发展领域，也处处体现了平等的思想，如不丹政府对教育的投入非常大，无论城市还是农村从幼儿园到十年级的学生都能享受到真正免费的教育，农村和城市学校的办学条件没有差别，平等的教育成为营造和谐社会的重要手段。再有，不丹九成以上的人口都可享受到基础的医疗设施服务，免除了国民健康方面的后顾之忧。"强调平等与平衡，让不丹人对自己的国家充满自信，而不是像其他贫穷邻国，国民自卑地视自己的文化为落后象征。这里没有精品 LV、没有劳斯莱斯，没有炫耀财富的现象，国王皇宫普通得甚至比许多民宅还小！正因为社会和谐，不丹人民才充满自信和希望，99%的留学生学成后，都会选择回母国。"[2] 平等促进了和谐，在平等与和谐中人与人之间减少了攀比，明白了真正的需求，避免了由于炫耀而产生的过度消费，促进了社会经济的可持续发展。

---

[1] 谢来：《新老国王引导不丹走向民主》，载《南方人物周刊》，2008年11月。
[2] 伊夫：《不丹保守幸福》，载《森林与人类》，2009年第12期。

## (三) 以公正与和谐的社会道德价值观传承与推广文化

不丹是个宗教国家，国民信仰藏传佛教噶举派，国民在长期佛教教义的熏陶下，安于简单和简朴，形成了宽厚待人、与世无争的和谐思想与和谐生活方式。政府结合佛教信仰所提倡的幸福观就比较容易为国民所接受，而不是强制推行政府制定的幸福标准。"'不丹化'的一个重要前提是包括国王在内的举国信仰体系。在这个充满了藏传佛教气息的国度，人们心态平和，宁静守笃，视心灵幸福的价值远高于物质欲望的满足。"① 宗教构成了文化遗产的主要内容，不丹通过文学、艺术、建筑、服饰、礼仪等体现出和谐公正的道德价值观，以此使人们获得心灵上的满足和快乐。例如，不丹人男子的传统服装是宽衣肥袖，一种叫做"帼"的传统长袍，女子则穿齐脚踝的"基拉"裙，传统服装的设计体现了他们崇尚悠闲的生活态度。以公正与和谐的道德价值观为核心的传统文化的传承与推广，密切了人与人之间的联系，使人们找到了共同的精神家园，感受到了幸福。

## (四) 以公正与和谐的社会道德价值观进行环境治理与保护

不丹将环境保护的重要性置于经济发展之上，环境治理成为不丹政府和国民关注的大事。为此，在2004年，联合国将首届"地球卫士"奖授予了不丹国王和人民，以表彰不丹为地球环境的改善所作出的卓越贡献。环境保护不仅关系到人与自然的和谐相处，更关系到代际公正，人与自然的和谐促进了人的心灵的和谐，代际公正则使人们在享受现实的福利时不以消耗子孙后代的资源为代价。例如，不丹政府宁肯少赚旅游业外汇，也要保护良好的生态环境，规定每年只允许6000人进入不丹旅游，最近几年稍有增加但也不过10000人，且政府还要对游客征收每天200美元的人头税，保持了不丹所特有的山青水碧、蓝天绿地、

空气清新的优美环境。不丹人知道，保护森林资源不仅对自身有好处，而且也有利于子孙后代，他们没有通过过度砍伐森林来发展经济，反而通过法律规定开采林木需要特别许可，建设所需林木更要经过严格审批。目前，

---

① 赵健伟：《"现代化"与"不丹化"》，载《教师博览》，2010年第1期。

不丹全国的森林覆盖率达72%，森林覆盖率居世界第一。

## 二、社会道德价值导向促进国民幸福

从不丹社会管理的模式可以看出，通过社会道德价值导向的设计和引导，能够促进社会管理和建设，大幅度提升国民幸福水平，即从社会整体发展来看，虽然道德不是幸福的根源（幸福的根源在于劳动与创造），但道德却能够为幸福提供必要保障。即使道德不能绝对地为每一个人的幸福提供担保，但它却能为绝大多数人的幸福提供有力保证。例如，2005年在不丹进行了历史上最深入的一次国民幸福指数调查，结果是51.6%的人感到非常幸福，45.2%的人感到幸福，只有3.2%的表示不幸福。① 因此，在社会实践中，我们只有将道德与幸福的关系放在整体的社会发展过程中才能认识道德与幸福关系的本质，把道德水平的提升与幸福感的提升统一起来。

（一）重新思考和定位 GDP 和 GNH 的辩证关系，为社会道德价值导向的制定提供基础

GDP 作为一定时期社会物质财富的总量，虽然反映了国民的富裕程度，但至少有两点需要思考。首先，GDP 增长的条件是什么，如果是在使用廉价劳动力、透支资源、破坏环境的基础上产生的 GDP，它的增长肯定不会带来国民的幸福；其次，GDP 增长之后用来做什么，是更多投入到民生工程还是用于面子工程，是惠及全体国民还是由于不合理的分配体制只使一部分人富起来，造成社会贫富差距的不断增大？而 GNH 作为一定时期国民幸福的总量，反映了国民物质和精神的均衡发展，在生活、身心健康、教育、生态环境、文化活力、时间使用和平衡、社会管理等方面均处于较高水平，绝大多数人感受到生活的快乐。由此看来，GDP 的增长应该是实现 GNH 的手段，GNH 的增加才是 GDP 增长的目的所在，既不能片面追求和崇拜 GDP 的增长，也不能忽略 GDP 的增长而专注 GNH 的增加。我国已经提出以科学发展观，大

---

① 王心阳、熊蕾：《不追求 GDP 的他们是给幸福下定义的人》，载《中国国家地理》，2011年第7期。

力调整经济结构和转变经济发展方式，提出了绿色 GDP、人文 GDP 等概念，努力推进社会管理创新、建立健全社会保障体系、大力发展文化事业等，正在为 GDP 增长和 GNH 增加作积极努力。亚里士多德认为，幸福是人生的最高目的："一切其他东西或是它（幸福）的必然附属品，或是为它的本性所需的有用的条件。"① 当国民的幸福成为国家追求的根本价值时，它就会反映到社会道德价值导向中来，成为社会道德价值导向的重要内容。

（二）在社会管理创新中，充分发挥社会道德价值导向的重要作用，强化对各项政策和制度进行道德设计和道德审查，为实现国民幸福提供制度保证

"我们必须按照以人为本、执政为民的要求，贯彻全心全意为人民服务的根本宗旨，坚持人民主体地位，把人民满意作为加强和创新社会管理的出发点和落脚点，把加强和创新社会管理同人民群众意愿和需要紧密结合起来，以人民群众利益为重、以人民群众期盼为念，充分尊重人、理解人、关心人，寓管理于服务之中，努力实现管理与服务的有机统一。"② 我国的社会管理正在实现由管理向服务的转变，在充分尊重人、理解人、关心人的基础上，将人民的满意作为出发点和落脚点，这意味着整个社会管理将更加关注人民幸福感的不断增加，将人民的幸福放在了首要位置。这不仅是一种社会管理理念的转向，而且也是一种社会道德价值导向的转变，它将影响到整体的社会制度设计和制度安排。社会道德价值导向要为特定政治经济目的服务，它不仅为政府制定和实施各项政策制度及执政行为提供价值定位，还对这些过程起到监督作用。同时，通过社会道德价值导向的宣传，也有利于政府的执政理念、各项政策制度的实施和落实。因此，对政府出台的各项政策制度进行道德设计和道德审查是极为必要的，这样就能够使其功能符合道德要求，保证其正义性得以充分发挥，努力避免其负面效应，最大限度地促进国民幸福的实现。

---

① 亚里士多德：《尼各马克伦理学》，中国社会科学出版社 1990 年版，第 16 页。
② 周永康：《建立健全中国特色社会主义社会管理体系》，载《求是》，2011 年第 9 期。

## （三）突出政府在社会道德建设中的重要作用，建立和维护国民追求和实现幸福的良好社会环境

在特定社会中，不同的团体和个人由于其利益指向的差别而拥有不同的道德价值取向，为了整合和引导不同的道德价值取向，就需要提倡和推行代表社会正确发展方向的社会道德价值导向。因此，政府在社会道德建设中发挥着重要作用。但政府能否将民生和国民的幸福放在首要位置，却值得警惕与注意。"一个公正而幸福的社会如果是可能的，就需要权力的正面支持；而权力更容易发挥其负面作用，即它更容易用来破坏幸福与公正。这是关于人类任何制度的哲学问题"[1]。中国共产党与时俱进地提出了实践科学发展观、确立了以人为本的执政理念，要求坚持做到"权为民所用、情为民所系、利为民所谋"，尤其是近几年更是把民生问题放在了社会发展的首要位置，努力建设和谐社会。当政府的执政理念确立之后，公务人员的职业道德即"官德"就成为执行这一理念的重要保障。公务员代表着国家利益和社会公共利益，负责调节社会生活中的各种社会关系，其道德水准在社会道德体系之中处于主导地位，具有示范作用，所以，胡锦涛总书记语重心长地告诫每一个党员干部："常修为政之德，常思贪欲之害，常怀律己之心。"只有这样，才能建立政府和人民之间信任的互动，政府就能支持公正而幸福社会的顺利实现。

## （四）以社会道德价值导向促进幸福观教育

幸福观是人们对幸福的根本看法和态度。"谈及到底什么是幸福时，一名不丹人的话我至今难忘，他说：'幸福感是不能分享的，因为它是一种体验，一种感觉。幸福感与物质财富不成正比，但和欲望成反比。当你明白了要什么，不要什么的时候，你就有了一种幸福的感觉。'"[2] 幸福作为人一种现实而具体的感受，涉及幸福的内容、幸福的标准、获得幸福的途径、感受幸福的能力等方面，这些都需要教育和培养。不丹的幸福观教育渗透在宗教活动、文化活动、社会管理、学校教育等方面，取得了良好效果。我国改革开放三

---

[1] 赵汀阳：《论可能生活——一种关于幸福和公正的理论》，中国人民大学出版社2004年版，第314页。

[2] 任彦：《不丹气质不凡》，载《同舟共进》，2010年第7期。

十年，社会的开放性、虚拟性、多元性、消费性增强，人的身心经常处于焦虑状态，出现了情感退化、道德冷漠、物质主义至上等不正常现象，很多人或者陷入物质主义的泥坑不能自拔，贪图过分的享受，带来了社会的腐朽堕落之风，或者精神空虚，找不到人生的价值和意义。总之，人们的幸福感并没有随社会物质财富的迅速增长而同步增加。其中的原因固然是多方面的，但幸福观教育的缺失，尤其是不能正确认识和处理道德与幸福之间的关系是一个重要原因。善是人对人与人、人与社会相互关系的本质性把握，表现为道德知识，通过它可以获得社会的和谐与自我精神的升华，使人明白什么是幸福。作为特定社会道德发展总体方向的道德价值导向为社会进步指明方向和提供价值，产生了社会的美与善。同时，它提供个人生存的意义，对人应该过一种什么样的生活提供指导和帮助，从而获得人生的幸福。

## 三、结语

不丹政府以社会公正与和谐作为社会道德生活的价值导向，有力提升了国民幸福指数，实现了国民幸福。道德价值导向作为特定社会道德发展方向和道德原则体系的根本性问题，是一定社会为实现自身的政治经济等目的，依据其道德原则和规范要求所形成的总的指导思想和所提倡的社会道德生活的总体指向，渗透在社会生活的方方面面，与人们的幸福感息息相关。把道德与幸福的关系放在整体的社会发展过程中进行认识，就会发现社会道德价值导向在促进国民幸福实现过程中所具有的重要作用，正确的社会道德价值导向，是有效提升公民幸福指数的重要保证。

（此文载于《聊城大学学报》2013年第2期）

# 简论行政管理体制改革与现代国家建构

## ——基于现代国家建构的理论框架

陈延庆[*]

**摘　要**：作为后发现代化国家，我国的现代国家建构面临着民族国家建构和民主国家建构两大历史任务；自新中国成立，民族国家建构目标基本实现以后，努力完成民主国家建构、实现国家民主化就成为中国现代国家建构的首要任务。因而，以国家民主化为重要目标的行政管理体制改革，作为现代国家建构的重要手段和必要环节，不但不会危害国家政权建构和损害各主流社会阶层利益，还是巩固现代国家政权、保证各主流社会阶层长远和根本利益的基础和条件。

自1980年8月18日邓小平在中央政治局扩大会议上作《党和国家领导制度的改革》讲话，发出中国行政管理体制改革动员号令以来，我国行政管理体制改革虽在诸多方面和环节都取得了突破性成就与进展，但随着行政管理体制改革的不断深入，改革过程中所涉及的许多深层次理论与现实问题也日益成为制约进一步深化的因素。其中，如何正确认识与处理行政管理体制改革与国家建构的关系，既是一个重大现实问题，也是困扰学界一个重要理论问题。本文拟基于现代国家建构理论框架，就我国行政管理体制改革与国家建构的关系问题略陈管见，以就教学界同仁。

---

[*] 陈延庆（1962— ），男，山东冠县人，教授，博士，研究方向为管理哲学、文化哲学和历史哲学。

## 一、现代国家建构的基本理论

现代国家建构理论认为，由于历史和现实诸多条件的不同，世界范围内的国家现代化建构大致可分为两种类型，一是先发现代化国家，又叫"内源发展者"（indigenous developers），二是后发现代化国家，又叫"后来者"（later-comers）。前者是指在其社会发展过程中，现代化的成分与结构主要是在其自身基础上逐渐发展起来的。虽然自18世纪以来，国际间交流、交往日益频繁，没有任何一个国家或地区可以"置身世外"而仅凭自身独立发展出现代性与现代化来，但总体看来，英、美、法等西方国家相对而言，主要是从"自身"发展出其现代性的成分与结构的，因而它们基本上可以视为"内源发展者"或先发现代化国家；而中国等一些国家的现代化进程则缘起于对西方现代化挑战的回应，因而基本上可以看做是"后来者"。尽管"后来者"的现代化进程也有自身发生的深厚内部根源，然相对"先发者"而言，它们是后发现代化国家。

两种不同类别的国家在现代化建构过程中展开时间先后和推动因素的诸多不同，导致其现代化国家建构过程中所面临的具体任务及道路、途径各不相同。一般说来，由于历史原因，"先发者"因其发展商品经济、致力民族—国家振兴的同时，思想文化上也接受了"自由、平等、博爱"等现代价值观念，其现代化国家建构过程所面临的双重任务——民族—国家建构和民主—国家建构是同步进行的。而"后来者"因其现代化国家建构是在"先发者""刺激"下，作为对其挑战的回应而"被动"开始的，因而其国家现代化建构过程所面临的双重任务——民族—国家建构与民主—国家建构往往是以不同步、非均衡性形式进行的，一般是先实现国家的一体化完成民族—国家建构，然后再逐步推进民主—国家的建构实现国家的民主化。

由于"后来者"现代国家建构双重历史任务实现的不同步性与非均衡性，所以其在不同时期、不同阶段内，工作重心与侧重点各不相同。一般而言，其现代国家建构的首要任务是获得国家独立、民族解放，实现国家的一体化；然后在此基础上方可展开国家民主化的建构过程。也就是说，它们的现代国家建构，首先要完成的是民族—国家的建构任务，然后再去实现民主—国家的建构目标。两重目标之间既具有时间的先后性，又具有逻辑上的因果性。一般说来，既不可本末倒置也不可因果互换。

## 二、中国现代国家的建构过程

与英美等先发现代化国家相比，我国是典型的后发现代化国家，其现代国家建构直接源于对西方列强"挑战"的回应。因为中国虽是举世闻名的文明古国，但自 19 世纪中叶以来，面对西方列强的蚕食鲸吞，国家主权逐步沦丧，成了任由列强宰割的半殖民地半封建社会。因此，自 19 世纪中期起，我国就"一直面临两大政治任务的挑战：一是'国家建构'，一是'民主建构'"① 这一现代国家建构的双重使命。

面对这一双重历史任务，无数中华优秀儿女前赴后继，进行了艰苦卓绝的不懈斗争，甚至不惜为此流血牺牲。这个过程大致可以分为如下两个阶段：第一，自 19 世纪中叶起，面对西方列强的蚕食鲸吞，中华儿女奋起抗争，经过资产阶级民主革命和新民主主义革命，赢得国家的独立和民族的解放，建立起独立自主的人民共和国，实现了国家的一体化目标。新中国的成立，标志着中国现代化国家建构中民族—国家建构的基本顺利完成。

对于我国这种后发现代化国家而言，需先实现国家的一体化完成民族—国家的建构，然后再逐步推进民主—国家的建构实现国家的民主化。因此，获得国家独立、民族解放、实现国家一体化，只是为实现现代化国家建构中的国家民主化奠定了基础，中国国家现代化建构的最终目标还远未达到。当然，中国作为后发现代化国家所面临的双重历史任务的不同步性与非均衡性并不是绝对的，因为中国近代以来开展的争取国家独立、民族解放、实现国家一体化的过程本身，同时就具有摆脱长达数千年来的封建专制统治，一方面使中华民族自立于世界民族之林，另一方面也是使全体中国人民获得更加充分的参与管理国家政治、经济和社会、文化事务的民主权力的性质。因而，这一过程本身就或多或少具有推动国家政治生活民主化、实现现代化国家建构所担负的第二方面历史任务的性质。

---

① 金耀基：《中国社会与文化》，牛津大学出版社 1992 年版，第 112 页。

尽管如此，在中国实现现代化国家建构第二方面的任务，主要还是从新中国成立基本完成其第一个方面的历史任务后，进而大规模展开的一系列社会政治生活的民主改革开始的。当然，由于建国之初，中共第一代领导集体领导国家民主化建设的经验不足，建国后头一个30年，在实现中国国家现代化建构第二个方面的历史任务时走了不少弯路。直到1980年邓小平发表《党和国家领导制度的改革》重要讲话，不但提出"政治上，充分发扬人民民主，保证全体人民真正享有通过各种有效形式管理国家，特别是管理基层地方政权和各级企事业的权力，享有各项公民权力"，① 而且还明确发出坚决反对和不断消除"官僚主义现象，权力过分集中的现象，干部领导职务终身制现象和形形色色的特权现象"② 的号召，实现中国国家现代化建构第二个方面目标、任务的工作才驶入快车道。

### 三、行政管理体制改革是实现国家现代建构的必要手段

自1980年邓小平吹响行政管理体制改革的号角30多年以来，虽然行政管理体制改革取得了举世瞩目的伟大成就，但无论是与经济体制改革取得的成就比，还是与全国人民乃至全世界的期待比，中国行政管理体制的一些重大的深层次问题与矛盾仍很突出，在有些地方和有些时候，甚至表现得比较尖锐激烈，已经或正在成为引发国际国内议论与争端的因素，也已经或正在成为威胁和谐社会建设、引发国际争论或冲突的因素和力量。

因此，如何正确认识与处理行政管理体制改革与国家建构的关系，不仅是困扰学界同仁的一个重要理论课题，也是关乎国家和社会稳定的重大现实抉择。根据现代国家建构理论，虽然中国等一些后发现代化国家，由于历史和现实的复杂原因，其现代化国家建构面临的双重历史使命是以不同步、非均衡的形式展开实现的，但是，无论是其追求国家独立、民族解放的过程，还是其实现国家民主化的努力，都是实现现代化国家建构的必要条件和和必经阶段。换言之，现代国家建构的完成则是民族—国家建构与民主—国家建

---

① 《邓小平文选》第2卷，人民出版社1994年版，第322页。
② 《邓小平文选》第2卷，人民出版社1994年版，第327页。

构的逻辑结果和最终目标。从这个意义上说，以保障公民各项民主权利充分发挥为重要目标的行政管理体制的民主化改革，既是完成现代化国家建构的必要手段，也是实现现代化国家建构过程的必要环节。

之所以如此认定二者关系，是因为无论是中国行政管理体制改革的各项具体措施，还是其终极目标，都是指向国家的现代化建构。因此，中共十七大报告在涉及中国行政管理体制改革的目标时，胡锦涛指出，"加快行政管理体制改革，建设服务型政府"，"到二〇二〇年全面建设小康社会目标实现之时，我们这个历史悠久的文明古国和发展中社会主义大国，将成为工业化基本实现、综合国力显著增强、国内市场总体规模位居世界前列的国家，成为人民富裕程度普遍提高、生活质量明显改善、生态环境良好的国家，成为人民享有更加充分民主权利、具有更高文明素质和精神追求的国家，成为各方面制度更加完善、社会更加充满活力而又安定团结的国家，成为对外更加开放、更加具有亲和力、为人类文明作出更大贡献的国家。"[①] 由此不难看出，十七大报告所描述的行政管理体制改革的目标，既包含对中国现代化国家建构过程中民族—国家建构的基本设想，也包括对民主—国家建构目标的愿景展望。

同样，中共十七大报告在谈到中国未来行政管理体制改革拟采取的重大举措时，不但首先明确肯定行政管理体制改革是深化改革的重要环节，而且详细列举了进一步深化行政管理体制改革的各项重要措施："要抓紧制定行政管理体制改革总体方案，着力转变职能、理顺关系、优化结构、提高效能，形成权责一致、分工合理、决策科学、执行顺畅、监督有力的行政管理体制。健全政府职责体系，完善公共服务体系，推行电子政务，强化社会管理和公共服务。加快推进政企分开、政资分开、政事分开、政府与市场中介组织分开，规范行政行为，加强行政执法部门建设，减少和规范行政审批，减少政府对微观经济运行的干预。规范垂直管理部门和地方政府的关系。加大机构整合力度，探索实行职能有机统一的大部门体制，健全部门间协调配合机制。

---

① 胡锦涛：《高举中国特色社会主义伟大旗帜，为夺取全面建设小康社会新胜利而奋斗——在中国共产党第十七次全国代表大会上的报告》，载《人民日报》，2007年10月25日。

精简和规范各类议事协调机构及其办事机构,减少行政层次,降低行政成本,着力解决机构重叠、职责交叉、政出多门问题。统筹党委、政府和人大、政协机构设置,减少领导职数,严格控制编制。加快推进事业单位分类改革。"① 由此可更清晰地发现,中国行政管理体制改革的各项举措更是明确指向简政放权和国家民主化的方向,致力实现民主—国家的建构目标。

综上所述,明确行政管理体制改革与国家建构之间手段与目标的关系,不但具有重要的理论意义,还具有重大的现实价值。一方面,因行政管理体制改革本身即国家管理方式的改革,甚至是国家政权要素或结构方式的调整,涉及的各种政治、经济利益更直接甚至更具根本性,更易引起人们特别是主流社会阶层和利益集团的抵制和抗拒。因而所遇到的困难与阻力往往也更多、更大。明确行政管理体制改革与国家现代化建构之间手段与目标的关系,有利于使全体社会公众特别是主流社会阶层和利益集团清楚,行政管理体制改革只是实现现代国家建构的工具与手段,其根本目标是国家的现代化建构,特别是民主国家的建构,从而把包括社会主流阶层和利益集团在内的社会各阶级、阶层和利益集团的政治经济利益长远化、最大化。另一方面,明确二者之间手段与目标的关系有利于确保中国行政管理体制改革的目标指向现代国家的建构特别是民主—国家目标的实现,从而减少国内外各种敌对势力诋毁和污蔑中国的口实,为建设中国特色社会主义伟大事业,为实现我国富裕、民主、文明、现代化的目标创造良好的环境条件。

(此文载于《河南科技大学学报》2013年第1期)

---

① 胡锦涛:《高举中国特色社会主义伟大旗帜,为夺取全面建设小康社会新胜利而奋斗——在中国共产党第十七次全国代表大会上的报告》,载《人民日报》,2007年10月25日。

# 《论语》中的生态文明思想及其现代价值

唐明贵[*]

**摘　要**：生态文明是指人与自然、人与人、人与社会和谐共生、良性循环、全面发展、持续繁荣为基本宗旨的文化伦理形态。这一文明形态不是凭空产生的，而是渊源有自。在中国古代思想家孔子那里，已经闪烁着古代生态文明思想的光辉。在反映其思想的名著《论语》中，就包含着与生态文明相关的思想，这些思想至今仍有现代意义。其中"敬天畏命"的思想启示我们应通过合理、有节制地开发、利用自然，与自然界建立一种和谐相处、同步发展的关系；"仁爱万物"的思想有助于我们树立热爱万物和融入自然的观念；"节约资源"的思想有助于我们建立节约型社会。

生态文明是以尊重和维护自然为前提，以人与人、人与自然、人与社会和谐共生为宗旨，以建立可持续的生产方式和消费方式为内涵，以引导人们走上持续、和谐的发展道路为着眼点的一种人类文明形态。这一文明形态不是凭空产生的，而是渊源有自。在中国古代思想家那里，已经闪烁着古代生态文明思想的光辉。中国伟大的思想家、儒家学派的创始人孔子就是其中之一。在反映其思想的名著《论语》中，就包含着与生态文明相关的"敬天畏命"思想、"仁爱万物"思想和"节约资源"思想，充分挖掘这些思想的内涵，将有助于当代生态文明建设。

---

[*] 唐明贵（1971— ），男，山东临清人，博士，聊城大学哲学系教授。

## 一、《论语》中的"敬畏天命"思想及其现代价值

天命观是孔子生态文明思想的基石。夏、商、周三代的信仰从敬上帝,到拜鬼神,再到尊人崇德,信仰下移使周人的祭祀和信仰逐渐功利化。孔子在反思周人信仰的基础上,秉承上古三代的信仰精神,创造性地提出了"敬畏天命"的思想,形象地反映了人与自然的关系。

在对待"天"的问题上,孔子虽一方面承认它是客观存在的天,如他说:"天何言哉?四时行焉,百物生焉。天何言哉?"① 客观存在的天不用说话,四季照常运行,百物照样生长。但另一方面却更多的认为它是主宰一切的上天,如《论语》有言:"富贵在天。"② "巍巍乎!唯天为大,唯尧则之。"③在孔子看来,一是这个主宰之天握有生死大权,能决定人之命运及生命始终。当其弟子颜渊不幸短命而死时,他便叹息说:"噫!天丧予!天丧予!"④ 这是老天爷要我的命啊!表明孔子对主宰之天无可奈何。二是这个主宰之天也是历史发展的主宰。当他在匡地遭遇围困时,孔子异常镇定,安慰弟子说:"文王既没,文不在兹乎?天之将丧斯文也,后死者不得与于斯文也。天之未丧斯文也,匡人其如予何?"⑤ 孔子坚定自己的信念,认为自己是周文化的继承者和传播者。但这种文化的传承,其决定作用在天,非人力之所能为,表明他对主宰之天的崇奉。

对于"命",在孔子看来,它是一种不可逆转、不可抗拒、不以人的意志和努力为转移的强大的力量。如冉伯牛患恶疾将死,孔子执其手,呼"命矣夫"⑥,认为人的生死是命中注定的,"生死有命"⑦。孔子还说:"道之将行也与?命也;道之将废也与?命也。公伯寮其如命何!""道"能否推行,在天

---

① 《论语·阳货》。
② 《论语·颜渊》。
③ 《论语·泰伯》。
④ 《论语·先进》。
⑤ 《论语·子罕》。
⑥ 《论语·雍也》。
⑦ 《论语·颜渊》。

命而不在人为,即所谓"谋事在人,成事在天"。因此,孔子主张要使人为的努力应顺天命,必须首先把握天命,故他提出了"知命"之说,并将此作为君子必备的品质,"不知命,无以为君子也"①。

孔子主张在"天"或"命"面前不能为所欲为,而要有所敬畏。据《论语·季氏》记载,子曰:"君子有三畏:畏天命,畏大人,畏圣人之言。"其中"畏天命"被列为君子"三畏"之首,孔子对"天命"的重视程度由此可见一斑。从这句话也可以看出,"孔子要求人们在作为宇宙的最高主宰的天面前,在对待天的命令的过程中必须始终保持一颗敬畏之心。然而,孔子对'天'、'天命'的敬畏,并不只是简单的恐惧,更多的是对'天'、'天命'的尊重和敬重。在孔子'敬畏天命'的思想里,'敬'体现的是一种人生态度和价值追求,促使人类自强不息,有所作为;'畏'显发的是一条警示的界限和自省的智慧,告诫人类要'厚德载物'、'敬畏天命',就是要求人们在面对具有神圣性和主宰性的'天'、'天命'时,要自觉地规范自己的言行,有所为和有所不为,在'天'、'天命'面前要谨慎行事,不能肆虐妄为,轻举妄动,否则就会'获罪于天,无所祷也'"②。

虽然孔子对"天"和"命"有一份特殊的敬畏心理,但他并不主张人们绝对地服天从命,而是应积极地"知天命",并自称"五十而知天命"③。"知天命"的目的是为了利用天命,而求"知天命"本身,不仅体现了人为的努力,而且体现了人们对认知"上天"的追求。在孔子看来,人们只有"敬天畏命"、"知天命",不做伤天害命之事,"天"才会泽慧万民,否则,"四海穷困,天禄永终"④。

孔子的"敬畏天命"思想对于维护生态平衡和人类社会健康发展具有重要的借鉴意义。众所周知,自然界是人类生存和发展的基础,人与自然的关系,既有相互联系、相互依存、相互渗透的一面,亦有相互对立的一面。人类为了更好地生存和发展,总是力图征服自然、改变自然,而自然界也时常

---

① 《论语·尧曰》。
② 闫建华:《论孔子的天命观及其所蕴涵的生态伦理思想》,载《山西财经大学学报》,2011年第2期。
③ 《论语·为政》。
④ 《论语·尧曰》。

通过报复人类，提醒人们不要无节制地破坏自然。人与自然之间这种对立统一的关系，实际上就是作用与反作用的关系，如果这种关系处理不好，就会造成人与自然之间的失衡，不仅破坏生态环境，而且会危及人类的生存。从我国当前的现实情况来看，改革开放以来，为了发展经济，许多地方把自然作为征服的对象，致使我们的生存环境遭到严重破坏：一是空气污染严重。据环境保护部公告（2011年第55号），2011上半年，113个环保重点城市空气中，45个城市空气质量超标，占39.8%；17个城市二氧化硫平均浓度超标，占15.1%；35个城市可吸入颗粒物平均浓度超标，占31.0%。二是水污染严重。据环境保护部公告（2011年第55号），2011年上半年，全国地表水21项指标中有13项指标出现超标现象（不计化学需氧量）。其中，总磷、氨氮、五日生化需氧量和高锰酸盐指数超标较为严重，超标断面占断面总数的20%以上。在重金属超标方面，2011年上半年，19个地表水国控断面共出现31次重金属超标现象。从流域看，超标断面主要分布在海河流域和西南诸河。其中，海河流域重金属超标现象最为严重，超标断面占总超标断面36.8%；溶溪河的溪口断面、清水江治乌、石花村和茶洞断面以及龙潭河妙泉入口断面锰超标较严重，最大超标倍数分别为30.0、18.7、13.6、10.3和18.6倍。三是我国水土流失面积已达356万平方公里，占国土面积的1/3，土地荒漠化和水土流失速度还在加剧，每年沙漠化土地达到3460平方公里，相当于每年损失掉一个中等县的土地面积，大江大河输沙量增加，河水变浑，河床抬高，生态环境严重恶化，我国生态建设要求非常迫切。① 因此，我们必须抛弃人与自然对立的观念，借鉴和吸取孔子"敬畏天命"思想中的积极因素，一方面积极树立"敬畏"意识，充分尊重自然界的发展规律，不能只顾满足私利，对大自然肆无忌惮地去采掘、猎取、强取豪夺，致使各种资源都成为短近的功利替代物。另一方面，在遵循自然规律的前提下，充分发挥人的主观能动性，不断深化对自然的认识，按照适度改造自然的原则，树立尊重自然、崇尚自然、顺应自然的观念，通过合理、有节制地开发、利用自然，保护生态平衡，与自然界建立一种和谐相处、同步发展的关系，达到人类与自然共生、

---

① 林红梅：《生态文明是重建人与自然关系的必然选择》，载《南京林业大学学报（人文社会科学版）》，2008年第3期。

共存的境界。

## 二、《论语》中的"仁爱万物"思想及其现代价值

孔子认为,为了实现社会整体和谐有序发展的美好愿望,必须用"仁"来调整人与人、人与自然万物之间的关系。为此,他提出了"仁爱万物"的思想,阐明了处理人与人、人与自然关系的基本准则。

首先,仁者爱人。"仁"是孔子思想的核心,在《论语》中,共出现109次。从字形结构来看,"仁"也就是两个人,讲的是人与人之间的关系。因此,"仁"的基础和首要要求就是"爱人"。在孔子看来,如果以"爱人"作为人们处理人与人之间关系的纽带,那么整个社会就会和谐融洽。因此,当弟子樊迟向孔子请教"仁"的含义时,孔子曰:"爱人。"孔子所说的"爱人",是指从顺敬父母、友爱兄弟的亲情出发,推及其宗族,"入则孝,出则悌",并由宗族关系推及到全体社会成员,对全体社会成员实行广博的爱,即"泛爱众"。孔子的这一思想,对于巩固和稳定社会秩序也具有重要的意义,其弟子有若曾说:"其为人也孝悌,而好犯上者鲜矣;不好犯上,而好作乱者,未之有也。"

其次,仁爱万物。孔子的仁学,不仅要"爱人",而且要"爱物",不仅要将爱施之于人类,而且要施之于万物,只有这样,人的仁德才是圆满的。一方面,对于谷物瓜果之类,孔子坚持"不时不食",吃东西要应时令、按季节,到什么时候吃什么东西。只有这样,食物才能得天地物候之气,其营养价值才能得以充分发挥。如果不是应季的食物,那么它就失去了季节的特性,其营养价值就会改变。因此,孔子提倡吃应季的食物。另一方面,对于动物而言,在孔子及其弟子看来,人的道德情感不仅与"同类"之人是相通的,而且与"异类"之物也是相通的。据《论语·泰伯篇》记载:曾子有疾,孟敬子问之。曾子言曰:"鸟之将死,其鸣也哀;人之将死,其言也善。"这表明,曾子认为动物是有灵性的,它们和人类在某些方面具有相似性,因此,动物和人类应是平等的,不应受到人们的无端伤害。由此出发,本着惜生和重生的原则,孔子主张对自然界及自然界之物施以爱心,呼吁取之以时、取之有度,并带头实践自己的主张,"子钓而

不纲，弋不射宿"①。这就是说，子只用鱼钩钓鱼，不用大网捞鱼；孔子只射飞鸟，不射栖息的鸟。孔子之所以这样做，是因为鸟飞空中，如遇来弋，逃生更加容易；鸟宿巢中，或休息，或育雏，飞矢射来，难躲其祸。老鸟若死，小鸟难活。同理，对鱼而言，被钓到的几率很小，如遭遇网纲，会疏而不漏，一网打尽。孔子不射宿鸟、不网鱼的生态伦理主张，不仅充分体现了孔子博大仁爱的伦理情怀，而且充分体现了孔子为了大多数人的生存利益而反对毁灭野生资源的生态伦理思想和对可再生资源保持可持续性发展的社会发展战略思想。

最后，融入自然。孔子认为，外在优美的自然环境不仅是人类高质量生存的保证，而且是人类得到审美享受的自然基础。他曾说："智者乐水，仁者乐山。"意思就是说美好的山水可以陶冶人们的性情，更能给人以美的享受。孔子非常喜欢享受大自然的恩赐。据《论语·先进篇》记载：孔子和子路、曾皙、冉有、公西华一起畅谈各自的理想，其中子路的志向是："千乘之国，摄乎大国之间，加之以师旅，因之以饥馑，由也为之，比及三年，可使有勇，且知方也。"冉有的志向是："方六七十，如五六十，求也为之，比及三年，可使足民。"公西华的志向是："宗庙之事，如会同，端章甫，愿为小相焉。"而曾皙的志向是："莫春者，春服既成，冠者五六人，童子六七人，浴乎沂，风乎舞雩，咏而归。"前三人都把治国理政作为自己的志向，都向往"学而优则仕"的生活，而曾皙则向往单纯、简明、朴素、自然的生活。孔子听后，喟然叹曰："吾与点（曾皙的名——笔者注）也！"可见，孔子就是向往曾皙的这种人与自然和谐同化的理想境界。

孔子"仁爱万物"的生态伦理思想对当今人类处理人与自然的关系具有极为重要的启示作用。我们说，人类与万物都是自然界的有机组成部分，都在自然界的发展过程中发挥着各自的作用，都有其自身独特的存在价值。二者在自然界中本应相亲相爱，尤其是人类理应把爱护一切自然万物视为自己的崇高职责。唯其如此，才能有效维护地球生态圈的完整性。但在现实生活中，尤其是在快速发展的中国，人口增长、过度开发、环境污染、气候变化让越来越多的物种濒临灭绝。根据国际自然与自然资源保护联盟2003年公布

---

① 《论语·述而》。

的《濒危物种红色名录》，我国有 422 个物种面临灭绝的威胁，其中哺乳动物 81 种、鸟类 75 种、鱼类 46 种、爬行动物 31 种、植物 184 种。在该组织 2007 年更新的《濒危物种红色名录》中，更多的鸟类和哺乳动物被写进了严重濒危的名单。2007 年 6 月，第 14 届 CITES（濒危野生动植物物种国际公约）缔约国大会上通过了 CITES 附录，这个附录是受国际贸易影响而有灭绝危险的野生生物名录、我国的 1999 个动植物种名列其中，占到了 CITES 附录所收录的物种总数的 6%。有鉴于此，我们有必要汲取孔子"仁爱万物"的思想，加大对动植物的保护，使人们更好地享受自然带来的愉悦。一是要严格执行《濒危野生动植物种国际贸易公约》、《野生动物保护法》和各项保护野生动物的法规，采取有力措施打击走私和非法经营濒危物种的违法犯罪行为，实现对濒危动植物物种的重点保护。二是采取必要和有效的措施，限制、减少和延缓人口的增长、林地和草地的开垦、城市的扩大、湖泊及湿地的开发、河流的污染这些人为因素和经济活动对野生动植物的繁衍生息的干扰和影响。三是建立自然保护区，一方面，对于濒危动物而言，通过建立生态保护区，保护濒危动物的生存环境、取食区域、繁殖条件、求偶或迁徙通道，使它们能够在各自的分布区内满足生存的基本要求。另一方面，对濒临灭绝的植物而言，通过建立自然保护区，成立植物保护和利用一体化的职能组织，把植物资源的开发和保护很好地结合起来。在自然保护区内的旅游活动，应以生态旅游为主，以合理开发旅游资源、防止生态破坏为主要内容，以最自然的野生状态向旅游者开放，使人们真正地享受自然界的恩赐，达到与自然万物的融合。四是进行广泛深入的"仁爱万物"的宣传教育，使全社会都认识到保护生物资源的重要性和重大意义，把自然保护事业变成广大人民群众的自觉行为，俾他们主动地参加到保护生物资源的活动中去。

## 三、《论语》中的"节约资源"思想及其现代价值

在《论语》中，孔子从两个层面论述了"节约资源"思想。

第一个层面是从政府的角度，孔子认为，作为为政者首先应做到"节

用"，他说："道千乘之国，敬事而信，节用而爱人，使民以时。"① 治理有兵车千辆的国家，应该谨慎地处理国家的事务以取信于民，应以爱人为念，节省财用。使用民力，要顾及他们的生产时间，以免耽误农时。可见，在孔子看来，节用与敬事、诚信、爱人、使民以时都是同一个层次的道德范畴，是为政者的道德行为规范，是为政者以德治国必备的道德观念。如何做到节用呢？孔子认为，一是惠而不费，据《论语·尧曰篇》记载，子张问于孔子曰："何如斯可以从政矣？"子曰："尊五美，屏四恶，斯可以从政矣。"子张曰："何谓五美？"曰："君子惠而不费，劳而不怨，欲而不贪，泰而不骄，威而不猛。"子张曰："何谓惠而不费？"子曰："因民之所利而利之，斯不亦惠而不费乎？……"从事因人民能得到利益的事情而获利，这就是惠而不费。民众愿意做，为政者和民众都获利，既顺应民心使百姓获利，又使政府不用投入而获利，真真是治国理政的良策。二是为礼用俭。礼是儒家政治思想的核心理念之一，孔子就曾极力主张"为国以礼"②。礼的含义主要包括两个方面：一是属于社会秩序和社会制度方面的规定，是进行统治的根本法规，治国之纲。二是关于社会秩序和社会制度的具体表现形式，如与祭祀、出征、朝聘、婚丧嫁娶、待人接物等政治和社会生活密切相关的礼仪规定。虽然礼如此重要，但孔子主张为礼用俭。当其弟子林放向他请教"礼的本质"问题时，孔子说："大哉问！礼，与其奢也，宁俭；丧，与其易也，宁戚。"③ 在孔子看来，礼是反应人内在情感的，不是做给别人看的。所以为礼不必铺张浪费，而应节俭为上；丧礼不用办得十分完美，只要能让人感到哀伤就好。孔子之所以提出这样的主张，究其原因在于其思想里有"奢则不孙，俭则固。与其不孙也，宁固"④ 的观念，奢侈豪华就会有违礼的本质，而节俭朴素则有助于固守仁德。因此与其不恭顺，宁可固守仁德。孔子上述主张，无疑都有助于节约和保护自然资源。

二是从个人生活角度而言，孔子认为在吃、穿、住、娱乐等方面，都应

---

① 《论语·学而》。
② 《论语·先进》。
③ 《论语·八佾》。
④ 《论语·述而》。

坚持勤俭节约的原则，不能贪得无厌。所以在《论语·子路篇》中他对卫国的公子荆大加称赞："子谓卫公子荆善居室。始有，曰：'苟合矣。'少有，曰：'苟完矣。'富有，曰：'苟美矣。'"孔子认为卫国的公子荆善于管理经济，居家理财。刚开始有一点，他说："差不多也就够了。"稍为多一点时，他说："差不多就算完备了。"更多一点时，他说："差不多算是完美了。"有鉴于此，在饮食上，孔子主张"食无求饱"①，追求"饭疏食，饮水，曲肱而枕之，乐在其中矣"②的恬淡自然的生活方式，对生活简朴的弟子颜回大加赞扬："贤哉回也！一箪食，一瓢饮，在陋巷，人不堪其忧，回也不改其乐。"③在穿上，孔子主张由奢入俭，他说："麻冕，礼也，今也纯，俭，吾从众。"④麻冕是古礼，古制以绩麻为冕，其工细，故贵；现在改用黑丝作冕，比麻冕节省了，所以孔子从众，也用黑丝冕。可见孔子为了节省资源，甚至把自己钟爱的古礼都改变了。在居住问题上，孔子主张"居无求安"⑤，在住的方面不应要求过高，因此他反对管仲"有三归"、"官事不摄"，认为管仲不节俭；斥责管仲"树塞门"、"有反坫"，与邦君比肩，斥其不知礼。⑥ 在他看来，外在条件的好坏并不重要，关键在于自己的心态，只有自己不感觉到条件简陋，那么条件再差也不会影响自己的心情。据《论语·子罕篇》记载，子欲居九夷。或曰："陋，如之何？"子曰："君子居之，何陋之有？"由此可见，孔子主张生活俭朴、节用资源，讲究内在的道德修养、君子人格，不追求外在的生活奢侈、豪华气派。在娱乐问题上，孔子明确提出反对"损者三乐"，在他看来，"乐骄乐，乐佚游，乐宴乐，损矣"⑦，以骄奢放纵取乐为快乐，以尽情游荡为快乐，以贪图安逸为快乐，是有害的。由于人的欲望仅靠自身是不能完全满足的，为此必须诉诸自然万物，而无限膨胀的欲望必然会造成对自然的破坏，因此，孔子反对"骄乐"、"佚游"、"宴乐"这三种行为，无疑也

---

① 《论语·学而》。
② 《论语·述而》。
③ 《论语·雍也》。
④ 《论语·子罕》。
⑤ 《论语·学而》。
⑥ 《论语·八佾》。
⑦ 《论语·季氏》。

是在反对过度破坏和掠夺自然资源。

孔子的"节约资源"思想在生产力水平有限、直接可用资源不足的时代，对维持人类生存和维护社会发展，以及保护生态资源无疑具有重要的意义。时至今日，虽然生产力水平大大提高，可供直接利用的资源的数量也增加了，但是如果我们不能坚持取之有度、用之有节的消费观念，一味地过度攫取和肆意挥霍，那么，终将得到大自然的报复。在我们中国，伴随着经济的快速发展，资源浪费的现象尤为突出，这主要表现在：一是我国的矿产资源利用方式还比较粗放，一些地方采富弃贫、一矿多开、大矿小开的现象较为普遍。同时，矿产资源总回收率和共伴生矿产资源综合利用率分别为30%和35%左右，比国外先进水平低20个百分点。大中型矿山中，几乎没有开展综合利用的矿山占43%。二是资源的过度消耗十分惊人。如2003年，中国GDP占全球的4%，但消耗了全球55%的水泥，36%的钢铁，30%的煤炭，25%的铝。中国每创造1美元GDP所耗能源，是美国的4.3倍，是日本的11.5倍。现在依然没有多大的好转。三是一些活动讲究排场，大吃大喝。酒店、食堂吃剩的粮食、鱼肉类、蔬菜、瓜果、酒、饮料等方面的浪费不计其数。三是城市的形象工程造成了电能的巨大浪费。为了展示中国现代化的形象，各个地方政府竭尽全能制造形象工程，人为炮制了一些光亮工程和景观照明，而且彻夜长明，耗费了大量的电能。四是水资源浪费严重。中国万元国内生产总值用水量为406吨，是世界平均水平的4倍。万元工业增加值用水量为222吨，是发达国家的5到10倍。全国城市供水管网漏损率高达20%，仅此每年浪费水达100亿吨以上。由此可见，我们有必要吸取孔子的智慧，大兴资源节约之风，为建立节约型社会努力。一是政府带头节约资源。要建设节约型社会，政府的引导和表率作用至关重要，因此各级政府应制订各级机关节能、节电、节水、节材及物品循环重用的目标措施，各级党政机关后勤服务部门要加强对办公楼宇的管理，尤其是加强对公共部门用水、用电以及各类设备和车辆用油等各方面的节约监管。政府部门公务接待活动要厉行节俭，不互相攀比，不讲排场、摆阔气；领导干部下基层要轻车简从，不搞特殊化。要坚决制止兴建豪华办公楼，严禁滥用公款消费、大吃大喝、铺张浪费。二是推行严格的节能评估和审查制度。严格按照国家发改委出台的《国家固定资产投资项目节能评估和审查暂行办法》规定的秩序操作，新上项目必须进行节能评估和节能审查,未进行节能评估审查或审查未通过的项目,一律不予审批、核准;项目建设达不到评估要求的,不予验收,禁止其生产经营。三是有效推进技术进步和新技术应用。一方面通过引进、开发和推广先进适用技术、工艺和设备,实现提高技术水平、节约资源能源、保护生态环境的目标。另一方面,推进实施高耗能企业技术改造升级工程。通过对石化、钢铁、建材、电力四大高能耗、高排放企业的强化改造和升级,实现绿色发展。另外,还需有效推进建筑节能技术应用,积极开发可再生能源和新能源。四是不断加大宣传力度,积极营造"节约资源"的浓烈氛围,力争使全体社会成员转变观念,从自身做起,变向往奢华为崇尚俭朴,让节约成为时尚;变让我节约为我要节约,变我要浪费为我想节约。

(此文载于《社会科学战线》2013年第6期)

# 中国农村社区发展从传统到现代的嬗变*

——基于农民环境权与金融权之保护

赵常伟　索一冉

**摘　要**：中国传统农村社区是一种自治性的社会生活共同体，在发展中呈现出社会结构封闭、经济往来贫乏、行政色彩浓重、居民趋于同质的特征，这些成为其继续进步的局限所在。虽然国家已经对农村社区进行了大规模的改造和重新规划，使之实现了多功能的整合和集聚，呈现出由政府主导的农村社区发展形势，但是该发展方式在农村现有的体制所形成的基本社会秩序下面临很大的发展困境。为此，我们必须改变目前的状况，将由政府主导改为引导，注重金融的支持作用，完善农村社会保障体系，健全农村教育制度，使农村社区逐步走出发展的困境。

农村社区的建设与发展，关系到我国农民群体的切身利益，关系到全面建设小康社会的成败得失，是我国经济社会建设的重要组成部分。多年来，在党和政府的领导下，各地农村社区建设取得了长足发展，但也暴露出不少问题。比如，集体经济薄弱、保障服务不足、权益保护缺失等等。处于弱势群体地位的农民在环境资源的开发利用以及优美的生态环境享有和生态利益

---

\* 基金项目：山东省高校人文社会科学研究计划"山东省新型农村社区建设中农民权益保障研究"（J13WA14）。

赵常伟（1965—　），男，山东阳谷人，聊城大学世界共运研究所教授，硕士生导师，法学博士；索一冉（1990—　），女，山东聊城人，中南财经政法大学法学院硕士研究生。

的分配上处于劣势地位，农民环境权得不到应有的保障，农村社区失去了发展的群众基础，这是现代农村社区难以有效推进的一个深层次原因。同时，农村社区的发展需要大量的资金，但政府在这方面投入的资金并不均衡，使得农村社区开始积极自筹以解决难题，而这条路也遇到了实际操作的瓶颈，农民的金融权得不到保障，成为另一个重要原因。农民环境权和金融权保障的缺失，将直接影响我国农村社区建设的现代转型，进而关联到国家整体发展战略的顺利实现。这已经引起高层决策者的高度关注，更成为学界持续热议的重要课题。本文试从农民环境权与金融权之角度探索我国农村社区建设的嬗变问题，权作在该问题研究上抛砖引玉。

## 一、农村社区发展之理论梳理

农村社区是随着原始农业的产生和发展而出现的社会生活共同体。随着社区建设的迅速推进，尤其是城市社区建设的突飞猛进，农村社区建设也以其不同于传统村落的特点、功能等因素而悄然崛起。不过，由于种种原因，中国的农村社区建设还处在探索阶段，至今仍作为新生事物缓慢起步。期间，诸如认知问题、适应问题、建制问题、财经问题、权益问题等等还时常引起人们的困惑。

### （一）农村社区之内涵界定

社区的概念可谓由来已久，但其内涵的界定并未完全统一。早在1887年，德国著名社会学家 F. 滕尼斯即在其成名作 Gemeinschaft und Gesellschaft（英译版为 Community And Society[①]）中就提出了"社区"这一概念，同时指出了社区的具体含义，即指"由具有共同价值观念的同质人口所组成的富于人情味、守望相助、关系密切的社会'共同体'"[②]。Gemeinschaft 在英语中被译为 Community，而 Community 在引入中国时又被翻译为"社区"。"社区"

---

① 中文可译为《共同体与社会》或者《社区与社会》，亦有学者将之译为《礼俗社会与法理社会》。

② [德] F. 滕尼斯：《共同体与社会》，商务印书馆1995年版，第53页。

一词从滕尼斯提出到现在,其具体内涵已经发生了很大变化。关于"社区"的定义可谓多种多样,其中的原因就是人们在使用这一概念时因时因地地赋予其不同的涵义。早在1955年,G. A. 希勒里就作了一个统计,一共有94个不同的"社区"定义,其中69个定义认为,"社区的本质因素有三个方面,分别是社会互动、地区和共同约束。"①

就人类社会发展演进的历程而言,农村社区是最早的人类社区形态。诚然,对于"农村社区"一词的概念,不同学者的理解不尽相同。有的学者强调农村社区要具备特定的社会组织和社会制度,有的学者强调农村社区有一个共同的中心点,有的学者强调农村社区有其特殊的生活方式,有的学者则强调其居民有着比较强的认同感,可谓是仁者见仁,智者见智。不过,他们所反映的构成农村社区的基本要素是一致的,具体表现为:第一,占地广阔,居民聚居程度比较低,农业是其主要的生产方式和生活方式;第二,以村或镇作为居民活动的中心;第三,以特定方式结成具有一定特征的社会群体、社会组织;第四,同一农村社区居民的价值观、行为方式及生活方式大体相同,有特定认同感。综上所述,笔者认为,农村社区是区别于传统行政村和现代城市社区而言的,即聚居在一定地域范围内的农民基于农业生产所组成的社会生活共同体,其注重提升人们的生活质量和认同感。

### (二)农村社区发展之新视角——农民环境权与农民金融权

农村社区发展,是指农民在政府部门的支持与指导下,凭借所在社区的优势,优化社区的文化、社会、经济状况,解决社区的共性问题,提高农民生活质量、促使社区协调发展的过程。近些年来,随着社会各界对农村社区发展的关注度越来越高,联合国和许多国家政府都从总体上制订了社区发展的指标体系,同时确定了不约而同的社区发展目标。然而,这些目标设计大多是由宏观层面入手,对作为社区核心要素的居民的关注度则相对较为薄弱。在新的时期,只有保护好农村居民的权益,才能真正实现农村社区的发展,

---

① "社区"概念辨析,2012 – 10 – 16,http://www.bdstar.org/Article/Class31/mcjslm/200803/4635.html.

而农民环境权和金融权作为农村社区权益的重中之重,更要引起我们的强烈关注。

1. 农民环境权——农村社区发展的资源基础

环境权是指任何一个公民都有在未被污染和破坏的环境中生存和发展的权利以及合理开发利用环境资源的权利。① 作为环境法律制度基础的环境权,其主体具有广泛性的特征。农民环境权,即是以农民作为主体,对其环境权予以保护。自从改革开放以来,我国经济发展的速度令人惊叹,但是与此同时,环境污染问题也日益凸显。农村社区亦伴随着相应的环境问题而降低了发展成效,甚至可以说,农民群体已经沦为农村社区发展的牺牲品,这种漠视环境成本的所谓蓬勃发展景象已经严重制约了我国农村社区的深度发展。《宪法》第九条明确规定"禁止任何组织或者个人以任何手段侵占或破坏自然资源",第12条更规定"国家保护和改善生活环境和生态环境,防治污染和其他公害",② 等等,所有这些以及相关法规都昭示着农民享有在良好的环境中生存和利用环境资源的当然权利,而目前农村社区种种以牺牲环境为代价所获得的所谓发展,实际上在一定程度上侵害了农民的环境权。其主要原因是:首先,农民对环境具有极度依赖性,其生存基础与环境质量高度相关。在我国,农业是处于弱质地位的产业,所以农民同时具有弱质性的特征。农民环境权的侵害,不仅关乎农民的生存环境问题,更是其生存的经济来源和物质基础的决定性因素。其次,农民对环境具有密切相关性,其生活质量与环境水平高度相关。近年来,为了促进农村社区的发展,许多污染较严重的大中型企业由城市地区转向了农村地区。这一举措或行为,固然为农民带来一定的区域繁荣发展,但同时也让农民为之付出高昂的成本,进而造成了对农民环境权的严重侵犯。显然,世代与农村环境相依相伴的农民,一旦失去了良好环境的屏障效应,其生活质量是难以保障的,甚至是令人担忧的。作为农村社区发展的资源基础,这种局面显然不利于未来发展,必须引起有关方面的高度关注,并切实加强对农民环境权的保护。

---

① 蔡守秋:《环境资源法教程》,高等教育出版社2004年版,第2页。
② 《中华人民共和国宪法》,http://www.gov.cn/gongbao/content/2004/content_62714.htm。

2. 农民金融权——农村社区发展的资金保障

农村社区的发展,离不开农村金融的有效支持,农民金融权则是农村金融的实质表现。农民金融权是现代农业在现代金融领域发展而形成的,是一种理应归属于农民的金融权利,一种无差别的综合性权利,一种关乎农民生存与发展的人权。① 农民金融权主要包括三方面的内容:一是获取贷款权。作为平等主体的农民,有权与其他社会主体一样获得向金融机构贷款的权利,金融机构也应该对处于弱势地位的农民给予相应的贷款优惠。二是农民金融合作权。农民应当享有以发展新的合作金融组织的权利,以弥补我国农村缺乏真正以农民作为主体的合作金融组织的缺憾。三是参加农业保险的权利。农民以农业作为其主要生产方式,农业的弱质性决定了我国应该建立完善的农业保险制度,来分散和转移农业的风险,保证农业的有序发展。经济基础决定上层建筑,对农民金融权是否进行充分保障在很大程度上决定了我国农村社区发展的未来,因此,必须加大对该问题的认知力度,提高对该问题的处理成效。

## 二、传统中国农村社区:以自治性为主要特征的社会生活共同体

人类历史发展的进程表明,农村社区的存在要远远早于"社区"这一词汇的诞生。社区是一个历史范畴,其具体涵义是随着历史的变迁而变化发展的。与不同时期的社会现状相适应,农村社区的发展亦呈现出不同的特点。然而,我国传统农村社区发展所表现出来的特征在表征其发展现状的同时,也在很大程度上制约了它的发展,成为其继续进步的局限。

(一) 社会结构系统的封闭性

在传统农村社区,血缘关系是联系各阶层的纽带,整个社会的结构较为简单,农村关系的中心就是血缘关系的结合。此外,传统农村社区阶层少,

---

① 张燕、杜国宏、吴正刚:《农民金融权:一个农民民间金融理论研究的新视角》,载《农村经济》,2010 年第 9 期。

社会化与阶层区分和分化的程度较低，初级群体成为社会群体的主流。首先，农村社区中从事农业生产活动的单位，是以家庭为主要单位的，缺乏复杂的科层组织；其次，居民职业多以农业为主，极少数从事商业、服务、手工业或其他产业，从而导致他们的职业结构非常简单；最后，传统农村社区仅仅从地域观点出发，是一个地区内共同生活的有组织的人群。传统农村社区是一种自给自足的小农经济，日常的生产只需要满足个人及其家庭的生活所需即可，而不需要与外界进行交往即可满足。当然，外界的变化几乎不会对社区内部产生任何影响，传统农村社区的发展呈现一种无序的态势。

## （二）社区经济活动的简单性

传统的自然经济是传统农村社区的主要经济形式，农村社区人口仍然固守着千百年来对于土地的依附关系。第一，土地是农民的生产资料之一，却也是其为数不多的生产资料中的绝大部分。依附于土地进行农业生产活动而取得的成果，除供自身消费外，亦仅限于在农村社区内进行"以物易物"的活动。第二，在计划经济体制中，每种产品的生产都是由个人单独或少部分人一起合作完成的，社会分工不是很明确。第三，农民始终从事着种植业这一单纯的经济活动，农民离不开土地，一切经济活动均是以土地为基础而发生的。相比现在而言，传统农村社区更接近于费孝通先生所说的"熟人社会"，居民之间更多的是道义上的互帮互助，经济上的往来相对来说比较贫乏。社区的发展手段是经济，同时，社区的发展目标也是经济，所以经济活动的简单性严重抑制了传统农村社区的发展。

## （三）社区组织的行政归属性

计划经济下的传统农村社区的经济、政治，与行政组织之间具有一致性，社会组织亦是依附于行政组织而存在的。社区组织以血缘的或地缘的群体等初级关系为基础建立，此时的次级关系（如政府、企业、社会组织等）更多的出现在城市中。社区组织的行政归属性，意味着其实际上承担着双重的职能——既要完成社区内部的事务，又要办理政府及其派出机构所交办的任务；既要对本社区的居民负责，也要对政府及其派出机构负责。因而，传统农村社区的发展带着浓重的行政化色彩。我国作为一个幅员辽阔的大国，农村社区的发展应当结合一个地区的实际情况进行设计，行政应当起到并且仅仅起到的是保障与促进社区发展的作用。

（四）劳动人口群体的同质性

传统农村社区由于基于相同的或者相近的生活方式、思维方式、文化传统的影响，农村居民从心理到外观都表现出一种同质性。他们进行同样的生活，从事相同的职业，拥有相同的生产和生活方式，更有甚者，拥有相同的祖先。这种同质性带来的弊端远远大于其形成的优势。一是社区居民文化素质普遍偏低。传统农村社区教育资源匮乏，居民在受教育上的机会较低，这就导致了经济落后，而经济落后再次制约了文化的发展。从而，形成了一个恶性循环。二是生产、生活方式的陈旧。实际上，生产和生活方式的变革，首先应当出自于思想意识层面，只有人们意识到自身的落后方能寻求变革的途径，从而形成变革的动力。但是同质性使得传统农村社区居民在思想上表现为高度相似性甚至相同性，进而从根源上阻断了变革的发生。三是贫困程度愈演愈烈。传统农村社区，在有限的自然资源基础上，呈现一种"僧多粥少"的局面，致使大家在某种"短缺"中"安享"着相对贫困。

## 三、当代中国农村社区：政府主导下多功能的集聚

改革开放以来，随着我国社会主义市场经济体制的逐步推进，农村社区发展焕发出了新的活力。与传统农村社区相比，目前中国的农村社区发展具有开放性、流动性、异质性、变化性四方面特征。[1] 在现行体制中，农村社区既承担着村民自治的功能，也承担了部分国家行政部门的功能。当代中国的农村社区发展完成了政府主导下多功能的集聚和整合，成功地克服了传统农村社区发展的弱势，但随着时间的推移和形势的变化，一些新的问题又突显出来。

---

[1] 徐勇：《在社会主义新农村建设中推进农村社区建设》，载《江汉论坛》，2007年第4期。

(一)政府职能不明确,社区组织行政化——农村社区发展的体制障碍

目前,我国农村社区建设还在逐步摸索中发展,各方面并不完善,政府的扶持和推动是现阶段农村社区发展的主要模式,即表现为政府主导型的农村社区发展。但是这种社区发展很难突破现行的管理体制而获得深度进步。政府在农村社区发展中处于主导地位,甚至主导着农村社区的职能定位和功能发挥。当代农村社区的发展虽然克服了传统农村社区发展的较多不足,但该问题的存在却是其在具有现代性的同时对其自身传统性的保留。如前所述,农村社区承担着双重职能:既要完成社区的事务,又要办理政府及其派出机构所交办的任务;既要对社区居民负责,也要对政府及其派出机构负责。这种形势有其合理性也有其不足。

基于我国的传统建制,农村社区大多数是在以前乡村的基础上形成的,受上级政府的直接领导。这就为政府对农村社区直接发布"工作指示"奠定了基础。社区工作的开展在较大程度上受到政府的制约,社区在处理自身事务时往往要获得政府的批准或认同,或者政府越位指示农村社区管理其职责以外的属于政府管理范畴的事项。政府主导下的发展模式在一定程度上限制了农村社区的自我教育、自我管理、自我服务的功能,同时也阻碍了农村社区的未来发展。

(二)社区经济基础薄弱,缺乏金融支持——农村社区发展的经济障碍

与城市社区一样,农村社区的发展仍以经济的发展境况为基础,要发展农村社区就必然需要依靠资金的强力支持。农村社区目前发展所需要的资金主要来源于政府的财政投入,而政府财政投入往往主要投向那些具有发展潜力的农村社区。这就使得不同农村社区的发展因支撑力不同而变得极不均衡。财政支持是影响农村社区发展的重要方面,但是鉴于我国现阶段的基本国情,想要完全依靠政府的财政投入而实现农村社区的重大改革乃至深度发展是不现实的。大部分农村社区已经开始意识到了这一点,进而实行以村集体自筹的方式来寻求资金支持。

限于我国现阶段的发展环境,村集体自筹资金的方式亦遇到了瓶颈。首先,由于市场机制的不完善,村集体的金融需求不能得到满足。农业发展银行基本上不会与其发生直接的信贷业务。我国目前也没有相应的保障农村社区发展获得相应优惠条件的政策。其次,银行业支持农村社区建设的意识还不够强烈。国内的银行等机构对农村社区建设的操作模式、项目开发、交易规则、价值等尚不熟悉,农村社区发展的巨大潜力还有待金融机构等深度认识和大力发掘。最后,金融支持农村社区发展的法律制度阙如。我国的法律体系尚不健全,专门针对支持农村社区发展的金融机构的法律可以说没有。由此可见,金融机构可以成为我国农村社区发展强有力的支撑,但将金融资金引入社区发展仍存在着较大的障碍,需要进行多方面的努力。

(三)社区保障制度不健全,贫富差距大——农村社区发展的制度障碍

长期以来,我国都存在着大面积的贫困区和大量的贫困人口,坚持不懈的社区建设在一定区域内取得了令人瞩目的成就,但也不能否认,这种局部繁荣并没有使得贫困问题得到根治,却在一定程度上再次拉大了贫富差距。毫无疑问,发展农村社区,首当其冲的就是解决农村居民的温饱问题。我国的国策允许一部分人先富起来,但其富起来的目的是为了带动其他未富起来的同胞,至少应让这部分人的生活能够达到当地最低生活标准,正所谓"先富带后富,最后达共富"。显然,国策所蕴含的深层目的还没有真正达到。

国内外经验表明,农村社区的发展与农民权益的保护应当并重,才能实现农村社区建设的最佳效益,所以,在目前规制欠缺导致发展不力的情势下,社区保障体系的完善迫在眉睫。当前,我国的社区保障体系仍然处于起步阶段。首先,教育制度不完善。目前,针对农村社区的教育制度存在着理念文化不清楚、教育文化不重视、管理文化不到位、发展文化不准确等问题。[1]众所周知,我国农民的总体素质普遍偏低,究其根源,就是由于农村的教育体制不完善和发展力度不充分造成的。社区居民文化素质低,会直接成为影响

---

[1] 弓玉彬:《基于文化视角的农村社区困境与对策研究》,载《安徽农业科学》,2012年第6期。

农村社区稳定的不安定因素，阻碍农村社区的发展。其次，社会保障制度不健全。贫富差距极大是我国现阶段的基本国情，所以农村社会保障的立法内容也应该主要集中在最低生活救助保障、农村居民医疗与健康保障、农民养老保障、计划生育与母婴保健保障、农村救灾救济保障、农村优扶保障以及农村集体或社区福利等几个方面。① 就我国的国情来说，由于历史、政策等多方面的原因，城乡差异悬殊，农民作为一个整体在社会中基本上处于比较弱势的地位，而我国又是一个农业大国，农业人口占总人口中的绝大比重。所以，关注农村社会保障，就具有更加重大的现实意义，这对我国农村社区的建设和可持续发展具有深远的影响。

## 四、当代中国农村社区发展的现代转型——以农民环境权与金融权为基础

经过多年的努力，我国农村社区建设在很多方面所取得的成就有目共睹，但由于各种因素而导致的问题也显而易见。面对困难，我们只能迎难而上，沉着应对；解决问题，我们应该对症下药，务求实效。就目前现状来看，宜从农村社区的管理体制、金融支持制度、社会保障制度、发展教育制度四个方面来解决我国农村社区发展现代转型中的难题。

### （一）理顺农村社区发展管理体制，突出其自治性、自愿性

在政府主导型农村社区发展体制下，社区被赋予了过多的行政职能，致使其潜能难以得到充分发挥。为此，我们应该重新定位政府在农村社区发展中的角色，变主导型政府为引导型政府，深度发挥农村社区的主观能动性。农村社区应当是承接政府公共服务职能的平台，而非政府行政职能的延伸。在社区发展中，政府、社区组织、社区居民以及其他社会力量是一个相辅相成的有机整体，他们各有分工，相互配合，缺一不可。政府是全局性的战略规划的制定者，其从宏观的角度对农村社区发展进行规制，并且在职责范围

---

① 刘金红、段庆林、董明辉：《我国农村社会保障制度研究》，载《中国软科学》，2001年第1期。

内提供必要的技术、资金及其他方面的支持；社区组织则应该自觉地发挥其主观能动性，让农民能够积极地参与到农村社区发展中来，并管理其自治范围内的社区事务。

对于农村社区的未来发展，政府应当站在一个高屋建瓴的高度，实行行政引导。从根本上而言，农村社区的发展是一个村民自治的过程，政府的主要任务在于政策引导、资金支持以及规划监督等方面，过多的行政干涉只会抑制社区的发展。一方面，农民仍然应当是农村社区发展的核心。政府引导型的农村社区发展能够充分调动农民的积极性，并且促使社区发展朝着有利于农民环境权益和金融权益的方向发展。另一方面，大力培育 NGO[①] 组织。现代农村社区发展要综合运用法律、经济、行政手段，NGO 组织就能够有效淡化行政手段而彰显法律手段的运用，以服务为主要方式在促进农村社区的发展的同时对农民的环境权和金融权予以保障。

（二）构建农村社区发展金融支持制度，突出其灵活性、多变性

资金不足是农村社区发展的重要制约因素之一，而这个问题单纯依靠政府财政支撑来解决是不现实的，故金融支持制度的构建已急如星火。首先，拓宽资金的来源渠道。现代农村社区的发展，除了政府财政投资以外，亦要采用市场机制，引导"市场资本"和金融机构投入该领域。其次，完善金融支持农村社区发展的相关法律制度。国家必须通过有关立法，将金融机构的行为与政府、财政、中央银行、各商业金融机构、合作金融机构以及借款人的关系以法律形式予以规范，并使得金融支持农村社区发展的行为有法可依、有据可查、有规可循，以保障各方的利益。再次，进行信贷倾斜。金融机构等可以通过优先贷款、低息贷款、提前贴现等手段，给予相关农村社区一定的投资倾斜和资金支持；农业金融机构应当发挥农业信贷资金的扶持、示范与引导作用，通过把资金合理配置到农村社区建设上，实现农村社区的快速

---

① NGO，是英文 "non‐governmental organization" 一词的缩写，具体是指在特定法律系统下，不被视为政府部门的社团、协会、慈善信托、基金会、非营利公司或者其他法人，不以营利为目的的非政府组织。NGO 不是政府，不靠权力驱动；也不是经济体，不靠经济利益驱动。

发展，同时促进农村经济的可持续发展。最后，健全资金投入机制。政府运用适当的财政政策引导、鼓励和扶持农村社区的发展，促进我国新农村建设。在制度上构建发展环境金融的激励机制，从而同时实现农村社区的发展和农民环境权与金融权的保障。

（三）健全农村社区发展社会保障体系，突出其公共性、社会性

我国的农村社会保障体系已初步形成，农村社会最低保障制度亦在逐步完善过程中。构建完善的农村社区社会保障体系，应以覆盖城乡、制度统一、标准有别为基本目标。（1）规范和完善农村最低生活保障体系。基于我国各行政区划的区别，应当建立以本地区实际为标准的最低生活保障制度；制定停发、增发或减发最低生活保障金的程序，并严格依照相应的程序规定予以办理；社保金的发放情况应该定期向社会公示。（2）切实落实最低生活保障金制度。农村最低生活保障金由地方各级人民政府从本级地方财政中支出，政府应当加大对其的投入。（3）以行政领导的方式确保农村最低生活保障制度的实施。（4）建立健全失地农民的生活保障制度。失地农民是农村社区中的特殊群体，社区应当担负起他们的养老、医疗、教育等方面的适量支出，使其能够在失地后感到没有后顾之忧。"现代市场经济不仅需要资本推动，而且需要一个温情政府。"[①]众所周知，资本是高效的分配资源，但其本身是缺少人情味的，正如马克思所言："资本来到世间，从头到脚，每个毛孔都滴着血和肮脏的东西"[②]。因此，如果要想社会主义市场经济能够拥有高效率和人情味，我们就需要"温情的政府"在保障经济发展速度的同时，保护弱势群体的基本生活权利，在社会公共事业中投入足够的资金，增强国民的生活安全感。解决了这个问题之后，社会大众也就免除了一项重大的后顾之忧，进而能够团结起来共同建设更加美好的家园。

（四）完善农村社区发展教育制度，突出其系统性、科学性

教育是基础，是农村社区发展的动力源泉。教育制度是一个社会赖以传

---

① 刘子操：《中国社会保障制度研究》，中国金融出版社 2006 年版，第 98—103 页。
② 《马克思恩格斯选集》第 2 卷，人民出版社 1995 年版，第 266 页。

授知识和文化遗产以及影响个人社会活动和智力增长的正式机构和组织的总格局。它是社会制度中的一种，与政治、经济、文化、宗教、家庭制度并存于社会结构之中。我国农村社区居民的受教育程度普遍偏低，这直接影响了其综合素质尤其是文化素质的大幅提高，进而使得居民自身素质的高低也成为影响农村社区发展的重要因素。现代农村社区建设，建设的是新型农村社区，对农民的自身素质要求相比传统社区而言有了显著的提高。为建设现代化的农村社区，国家予以诸多政策支持和人才支援，如大学生村官、选调生等，以便为农村社区建设倾注活力和能量。

此外，更应注重农村教育制度的发展完善。人才是国家发展的第一战略资源，农民人才或农村社区人才则是农村社区建设的生力军。首先，有针对性地对社区居民进行培训，以改善其工作态度，提高其工作技能。其次，注重社区内学校的建立。农村社区可以与其相对应的城镇学校实行"一对一帮扶"，城镇学校的老师可利用其周末等休息时间轮流到社区支教，以弥补社区师资的不足，扩大社区学生的视野。最后，农村社区可以定期举办相应的知识讲座、知识竞赛等方式来进行宣传和教育。这样不仅丰富了社区居民的业余生活，更会在潜移默化之中增加知识储备，从而更好地为农村社区发展出谋划策。

## 五、结语

农民的环境权和金融权关系到农民的切身利益，同时也在很大程度上决定了现代农村社区能否继续发展。针对目前农村社区中存在的现实问题，我们应该以这两个方面为基础，积极探索解决路径，比如：改变目前政府在农村社区的定位，将其变为引导型角色，让政府、社区居民、社区组织以及其他社会力量组成一个相辅相成的有机整体，默契配合，高效互动；构建灵活多变的金融制度，为农民提供资金支持，缓解乃至破解农村社区建设的资金困境；在现有制度的基础上健全农村社区的社会保障制度，使得农民能够心有所望，身有所靠；完善教育制度，提高农民的文化素质，培育未来的农民人才；等等。社会主义新农村建设是一项利在当代功在千秋的伟大工程，需要汇聚全党全民智慧和调动各方各界力量才能最终达成。十八大报告指出：

"解决好农业农村农民问题是全党工作重中之重,城乡发展一体化是解决'三农'问题的根本途径。"① 毫无疑问,十大八报告对新时期中国三农建设的顶层设计也昭示了农村社区建设在社会主义新农村建设中的责任和作用。作为新时期中国"三农"建设的重要组成部分,农村社区的建设进程和发展水平关系到我国社会主义现代化建设的整体境况,必将在全面建设小康社会和现代化国家建设的恢弘征程中有所担当。

(此文载于《聊城大学学报》2013年第6期)

---

① 新华网:《十八大报告(全文)》,http://www.xj.xinhuanet.com/2012－11/19/c_113722546_4.htm.

# 浅谈我国农村公共产品供给面临的困境及解决路径

张西勇*

**摘 要**：随着我国农村社会经济的发展，广大农民对农村公共产品有着强烈的需求冲动，农村产品或公共服务具有巨大的需求空间。然而，在利益多元化的当今社会，农民缺乏社会组织，缺少利益需求表达机制，极大地影响了农村公共产品的供给。因此，完善农村公共产品供给体制，构建农民对农村公共产品或服务的需求表达机制，走出农村公共产品供给存在的诸多困境，对建设社会主义新农村，推动农村经济社会的发展具有重要的意义。

农村公共产品供给对我国农村经济发展和社会稳定具有重要意义。由于我国农村生产组织的分散化、农业部门的特殊性、农产品市场的风险性以及广大农民弱势群体的地位，决定了农民对农村公共产品具有强烈的依赖性，农村公共产品供给状况直接关系到农业生产的丰歉和农民的生活状况。随着社会主义新农村建设的推进，由于农民对农村公共产品的需求表达机制不畅通而影响农村公共产品的供给问题引起各方面的广泛关注。因此，从我国农村实际出发，对我国农村公共产品的供给困境进行分析，并创新农村公共产品供给机制具有重要的理论意义和现实意义。

---

* 张西勇（1975— ）男，山东阳谷人，山东聊城大学政治与公共管理学院讲师，中共中央党校政治学理论专业在读博士，从事政治学理论和行政管理现代化研究。

## 一、我国农村公共产品供给历史

相对于农民私人财产而言,"农村公共产品是指具有非竞争性,非排他性特点并且用于满足农村公共需要的产品。"① 根据在消费过程中的不同性质,农村公共产品又可分为纯公共产品和准公共产品。农村纯公共产品是指在消费过程中具有完全非竞争性和非排他性,一般应由政府免费提供的产品。如农村综合发展规划研究、农村环境保护、大江大河治理、农村基础科学研究等。准公共产品是指介于纯公共产品和私人产品中间,在消费过程中具有不完全非竞争性和非排他性的产品,主要包括:在性质上近于纯公共产品的农村基础教育、公共卫生、社会保障、电力设施、小流域防洪涝设施建设、农业科技成果推广等;一般准公共产品,如农村高中(职高)教育、水利设施、医疗、道路建设等;在性质上近于私人产品的准公共产品,如农村电信、电视、自来水等。②

中国传统社会实行郡县制,国家政权只到达州、县,"在帝国统治下,行政机构的管理还没有渗透到乡村一级,而宗族特有的势力却维护着乡村的安定和秩序"。③ 更有人进一步指出,"在传统中国社会,事实上存在着两种秩序和力量:一种是'官治'秩序或国家力量;另一种是乡土秩序或民间力量。前者以皇权为中心,自上而下形成等级分明的梯形结构;后者以家族为中心,聚族而居形成'蜂窝状结构'的村落自治共同体,连接这两种秩序和力量的是乡绅精英阶层。"④ 这种情形使得中国传统社会形成"国权不下县,县下唯宗族,宗族皆自治,自治靠伦理,伦理造乡绅"⑤ 的格局,乡绅阶层成为乡村

---

① 国家发展和改革委员会:《中国高技术产业进展报告2005—2006》,化学工业出版社2006年版,第12页。
② 张晓燕:《我国农村公共产品供给的困境分析与机制创新》,载《生态经济》,2007第12期。
③ [美] W. 古德:《家庭》,魏章玲译,社会科学文献出版社1986年版,第166页。
④ Vivienne Shue. Sketches of the Chinese Body Politic. Standford University Press, 1998. 178.
⑤ 秦晖:《传统十论——本土社会的制度文化与其变革》,复旦大学出版社2003年版,第3页。

社会的主导性力量。由于国家不能有效地整合、动员乡村社会资源，因此，提供农村公共产品的重任，往往落在乡绅的肩上，而由于乡绅的利益主要在地方上，他们也乐意承担在农村提供公共产品的责任，如修路、修桥、供水、开办教育、提供地方公共安全等。因此，在中国传统社会，除大型的水利设施等农村公共物品由政府提供外，农村大部分公共物品是由乡绅阶层来组织提供的，乡绅阶层是中国传统社会农村公共产品的提供主体。

1949年以后，由于政府把传统宗族、社区自然形成的小共同体认为是对自己权威潜在的威胁，它们几乎全被解构、扫荡几尽，"国家把所有人纳入自上而下的动员体系中，每个人都归属于国家，在无所不在的国家权力挤压下，其他社会组织趋于消失"①。随着农村宗族组织等社会组织的消亡，在农村实行"政社合一"的人民公社制度，来实现农村公共产品的供给。毛泽东对公社的设想是：乡村中将是许多共产主义的公社，每个公社有自己的农业、工业，有大学、中学、小学，有医院，有科学研究机关，有商业和服务行业，有交通事业，有托儿所和公共食堂，有俱乐部，也有维持治安的民警等等。在人民公社建立过程中，农村公共物品的供给尽管不足，但是还是比较及时，并且许多大型的水利设施、基础设施在此期间有了很大发展。可见，在1978年改革开放之前，人民公社承担了农村公共产品的供给，成了农村公共产品供给的唯一主体。随着农村家庭联产承包责任制的确立，农村基层组织经济功能弱化，提供公共产品的能力降低。政府的投资减少，国家力量逐渐淡出农村公共产品的提供，但没有其他组织来弥补国家力量退出的空缺，导致农村公共产品提供主体的缺位，人民公社时期修建的水利设施、基础设施逐渐衰坏，农村出现了空壳化、衰败化。有鉴于此，国家实施建设社会主义新农村战略，期望以工业反哺农业，以更多的财政补贴来实现农村的振兴，改善农村公共产品的供给状况，提高农民的生活水平，促进农村经济社会的进一步发展。

## 二、目前我国农村公共产品供给概况

我国城市的公共产品就是由各级政府提供的，但在农村，各级政府提供

---

① 秦晖：《变革之道》，郑州大学出版社2007年版，第59页。

的公共产品相对较少，受财力限制，许多应由国家提供的公共产品都供给不足，农村公共产品的供给责任主要落在了村级组织（村委会）头上。近年来，随着社会主义新农村建设的推进，中央政府对农村的财政转移支付逐步增加，在一定程度上改变了农村公共产品的供给不足的状况，但农村公共产品供给不足，结构失衡的局面短期内难以改变。

（一）供给责任不清，主体错位

提供公共产品是政府的责任，根据公共财政理论，农村纯公共产品由政府免费提供；对于农村准公共产品的提供，市场机制可以发挥一定的作用。一般来说，凡是具有全国规模和全局性质的公共产品，应当由中央政府进行决策和组织提供，凡具有地方规模和地域限制的公共产品，应当由各个不同的地方政府公共决策和组织供给。但在实际中，政府与市场，中央政府与地方政府在农村公共产品供给的责任划分上不尽合理，长期的"以农补工"使我国农业基础设施严重不足，国家理应加大对农村公共产品的投入，但多年来对农村公共产品投资始终偏低，本来应该由政府提供的公共产品或由政府与农民共同承担的公共产品成本，却完全由农民承担；本来应该由上级政府提供的公共产品却通过政府权威转移事权，交由下级政府提供，最后最终落到乡政府和农民头上。如农村修建道路、修缮校舍、公益事业、社会福利等许多属于政府职责范围的公共产品，都由村民委员会提供。村委会则依靠向农民收取的公积金、公益金和管理费以承担公共产品供给的责任。村委会只是村民的自治性组织、不是政府的行政机关，没有征税权，它对公共产品的供给资金需要向农户筹集，或由属于村民共同所有的集体企业出资。由于农村经济发展缓慢，大部分农产品收入较低，村集体用于公共产品提供的资金缺乏，供给极其有限。由于中央政府、地方政府、村集体等农村公共产品供给主体责任不清，职能错位，导致农村公共产品的供给普遍不足。

（二）制度外供给加重了农民的负担

农村公共产品的制度外供给是相对于制度内供给而言的。制度内供给是指农村公共产品的供给是通过税收筹集，并纳入国家公共税收系统来进行的；而制度外供给"是指农村公共产品的供给既不通过税收筹集，又不纳入国家公共税收系统来进行的"①。由于公共财政的预算内收入较低,导致制度内公共产品供给不足,为了提供最基本的公共产品的供应,只好通过预算外和制度外收入弥补经费的不足。尽管我国农村基层制度外供给在农村公共产品供给方面起了一定的积极作用,但它是农民负担加重的根本原因。公共产品制度外供给决定了其供给不规范性和决策机制的"自上而下"性。我国现行的农村公共产品供给机制,实质上是人民公社体制下农村公共产品供给机制的延续,公共产品的供给沿用旧有的"自上而下"的决策程序,乡村组织内部没有建立让农民充分表达对公共产品需求的合理制度安排,他们缺乏选择的权利,只能由政府"自上而下"来强制。农村公共产品供给强制性制度安排中的这些特征,使政府有较大的自主权以各种名目向农民征收各种费用,名目繁多的费用超过了农户的实际供给能力,从而加重了农民的负担,使农民的对抗情绪明显加强。并且,这种自上而下的强制供给机制,较少顾及农民的实际需求,使得现行的农村公共产品供给效率低下。

### (三) 农村公共产品供给与其受益不对等

税负受益原则主张纳税人的税收支付应与其享受的公共服务相对应,但是,我国政府收取的税费并没有全部用到农民普通受益的公共服务上。据统计,在我国乡镇政府的财政支出中,人员经费占60%—80%以上,且提供的大部分公共产品分布极为不均衡,如公共安全、公共卫生、交通服务主要集中在乡镇政府所在地,广大农村地区受益较小。受我国传统计划体制的影响,政府机构承担很大的直接资源配置功能。一是基层政府中存在一些非公共部门性质的机构,它们占有的税费多而公共服务的产出少。在改革初期,为发展地方经济,大量公共资源被用来生产私人产品,其中失败的投资成为地方政府的债务,这些债务的偿还占用了部分的税费。它导致财政支出对农民没有任何公共服务的受益,成为一种没有交换的负担。二是地方政府工作效率低下,财政资源没有得到最有效的使用。高额的财政支出和低下的公共服务加大了农民税费支出和低下的公共服务,加大了农民税费支付和受益之间的

---

① 李彬:《乡村公共产品制度外供给分析》,中国社会科学出版社2003年版,第26页。

不对等。三是一些地方公共产品具有较大的外部性。如基础教育，是为了全国人民的共同利益，是全国性的公共产品，本应由上级政府统筹安排，但目前农村基础教育作为公共产品主要由乡政府以及村集体承担，这些都损害了税收公平的受益原则。

### 三、创新我国农村公共产品供给机制探析

农村公共产品供给问题是多种因素长期综合作用形成的，其制约着"三农"问题的解决和社会主义新农村建设。因此，必须寻求摆脱困境的出路，创新农村公共产品供给机制。

#### （一）建立城乡一体化的公共产品供给体系

这是重构农村公共产品供给制度应该首先解决的问题。长期以来，我国在经济发展上重视工业和城市的发展，形成了二元经济社会结构，同时也形成了不同的公共产品供给体系。城市实行的是以政府为主导的发展，形成了二元经济社会结构，同时也形成了不同的公共产品供给制度。相对于城市而言，农村在很大程度上实行的是以农民为主的"自给自足"型公共产品供给制度。面对城乡在公共产品供给上的巨大差距，实现城乡两种公共产品制度的并轨，建立城乡一体化的公共产品供给机制是必然的选择。因此，必须统筹城乡之间公共产品的供给，使农村和城市都能获得均衡的公共产品。在具体措施上，国家应贯彻现阶段"工业反哺农业，城市支持农村"的方针，把解决好农业，农村和农民共同需要的公共产品供给问题放在优先位置，在公共政策上更多考虑农村和农业发展的需要，加大对农村基础设施、农村义务教育、农村公共卫生及农村社会保障的财政支持力度。让公共财政阳光普照农村大地，改善农村金融服务，加快形成促进农业和农村发展的财政和投资融资体制，强化政府对农村的公共服务，尽早实现公共产品供给的城乡均衡。

#### （二）建立民主、科学的农村公共产品供给决策机制

长期以来，我国农村公共产品需求的决策机制是"自上而下"进行的，往往不能真正反映农民的需求，导致农村公共产品供给结构失衡，并造成有

限公共资源的浪费。因此，应建立"自下而上"的由农民内部需求决定的公共产品供给机制。通过"自下而上"的公共产品决策机制，将公共产品的选择权交给需求者，让农民真正参与决策，这样不仅能够防止政府在农村公共产品决策中的"越位"，而且能够保证供给的效率。建立"自下而上"决策机制可以结合农村的民主政治建设，通过农村民主制度的建设和发展，推动农民参与公共产品决策，整合他们的需求意愿，充分反映他们的需求。首先，应建立公共产品的需求表达机制，变由外生变量即来自农村外部的各种因素来决策公共产品的供给为由农村内部需求决定公共产品的供给机制，使一个村或一个乡镇范围内多数人的需求意愿得以体现。其次，规范农村"一事一议"制度。应提高农民对"一事一议"的积极性，充分发挥农民自治组织的作用，对农村公共产品的供给进行民主表决。再次，改革农村基层领导人的产生办法，大力推进选举制度的改革，使农村基层领导人均由基层民主选举产生，以使"自下而上"的决策贴近广大农民的需求。同时，政府和村组织应实现公共产品供给方面的信息公开、透明，这是农民进行决策的前提；而基层政府和村组织反映农民的真实意愿，是"自下而上"决策机制得以实现的保证。

（三）明确各级政府在农村公共产品供给上的职责范围

在人类社会处理公共事务的组织结构中，政府是迄今为止人类所创造的重要的一元和最有力的制度安排，它以垄断合法暴力为后盾，其基本地位、角色和作用都是其他元素不能够也不可以替代的，而且随着社会的发展，其他主体元素的活动越来越被纳入政府的视野之中。在现代尤其是当代国家——社会关系形态下，政府作用是最重要的，"这不但体现为政府是公共产品和公共服务供给的最重要的主体，而且也体现为其他社会主体进入公共事务领域时，必须以得到政府的许可或授权为前提条件，必须在政府的监管下进行具体的经营活动。"① 由于提供公共产品是现代政府最基本的职能，因此，合理确定各级政府的财权和事权，分清农村的工作性质是明确农村公共产品供给主体的关键。中央政府和地方政府"应根据事权和财权相一致"的原则

---

① 唐娟：《政府治理论》，中国社会科学出版社 2006 年版，第 3 页。

来确定公共产品的提供范围，按照地域和层次进行划分，国家划定各农村公共产品的层次，合理界定各级政府的财权和事权范围，将不同类型的公共产品供给主体明确化，并建立相配套的责任追究机制。实现政府成本最小化。因此，按照"事权与财权相一致"的原则，必须调整和理顺各级政府的财政分配关系，赋予地方政府一定的财权，建立完善的转移支付制度，扩大县乡两级政府在分享税种中的比重，以保证地方政府对农村公共产品的供给能力。

## （四）建立多元化的农村公共产品供给主体结构

治理理论强调：在公共事务管理的制度安排方面，"反对把它们要么归入私人领域的制度，要么归入公共领域的制度"①的两极化摇摆的思路，主张在社会公共事务管理结构上的多中心制度安排，即各种公共的或私人的机构和公民个人采取各种方式共同管理公共事务，共同分担解决公共问题的责任；强调在公共事务管理中要建立国家——社会、政府——公民、公共部门——私人部门的互相依赖、互相协商、互相合作的关系，要求由多元主体在协商合作的基础上共同管理公共事务。我国农村地域广大，对农村公共产品的需求规模较大，仅靠国家财政投入难以满足对公共产品的需求。因此，当务之急是积极探索农村公共产品供给机制，促进单一的供给主体向多元化主体转化，不断拓展农村公共产品供给的新渠道。根据农村公共产品的不同性质，其供给主体必须实现多元化，既可以是各级政府，也可以是市场，还可以是村级组织或第三种力量。全国性农村公共产品由中央政府承担，地方性农村公共产品由地方政府承担，一些跨地区的公共项目和工程可由地方政府承担为主，中央政府在一定程度上参与协调。社区在农村公共产品中发挥补充作用。农村社区负责提供受益性仅存于村落范围内的农村公共产品这类公共产品，如村内的渠道、路灯建设、垃圾处理等与村民生产、生活密切相关的公共产品或服务，还可以把市场引入农村公共产品的供给领域，通过更多地引进市场机制和私人投资者，构建政府、私营部门、私人相互合作的公共服

---

① ［美］埃莉诺·奥斯特罗姆等：《制度激励与可持续发展》，毛寿龙译，上海三联书店 2000 年版，第 25 页。

务体系，提高供给效率，提供更多更好的公共产品。这样，通过多样化的制度安排，充分发挥这些供给主体的合力作用，是有效摆脱我国农村公共产品供给困境的必然和现实选择。

（此文载于《山东省农业管理干部学院学报》2013年第4期）

# 鲁西北平原农村土地流转现状及问题与对策

## ——基于聊城市 29 个村庄的调查

张西勇

**摘 要**：农业技术的改进对劳动力需求的减少和城市化、工业化对农村劳动力的吸收，使得农村土地流转成为发展趋势。以聊城市 29 个村庄为研究对象，采用问卷、访谈等研究方法，对以农业生产为主的鲁西北平原农村土地流转现状进行了调查，从制度环境、农民意愿等层面分析了影响农村土地流转的因素。为健全农村土地流转机制，保障农民合法权益，从完善土地流转配套制度、确立农民主体地位、强化政府服务职能等角度提出建议。

农村土地流转可以优化土地资源配置，实现土地规模化、集约化经营，促进农村产业化的发展，加快农村劳动力向城市的转移。党的十八大提出："依法维护农民土地承包经营权……发展多种形式规模经营，构建集约化、专业化、组织化、社会化相结合的新型农业经营体系。"党的政策为农村的土地流转提供了制度保障。然而，不同的地区对这一制度的需求是不一样的。学者们对农村土地流转的研究也多集中在经济比较发达的东部沿海地区[1]，东部沿海地区经济发达，工业化、城市化的程度较高，工业用地出现短缺，急需把农业用地流转为工业用地，以满足工业发展的需求。在这些地区，由于城

---

[1] 吴晨：《广东农地流转的现状、问题与对策——基于 2007 年广东 10 市 654 户农户的调查》，载《南方农村》，2008 年第 6 期。

市化和工业化能够吸收大量农村剩余劳动力，土地对农民的社会保障功能已经弱化，地方政府早已进行规划，通过事实上的土地流转，来解决工业发展用地的不足。对这些地方来说，"土地流转制度起到了把事实上的合理性转化为法理上的合理性的作用。"（郑永年，2011）

随着我国经济社会的发展，欠发达地区也加快了工业化、城市化的进程。在推进"新型城镇化"建设的背景下，研究欠发达地区的农村土地流转问题，有利于保障农民的合法权益，促进社会主义新农村的建设和农村社会的稳定发展。为此，以山东省聊城市农村和农户作为研究对象，采用随机抽样和入户调查定量研究方法，调查鲁西北平原农村土地流转的现状、农民对土地流转的认知、态度和实际需求，以及其影响因素等，以期为加快经济欠发达地区农村土地流转的政策完善提供科学依据，促进农村经济社会的持续健康发展。

## 一、调查方法及统计分析

### （一）调查方法

调查分为对村庄调查和农户调查两个部分，其目的是通过了解聊城市农村土地流转的实际状况、影响因素，来分析鲁西北平原农村土地流转存在的问题及解决路径。

对于农村集体有关信息，采取结构式问卷进行定量调查，调查对象是熟悉样本村集体信息的村干部。调查内容包括农村人口就业状况、经济发展状况、农村土地结构、土地流转状况和效果，影响农村土地流转的主要因素等。

对农户的调查采取结构问卷方法，进行入户调查。调研以问卷调查为主，并结合访谈等形式进行[1]。涉及家庭人口状况、经济状况、土地承包状况，重点调查农户家庭承包地的流转状况，包括有无流转、流转的动机、过程和效果，对土地流转的认知、意愿以及有关问题等方面。

---

[1] 焦玉良：《鲁中传统农业区农户土地流转意愿的实证研究》，载《山东农业大学学报（社科版）》，2005年第1期。

## （二）数据来源

### 1. 样本的选取

聊城市全市 8 个县（市、区）、1 个经济开发区，共有 132 个乡镇（街道办）、6534 个行政村，农业人口 484.15 万（占全市人口总数的 82.77%），耕地面积 $56.57 \times 104 hm^2$，人均耕地面积 $0.1 hm^2$。截至 2012 年初，聊城市土地承包经营权流转面积为 $1.78 \times 104 hm^2$，占农村家庭承包耕地面积的 3.12%。本次调查采取分阶段随机抽样方法选取实地调查的样本村。

第一阶段：列出聊城市 132 个乡、镇或街道名单，随机选取 10 个乡镇。

第二阶段：对选出的 10 个乡镇，列出行政村名单，每乡镇随机选取 4 个村。

第三阶段：对选中的样本村，按照右手原则等距抽取 10 户农户进行随机调查，如果没有包含土地流转户，则进行补选。

本次调查选择 40 个村，实际回收有效问卷为 29 份，有效率为 72.5%。

### 2. 数据处理与分析

首先对问卷进行处理，剔除不合格问卷，对问卷的问题和各项选项进行编码；然后将数据录入数据库，进行分析指标设定，提出分析方案，通过—atlab、30A33.13 等统计软件对数据进行组织、交叉、相关分析等处理，最终形成分析图表和报告[①]。

## （三）受访村庄与农户情况

### 1. 受访村庄情况

有效受访的 29 个村庄中，有 27 个为普通农村，1 个位于乡镇政府驻地，1 个位于县城近郊（5km 内）。调查数据显示，平均每个村庄有农户 235.59 户，户均 3.8793 人；每个村庄总人口平均为 886.72 人，其中劳动力人口平均为 413.1 人，占全村人口的 46.59%。

另外，分项统计显示，平均每村从业人员共计 527.38 人，占全村人口的

---

① 李友根、向扬：《基于问卷调查的城乡养老保障体系社会失衡问题分析》，载《农村经济》，2010 年第 9 期。

59.47%。从业人员中,有 52% 完全从事农业;39% 既从事农业又从事其他行业,属于兼业人员;另外 9% 已经脱离农业就业。在有效受访的 29 个村庄中,90% 的村庄有特色产业,其中 80% 村庄的特色产业为蔬菜种植,其他产业如果树种植、养殖、棉花、油菜木材加工、机械维修等比重不大。拥有特色产业的村庄中,平均从业户数为 127.69 户,占村庄总户数的 54.20%,户均产值为 2.48 万元。调查结果显示,所调查村人均年收入 4553.57 元,按户均人口 3.8793 计算,得到户均年收入为 17664.67 元。

目前,平均每个村庄拥有集体所有土地或使用的国有土地总共 117.16hm²,其中包括耕地 89.45hm²,林地 10.55hm²,四荒(滩/山/丘/沟)地 0.07hm²,宅基地 17.09hm²。

2. 受访农户情况

受访者家庭人口数据显示,60 岁及以上人口占总人口的比重已经达到 12.7%;65 岁及以上人口所占比重达到 6.5%;14 岁及以下人口只占 16.6%。人口的总体男女性别比为 110.72%,按年龄段:0—17 岁人群男女比达到 129.27%;18—35 岁人群达到 121.15%。从表 1 可知,农村人口老龄化问题较为严重,性别比例严重失衡。

**表1 受访农户人口性别情况**

| 年龄段 | 男 | 女 | 性别比/% |
| --- | --- | --- | --- |
| 0—17 | 159 | 123 | 129.27 |
| 18—35 | 275 | 227 | 121.15 |
| 36—53 | 194 | 200 | 97.00 |
| 54—71 | 147 | 139 | 105.76 |
| 72— | 20 | 29 | 68.97 |
| 合计 | 795 | 718 | 110.72 |

18—35 岁的青年人,完全在家务农的不足 1/4,已经完全脱离农业的则超过 1/3,更大比率(接近 40%)的则在务工之余,还耕种着自己的承包地。随着年龄的增加,务农比率将大幅提高,而兼业或脱离农业的比率将大幅降低。调查数据显示,2/3 的农户家庭主要收入来源还是靠务农,以打工作为家

庭主要收入来源的农户占 1/3，靠个体经营为生的农户只有 10%。其他如蔬菜种植、禽畜养殖等所占比例更少。

（四）土地流转现状

有效受访的 29 个村庄中，参与土地流转的农户数为 595 户，占总户数 6832 户的 8.71%；参与流转土地面积 73.13hm$^2$，占耕地面积 2504.6hm$^2$ 的 2.92%。调查对象中实际参与土地流转的共 105 户，占全部调查对象的 26.7%，其中流入土地农户有 82 户，流入面积共 18.24hm$^2$；流出土地 23 户，流出面积共 4.97hm$^2$。

1. 土地流转的过程

调查发现，农村土地流转还处于自发状态，信息来源单一，过程不规范。私人介绍和村委会是农村土地流转信息传播的主要渠道，各占 61% 和 36%，其他如媒体、中介、县乡政府等所占比例各 1%。一个突出的现象是，村干部和农民签订正式合同的意识不强。在所调查的村干部中，80% 认为农户进行土地流转不需登记，另有 16% 表示只需到村委会登记，4% 感觉需要到县有关部门登记。86% 的村庄中多数是口头协议，能够做到全部签订合同的村庄只有 5%。

对农户的调查发现，72.2% 的流转没有固定期限，在有固定期限的流转中，多数流转期限在 10 年以下；有 26% 的签订了土地流转合同，而 74% 的没有签订土地流转合同；双方达成协议后，告知村委会的占 41%，没有告知的占 59%；达成协议后到村委会备案的占 38%，没有去备案的占 62%；流转过程中发生纠纷的占 3%，没有发生纠纷的占 97%。至于土地流转费用的支付方式也各不相同，分年度以粮食支付的占 18%，一次性支付的占 6%，分年度现金支付的占 76%。

2. 土地流转的原因

关于土地流转的原因，村干部和受访农户的认识差异较大，55.17% 的受访干部认为农户出让土地是因为这样可以有更多的时间打工挣钱，有 27% 的受访干部认为农户只有在非农收入非常稳定的情况下才会出让土地。另外，有 6.90% 的受访干部认同农户出让土地是为了获取出让金以改善家庭收入，还有 3.45% 的受访干部认为农户出让土地是因为劳力不足，没有能力耕种。

受访农户认为，出让土地多是因为家庭缺乏足够的劳动力，或者已经有了其他收入更高、更稳定的工作，也有超过15%的农户出让土地的原因是集体或政府统一组织。

农户流入土地，主要原因是因为国家取消了农业税后，种地的收益有了较大提高，或者没有其他收入来源，只能靠多种地增加家庭收入。也有相当一部分农民是为了给亲戚朋友帮忙，避免土地撂荒而流入土地来耕种。一般来讲，这种土地流转往往只是口头协议，流转形式为代种代耕，流转收益就是田地所产的部分粮食。

3. 土地流转的对象

对于土地流转的对象，村干部的认识和农户土地流转的实际情况也存在较大差异。58.62%受访干部对土地流转促进规模化种植的作用表示认可，希望通过土地流转促进专业户发展的占44.83%，20.69%的村干部期望借助土地流转来促进新农村建设，10.34%的认为农村土地流转能够减少土地闲置、充分利用农村土地资源；另有3.45%的认为应该把土地流转给企业，促进企业的发展，带动当地经济的发展。因此，对于土地应该流转给谁，村干部有较大的分歧，对于土地转入的对象，支持率依次为：专业户47%、企业19%、普通农户14%、村集体10%、出钱多的5%、自发比较好的5%。通过农户调查却发现，流入土地来源相对单一，32%来自村集体、64%来自普通农户、3%来自县里、1%来自合作社。土地流出对象则相对多样，占最大比例的是普通农户、占71%，其他则有村集体13%、家属亲戚10%、专业户3%、其他3%等。

4. 土地流转的方式

调查发现农村土地流转方式主要是转包和代耕代种，有少部分出租和互换，没有发现其他方式。转包面积占流转总面积的61.53%，代耕代种面积占23.97%，出租面积占12.31%，互换面积占2.19%。其中，涉及承包权的转让方式（即不但转让了土地的经营权，也转让了土地的承包权）只有3%。另外，没有发现较为复杂的土地股份合作制。

5. 流转前后的土地用途和收益

土地流转以后，其用途更趋多元化。流转后，种植粮食比重虽然还占绝对多数，但是降低了14个百分点，由原来的80%降到66%。蔬菜种植比例由原来的8%增加到21%，禽畜养殖比例增加2%。另外，通过土地流转，一些未开发的盐碱地也被开发利用。16%的受访者认为流转后土地收益大幅增加，51%受访者认为流转后土地收益略有提高，认为流转后土地收益略有下降的占5%，认为大幅下降的有3%。总体来看，即便是目前这种自发的土地流转，依然能够增加土地收益。

## 二、存在的主要问题

### （一）土地流转过程不规范

在土地流转过程中，存在较为突出的问题是土地流转的过程不规范。由于多数土地的流转没有签订合同或流转合同不规范，常出现因农作物价格的变化导致土地流转户或流入户单方面毁约的现象，这大大增加了解决流转土地纠纷的成本。土地流转的方式也较为单一，主要是转包和代耕代种。由于缺少有关农村土地流转的信息平台，土地供求信息、土地价值评估信息等传播渠道不畅通。在农村土地流转过程中，私人介绍和村委会推荐是农村土地流转信息传播的主要渠道，其他如媒体、中介、县乡政府等所占比例较小。这在一定程度上造成农村土地流转缓慢，且制约了农村土地流转的数量和范围的扩大。

### （二）土地流转未使土地利用效益大幅提升

调查发现，由于鲁西北平原工业不发达，工业化、城市化程度较低，农民的收入还是以农业收入为主。由于土地的社会保障功能强，使得土地流转还处在初级自发状态，农户只是为了避免土地撂荒而在个人之间进行流转，流转的土地零星分散、规模较小，没有出现大种植户进行规模耕种、实现规模经营的现象，流转后的土地主要还是以农户分散种植农作物为主。暂时没有出现因工业发展需要而大规模征地导致农用土地流转为工业用地的现象。在农村地区，由于社会保障体系不健全，非农经济收入不稳定，那些转让土地的农民只是转让部分土地，即便完全有能力脱离农业生产或者主要收入并不依靠土地的农户，也不愿意流转全部土地，更不用说转让土地承包权了。

### （三）土地流转费用过低

单个农户土地耕种规模过小，土地流转的比重较低，仍然是制约农业收益的重要因素。调查显示，平均每公顷土地流转费用为 4225.5 元现金、或 4156.5 千克小麦、或 5750.3 千克玉米。流转费用过低是农民不愿意接受并积极参与土地流转的主要原因。

### （四）土地流转过程中政府干预力度渐大

随着山东省城市化、工业化进程的加快，东部沿海地区产业结构升级，西部地区开始承接东部地区的工业转移，工业用地不足开始出现。在发展经济的压力下，基层政府俨然以土地所有者的身份加强了对土地流转的干预力度，开始有意识地介入土地流转过程，最典型的是基层政府在社会公益的名义下，强行征用大片土地，再转手卖给工商企业，以获取巨大的土地收益。因此，在政府主导经济模式不变的情况下，要警惕地方政府与资本合谋，强行征用农村土地。因而，维护农民利益，使农民能够分享到土地流转的收益，便成为一个重大的问题。

## 三、完善农村土地流转的对策

妥善解决土地流转问题，不仅能科学规划利用农村用地、增加农民收入、促进农村生产力发展，而且有利于政府管理服务职能的转变和提高农民权利意识的提高。

### （一）完善配套制度

从长远来看，农村土地流转制度符合社会发展的大趋势。工业化和城市化的推进能够实现农村劳动力的转移，为农村土地的规模化和集约化经营创造条件，提高耕地生产的经济效益。这就需要当地政府在政策和法律法规许可的范围内，完善土地流转的配套制度，细化土地流转的规程，规范农村土地流转的程序管理，实现农村土地流转的制度化和规范化。

鲁西北平原农村基本上还是属于熟人社会，民风淳朴、节俭守信，政府要强化乡村道德共同体建设，充分发挥乡村道德评价机制的作用，从道德层面约束农村土地流转中的毁约行为，减少农村土地流转纠纷的处理成本，切实保障土地流转双方的合法权益。另外，由于山东省经济较为发达，财政实力较强，有能力扩大农村社会保障制度的覆盖面，提高农村社会保障补助标准。通过构建多层次的、完备的农村社会保障体系，能够弱化农村土地对农民的福利和社会保障功能，解决农户土地流转的后顾之忧，加速农村土地流转的进程。

## （二）明确农民的主体地位

我国农地流转的产权环境是"三权分离"，即农地所有权、承包权、使用权（经营权）分开①。因此，在农村土地仍然属于集体所有的前提下，流转的其实只是土地的使用权（经营权）。在土地流转的过程中，应明确农民在农村土地流转中的主体地位，充分尊重农民的实际意愿，正确引导，不搞强制。

现阶段，鲁西北平原农村许多青壮年农民外出打工，有了定居城市的条件，一方面为土地流转创造了条件；另一方面，由于开始承接东部沿海地区的产业转移，在追求经济增长的政绩观下，地方政府有征用农民土地的强烈动机，可能会使得农民在面临强大的政府和市场时，无法合理享受土地流转的收益。因此，必须增强农民的利益表达和集体谈判能力，畅通表达利益诉求的制度通道，建立和完善合理的土地流转收益分配机制。这就需要在农村大力发展各种合作组织，既包括经济合作组织，又包括社会互助组织，给农民提供参与村庄公共事务管理的平台，提高他们的参与意识和权利意识，提升他们的议价能力，以降低利益受损程度。另外，明确农民在土地流转中的主体地位，也有利于增强农民的主人翁意识，改善地方公共生活。通过重塑乡村治理规范，提高对村庄的认同感，可以增加农村的凝聚力，提升农村自我管理能力，使农村生活重新变得有吸引力，有效解决农村空壳化、衰败化问题。

---

① 朱广其：《我国农地市场化流转的问题与对策》，载《安徽农业大学学报（社科版）》，2011年第4期。

## （三）增强政府的管理和服务功能

随着市场经济的发展，公民权利意识和参与能力的提高，需要政府职能进行进一步的调整，改变政府主导经济发展的模式，实现由管制型向服务型政府转变，这意味着政府的角色由从"积极的经济主体"到"制度保障者、市场环境缔造者和公正仲裁者"的重心转移[1]。

具体到农村土地流转，地方政府首先不搞强制性的"一刀切"，而是要积极引导，培育农村土地流转市场，通过示范效应促进农村土地资源和劳动力的合理配置，鼓励农村土地向种植大户集中，实现农村土地的规模化、集约化经营，增加土地收益。其次，加大服务力度，搭建农村土地流转的信息平台。农村经济的发展加剧了利益分化，农户需求的多样化导致流转土地的原因不同，因此，地方政府应更新理念，抱着不与民争利的态度，努力做好土地流转信息服务工作，搭建农村土地流转信息平台，向土地流转双方提供政策、法律咨询，调解和仲裁土地纠纷，维护农民的合法权益。最后，政府应强化监管职能。在土地流转过程中，土地的供求双方都追求自身利益最大化，容易产生虚假信息，引发土地纠纷。因而需要政府适当发挥调节作用，即制定相关措施，对农地流转实施有效的宏观管理，做到充分发挥市场的基础性作用[2]。政府对土地流转信息和土地流转过程的有效监管能够规范土地流转市场，保护土地流转双方的合法权益，促进农村社会的稳定有序发展。

（此文载于《国土资源科技管理》2013 年第 5 期）

---

[1] 周志忍：《新时期深化政府职能转变的几点思考》，载《中国行政管理》，2006 年第 10 期。

[2] 刘艳芳：《浅谈农村土地流转的渠道与途径》，载《农业经济》，2011 年第 3 期。

# 论思想政治教育学科建设的基础与关键

李合亮[*]

**摘　要**：马克思主义理论一级学科以及思想政治教育二级学科的确立，为思想政治教育作为独立学科的建立提供了制度上的保证。但这只意味着学科建设有了政策的关照与规范，并不等于思想政治教育学科已完全成熟。要强化学科建设，实现思想政治教育学科实质上的完善与成熟，需要加强思想政治教育基本理论问题的研究，这是实现学科认同，从学术意义上建立思想政治教育学科的基础。对思想政治教育的基本问题进行探究，要有学科意识，凸显学科特性。在强调学科规范的同时，强化实践意识，解决现实问题。

要强化思想政治教育学科建设，实现思想政治教育学科实质上的完善与成熟，当前最需要的是重视并加强思想政治教育基本理论问题的研究，这是实现思想政治教育学科认同，从学术意义上建立思想政治教育学科的基础。

## 一、思想政治教育学科存在问题分析

自20世纪80年代初作为一个专门学科建设以来，思想政治教育从无到有，从小到大，以前所未有的速度实现了跨越式发展。但是，思想政治教育的基本体系虽已建构，却仍有许多基本问题未能得以解决，思想政治教育的

---

[*] 李合亮（1973— ），聊城大学教授、博士、硕士生导师，研究方向为思想政治教育理论。

学术性、科学性还有待于维护与发展。

问题之一：基本体系尚不完善。虽然当前思想政治教育的理论体系已初步建立，但是仍存在许多不成熟、不完善的地方，学科特色与优势尚未得以完整深度展现。学术界对于思想政治教育的理论体系究竟由哪些内容构成尚存在争议，主要有基础理论、应用理论、管理理论三部分说，有基本理论、教育对象、工作规律三部分说，有基本理论、形成和发展、方法理论、管理理论四部分说，有历史部分、范畴体系、基本理论、方法理论、管理理论五部分说。① 更有学者尝试"按照思想政治教育学科学理论体系的逻辑演绎过程，搭建起由思想政治教育关系论、体系论、行为论、过程论、发展论构成的框架内容"②。而再具体到每一组成部分，更是争执频频，就连对作为基础之基础的原理体系，学界也未有一致意见。思想政治教育原理与思想政治教育学原理是什么关系？原理是不是就是基本理论的全部，思想政治教育原理体系能否等同于思想政治教育理论体系？这些问题一直未能得以明解，而对于原理体系具体包括哪些内容，更是众说纷纭。虽然不同的争论有利于学科体系的建立与发展，但细而究之，却会发现体系结构差异、观点分歧、概念使用混乱是不争的事实，思想政治教育依然面临着体系规范与创新的问题。

问题之二：概念使用混乱。在研究中，许多人不是从思想政治教育本身出发进行分析探讨，而是不停移植、嫁接他种理论。特别是部分人士或武断地将教育学、政治学理论单一地运用至思想政治教育，或将两者进行简单拼凑后应用于思想政治教育，还美名其曰"创新"，致使思想政治教育理论等同于教育学理论或政治学理论的情况频频出现。正是由于这种随意的嫁接，导致了思想政治教育的理论架构中空，概念模糊。许多基本概念依然没有得到明确界定，同一个概念在不同的研究者那里意义截然不同。并且一些概念或提法本身就值得反思，例如：何为传统思想政治教育？何为现代思想政治教育？传统与现代如何界分？倘若中国古代的思想政治教育是传统的，建国后的是现代的话，那党成立后至建国期间的思想政治教育又属于哪一段呢？有

---

① 张耀灿、郑永廷等：《现代思想政治教育学》，人民出版社2006年版，第29页。
② 陈义平：《思想政治教育学原理理论体系建构的若干问题探析》，载《思想政治教育研究》2010年第5期。

的学者认为现代思想政治教育是指中国 1978 年改革开放之后的思想政治教育，那建国至改革开放期间的思想政治教育又如何界定？也有学者认为，"思想政治教育的传统与现代的划分以马克思主义的诞生和传播为分界线更为合理"①，若以马克思主义在中国的传播作为现代思想政治教育的开始，那由于新中国建立之前，中国共产党还不是执政党，"现代"又是指谁的"现代"？

问题之三，片面抽象建构理论。对思想政治教育进行抽象的理论建构，是进行学科理论体系建设的必由之路，但是如果脱离实践，一味抽象建构理论，则又走向另一个极端。近年来，有的学者回避现实问题，不占有第一手资料，不进行实证分析，只是从理论到理论，"陶醉于自我思辨，从概念中来到概念中去，论题越来越玄、论证越来越繁琐，越来越小众化"②；也有人"满足于注释、汇编与组合，而将思想政治教育学实质上演化为'寻章摘句'之学；不击问题、止步于形式而将思想政治教育学实质上演化为修辞写作之学；回避社会现实、躲进概念而将思想政治教育学实质上演化为空洞玄学"③；还有人完全脱离思想政治教育，单一地从哲学角度对其进行"包装"，结果思想政治教育哲学搞成了教育哲学或哲学本身。当然，从哲学角度解读思想政治教育并没有什么问题，但解读的重心在思想政治教育而不是哲学，哲学只是方法指导。

问题之四，研究"无根性"。有学者通过抽取 21 世纪以来的 10 年内 10 所高校思想政治教育专业硕士研究生学位论文 2077 篇、博士论文 279 篇作为样本，经分析后认为思想政治教育研究存在"无根性"。这种"无根性"，"直接表现在研究成果中没有本学科的理论基础，无根性特点导致研究者产生'去学科感'，这种去学科感从根本上反映的是思想政治教育学在人类知识分类体系中的'漂泊'状态。尽管在学术建制上作为一门独立学科已经成为客观事实，但是在学术声望方面，它的'学科'地位仍然易于招致怀疑。不仅

---

① 闫立超、刘基：《现代思想政治教育的"现代"之辨》，载《学校党建与思想教育》，2011 年第 9 期。

② 祖嘉合：《思想政治教育学科发展中存在问题的思考》，载《思想政治教育研究》，2011 年第 1 期。

③ 沈壮海：《思想政治教育学科建设的关键词》，载《思想理论教育导刊》，2010 年第 10 期。

其他学科的研究者，甚至有些以思想政治教育学为事业的学者，也认为它至多是一门应用的具有宣传特性的学科或者更次等的学科，够不上严格意义上的学术性学科。"①

问题之五，专业（学科）建设滞后。在学科建设方面，虽然得以逐步发展与完善，但与其他学科相比，思想政治教育还不同程度、不同范围地存在着"杂、散、疑、平、虚"②等问题。而在专业建设方面，存在的主要问题为："第一，近些年来思政专业的改革缺乏从总体上对改革方向的定位研究，改革举措常带有盲目和急功近利的倾向，还有的忙于利用本专业'孵化'新的实用性专业，实行'工作重点转移'，而思政专业这只'母鸡'却备受冷落。第二，本专业在有效地研究和宣传当代马克思主义最新成果方面不够主动，'等'、'靠'的思想比较严重，专业的培养目标与日新月异的社会实际需要存在较大的距离，导致本专业的社会地位日渐下降。第三，在以经济建设为中心的大背景下，社会对本专业人才的直接需求逐渐减少，存在着学生不爱报考本专业，考上了不爱学，学了也不好就业，就业了往往也不干本行的尴尬局面，造成了高校资源的严重浪费。"③ 这些问题的出现固然有原有的"马克思主义理论与思想政治教育"作为政治学门下的二级学科时遗留下来的"是属于马克思主义理论还是属于教育学的争议"未解决的影响，也有明确确立为马克思主义理论门下的二级学科后，虽然形式上定位明确，但事实上思想政治教育与马克思主义理论教育、思想政治教育与思想政治理论课教学之间的关系至今没有理顺的现实存在。

问题之六，边界不清。学科边界清晰、研究领域明确，是一个学科得以确立的关键，但对于思想政治教育而言，表面看来红红火火，实则存在着边界不清的隐患。特别是近年来其学科边界无限扩大，思想政治教育与政治学、教育学、德育之间有趋同之势。"现阶段，思想政治教育学科的边界不清存

---

① 郭彩琴、邢玉兰等：《从学位论文看思想政治教育学科内涵发展的紧迫性》，载《学校党建与思想教育》，2010年第10期。

② 骆郁廷、余双好等：《关于马克思主义理论与思想政治教育学科建设的思考》，载《学校党建与思想教育》，2003年第9期。

③ 杨迎春：《公民教育：思想政治教育专业的目标转向》，载《肇庆学院学报》，2006年第1期。

两种情况：一是学科向外开拓研究领域迅猛，导致思想政治教育研究疆域过宽，主干学科发展受到制约……。二是思想政治教育学科研究方向设置随意。"① 有学者通过对2009年210个思想政治教育专业博士生招生方向的分析发现，"研究方向的设置略显随意，存在因人而设的现象，甚至有的高校将本不隶属于思想政治教育这门学科的'中国近现代的历史进程和主要经验研究'、'现代国际关系与中国外交研究'、'马克思主义与当代经济社会发展'等也纳入思想政治教育学科的研究方向之中。思想政治教育学科研究方向名称的多样性和随意性，反映了当前思想政治教育核心概念的模糊，也体现了思想政治教育学科边界的不清。"② 当然，个别高校招生方向的随意设置、个别研究生论文选题的偏离，并不一定就意味着思想政治教育学科存在严重问题，但学科特色不明却是显现之事实。因为，如果一篇思想政治教育专业学位论文可以在不同的学科与专业那里通过答辩，其学科建设就必定存在重大漏洞。

## 二、开启思想政治教育学科问题的反思

通过学术梳理，我们知道，思想政治教育学科的发展还不十分完备，其学术意义上的完整建立还有一段距离。特别是许多基本问题的无解正成为制约其健康发展的主要瓶颈。这里的基本问题是指思想政治教育理论体系中最基础、最根本、最小单元的理论问题，它们是构成思想政治教育，使其得以建立与发展的最基本要素。而在这其中，起源及发展、研究对象、基本矛盾、基本范畴、本质与特性、基本规律，则是思想政治教育基本问题的核心。基于此，我们认为，要实现思想政治教育质的飞跃，必须强化对基本问题的认识与探究，对这些基本理论问题作出新的、更加深入的思考，即开启思想政治教育学科问题的反思。当然，对基本问题进行探究，不是就问题研究问题，就范畴研究范畴，而是旨在回答思想政治教育何以

---

① 祖嘉合：《思想政治教育学科发展中存在问题的思考》，载《思想政治教育研究》，2011年第1期。

② 沈壮海：《思想政治教育发展报告2009》，高等教育出版社2009年版，第254页。

能、如何能、怎样能的问题，试图建构思想政治教育的理论体系，实现思想政治教育的知识合法性、政治合法性、学术合法性。而要完成这一任务，需要我们有勇气、有信心，更需要我们有学科意识、"整体视野、学术思维、实践精神"①，运用思想政治教育语言，规范思想政治教育范畴，建设思想政治教育学科。

首先，对思想政治教育的基本问题进行探究，要有学科意识。即不是简单地将思想政治教育作为一种实务而是一门科学来对待。这是一个老生常谈的话题，但往往引不起高度重视。思想政治教育是一门科学，这是不争的事实。但思想政治教育为什么是科学，除却政治上的界定外，人们似乎又不知如何解释。事实上，思想政治教育之所以是一门科学，是因为：其一，它有自己特殊的研究领域，在这个研究领域里有特殊的矛盾和研究对象，有区别于其他事物的客观规律；其二，较其他学科，它有明显的学科优势与特色，不仅有理论基础与理论依据，而且还形成了自己的学科体系；其三，它的产生与发展不仅满足了人与社会的需要，更推动着个人与社会科学健康发展。长期以来，在实践中存在着一种将思想政治教育实用化、工具化的做法与倾向，致使思想政治教育的科学化得不到重视，这也是思想政治教育虽伴随着阶级社会的产生而存在，但其科学化与学科化的历史却比较短的一个主要原因。在我们国家，在一段时期内表现得尤为明显，思想政治教育更多的是为战争、经济建设服务的工具，是一种实际的工作，而真正将其作为科学来认识与对待则不过三十余年。由此，强调思想政治教育的科学化，推进思想政治教育的科学化，是思想政治教育的应有之义，是其发展的重要诉求与趋势，也是当前思想政治教育实践与学科建设的要求。

其次，对思想政治教育的基本问题进行探究，要凸显学科特性。思想政治教育是一门科学，是一个学科，要科学地对待它，这是强调思想政治教育的科学性。但是，思想政治教育的本质与存在价值却取决于它的独有特性——意识形态性、政治性，而不是其他。"思想政治教育作为一门科学，只

---

① 沈壮海：《思想政治教育学科建设的关键词》，载《思想理论教育导刊》2010年第10期。

有在它作为意识形态活动的认识和表现时,即在它成为围绕特定阶级及其政党的中心工作进行服务的方式和手段时,才算尽到自己的应有职责,才如黑格尔所言'实现了它的特有目的'并'获得了自己独立的地位'。"① 在认识与实践过程中,单一强调政治性忽视科学性不对,但片面强调科学性而忽略政治性也不正确。特别是在现代社会,伴随教育的回归,各类学科纷纷高举"以人为本"的大旗,淡化意识形态,排斥政治性,试图恢复思想政治教育的属人性,单一提升思想政治教育的人格完善功能,认为思想政治教育的价值关键在于培养合格公民的论调正在崛起,并且越来越吸引着人们的眼球。这也是目前部分学者主张以"公民教育"替代"思想政治教育"的主要论据。不可否认,思想政治教育的确具有属人性,它有助于一个人打好人生底色,对于培养良好道德品质,形成健全心智和完善人格具有重要作用。但这一切的前提与存在理由是思想政治教育的意识形态性、政治性。意识形态性、政治性决定了思想政治教育的价值取向,也决定了这门学科的阶级立场,是这门学科得以存在的内在根据。倘若没有政治性,思想政治教育与教育、思想教育的差别何在?思想政治教育学科得以独立设立的缘由又是什么?一言以蔽之,虽然思想政治教育是政治性与科学性、价值性与知识性的统一,但两者的地位并不等同,"作为本质属性的政治性或思想性处于决定和支配地位,而科学性或知识性则处于从属地位,以思想政治观点统领知识系统,突出政治性依托科学性,是思想政治教育学科建设中的不二法则"②。

第三,对思想政治教育的基本问题进行探究,要强调规范性。这里的规范性,主要是指立足思想政治教育学科本身而进行的具有思想政治教育色系的探讨与思考,而不是天马海空的任意浮想与假设,即研究的思路、方法,甚至研究的语言都要从思想政治教育本身入手,形成研究的规范体系。诸如,有人对思想政治教育相关命题进行了较长时间、较为深入的研究,最终也形

---

① 曹一建:《思想政治教育科学化发展的前提及路径》,载《思想教育研究》,2011年第3期。

② 李春华:《论思想政治教育学科建设中思想性与知识性的关系》,载《学校党建与思想教育》,2011年第4期。

成了几十万字的研究成果，但倘若研究或只是叙述而没有思考，或有思考却只是表象之思并未深入实质，那这样的研究如何评述？更为可怕的是，表面看来研究深度足够，结论也让人信服，但如果试着将所有文档中的"思想政治教育"一词替换为"思想教育"、"教育"、"道德教育"、"政治教育"等词后，发现研究成果没有任何损失的话，那这种研究的价值与意义又该如何评价？所以，确立思想政治教育研究与建设的规范性势在必行。当然，"强调思想政治教育研究的规范性，并非因循守旧，并非以规范为名阻止、妨碍发展，更绝非妨碍创新，而是在于批判性地检讨目前思想政治教育学科存在的问题，重审学科规范，以规范促进发展、促进思想政治教育研究的良性化，繁荣思想政治教育学科"①。

最后，对思想政治教育的基本问题进行探究，要有实践意识。即思想政治教育理论研究要围绕实际教育活动展开，要解决现实问题。一个学科的存在，不仅在于理论意义上的证明，更在于它有满足实际需求的价值。如果没有现实需求，无论理论上设计多好，任何一个学科的寿命都不会长久，甚至根本不可能产生。相对于一般学科而言，人们对思想政治教育的应用性有着更为强烈的要求，期望其能解决现实问题。但事实上，思想政治教育"两张皮"现象却广泛存在，并且在部分区域还比较严重。例如，在高校，部分思想政治教育研究人员，只管理论探讨，单纯地进行体系的所谓"架构"，对于现实生活中人们的"困惑"与"不解"视而不见；部分思想政治理论课教师，只是将课本上、文件中的内容进行机械传输，对于传播内容的价值与意义则不予以揭示；部分思想政治教育工作者，只是沉迷于日常管理，对大学生新出现的诸多思想问题不能科学认识与分析。正是由于"两张皮"现象的存在，虽然理论成果越来越多，从事教育的人越来越多，但是大学生思想政治教育远没有达到预期效果。人们往往发现，研究是一回事，教育是一回事，而现实又是另一回事。由此，思想政治教育理论研究要围绕问题展开，不回避问题，要在分析问题、研究问题中解决问题。这就需要我们的理论研究者，既要有较高的理论素养、深厚的学科意识，更要有实践关怀，时

---

① 代玉启：《论思想政治教育研究的规范性》，载《学校党建与思想教育》，2010年第11期。

刻关注现实问题，既要眼睛向上，进行理论反思，建构体系，又要眼睛向下，关注需求，指导解决实际问题。这是思想政治教育理论研究者最基本的责任与学术品质。

（此文载于《马克思主义研究》2013年第2期、人大报刊复印资料《思想政治教育》2013年第9期）

# 对思想政治教育本质的再认识

李合亮 李 鹏*

**摘 要**：本质问题是思想政治教育的根本问题，它贯穿于思想政治教育的始终，是思想政治教育之所以是的内在规定性。认识思想政治教育的本质，需要从起源与发展、概念构成、教育实践等三个维度进行。从起源与发展来看，政治需要是诱因与动力；从概念话语组成来看，政治教化与精神引导是主要任务；从实际运行来看，政治维护与思想建构是本性。

本质问题是思想政治教育理论中的根本问题，牵一发而动全身。它决定着思想政治教育的目的、任务、内容、范畴、发展方向、学科属性，是思想政治教育之所以是的内在规定性。也正由于思想政治教育本质的重要性以及必要性，它才引起了学术界的广泛关注与研究，形成了思想政治教育本质的灌输说、意识形态说、政治性与科学性说、政治文化和道德文化传承说、四维度说（政治维度、伦理维度、社会维度、个体维度），等等。这些已有观点，为我们研究思想政治教育的本质提供了学术支撑与理论奠基。但是，由于这一领域涉及的理论艰深与建构之困难，研究中依然存在着以现象作本质、以一般属性作本质、以部分取代整体的状况。因此，对思想政治教育的本质进行再认识意义重大。

事实上，本质所展示的是思想政治教育自身得以存在、发展变化的根据，

---

* 李合亮（1973— ），聊城大学教授，博士，硕士生导师，研究方向为思想政治教育理论。

它贯穿于思想政治教育的始终。思想政治教育是一种特殊的教育活动,产生于阶级利益、社会利益、个人利益的共同作用,它既同人的思想、行为和人的发展有着直接的关系,又同社会的政治、经济、文化以及社会整体的发展有着广泛而深刻的联系。因此,探讨思想政治教育的本质,既要回到其产生与发展的历史进程,又要深入思想政治教育本身,从源起与发展、概念构成、实践运作三个层面考察思想政治教育与阶级、国家、社会、个人之间的关系互动。

## 一、政治需要:思想政治教育的源起与发展动力

研究思想政治教育的本质不仅仅要考察其现实存在状态,还应该追溯它产生的历史,探究思想政治教育为何产生,从中发掘导致思想政治教育产生并发展的深层因素,进而探求其本质。导致思想政治教育产生的因素有很多,一切合于教育产生的元素都有可能影响到思想政治教育的产生。但是,思想政治教育之所以作为肩负着特殊使命的社会活动并有别于一般教育而存在,关键在于它合于阶级、国家、社会、个人的政治需要。这主要是因为"政治需要"蕴涵着思想政治教育产生的深刻原因,以及推动思想政治教育发展的深层因素。

唯物史观告诉我们,研究人类历史活动必须以具体的社会物质生活条件为基本出发点,必须将"需要"作为人类社会生活存在的一切现象的动因和根由。教育起源于人类的需要,这一结论已为学术界普遍认可。教育是人类需要的充分满足,人的教育需要性就反映了人的教育的必要性。既然教育起源于人的需要,那作为一种特殊的教育形式,思想政治教育必然来源于"需要"。只不过这种"需要"已不再是教育产生之时简单的人类生产、劳动、生活与经验传递的需要,而是深化为一种组成更为复杂、政治性更为凸显的政治需要。它既包括人在社会中生存与发展的政治需要,也内含了阶级、国家维护统治的需要。

其一,人的生存和发展的政治需要。我们知道,在阶级社会中,个人不仅受错综复杂的社会关系网的规定和制约,更由阶级关系来决定自己的社会地位。社会中的每一个人必须遵守一定的政治行为规范,按照一定的政治文

化模式行事，否则就会受到统治阶级或国家的反对，甚至镇压。由此，个人在社会中生存与发展，就必须按照统治阶级和国家的要求，学习和接受它们所主导的政治文化，并加以自我规范，成为有政治信念，掌握正确政治评价标准，符合社会政治行为的人。同时，为了维护或实现个人利益的最大化，人们也会要求或寻求统治阶级与国家的保护与支持，而得到保护与支持的前提是遵守主流社会的政治秩序，对社会主流的政治观念实现认同。为此，基于利益的争取与保护，个人会主动学习并接受一定社会体系下的政治文化，遵守政治行为规范，参与社会的政治活动，履行一定的政治责任。这样，无论是被动遵从，还是主动索求，阶级社会中的每个人都有一个接受主流政治文化的需求，而由国家对民众进行专门的思想政治教育则是满足这一需求的最佳选择。

其二，统治阶级实现国家政治统治的需要。在阶级社会中，无论国家怎样宣称自己是群众利益的代表，而它照例是最强大的、在经济上占统治地位的阶级的国家。国家的政治统治主要展现的是统治阶级的统治，国家的政治思想主要是统治阶级政治思想的体现。一个阶级一旦获取政权成为统治阶级之后，它一般会采用"国家机器威慑"与"意识形态教化"两种模式来维护统治，保障利益的实现。在没有剧烈对抗与暴力运动出现的情况下，为了从思想上让社会成员承认并接受统治，统治阶级更为看重的是教育而不是暴力威胁。为了维护统治，强化教育的功效，培养所需人才，任何国家的统治阶级都力图完善、强化教育制度，并赋予教育制度以特定的政治目标。这种特定的政治目标，总是试图占据并影响一切教育和教育的全部内容，旨在将统治阶级的思想传递给社会中的每一个成员，从而创造出一种特定的人。也就是说，统治阶级试图通过一定的渠道将社会的政治文化传授给社会成员，以使他们接受统治体系所确认的政治思想、观念、意识、价值标准、规范及行为方式，并使之承担起一定的责任和义务，从而接受和维护，至少不反对统治阶级的统治。正是出于培养人才的需要，统治阶级开始利用各种途径，采取各种手段有意识地对社会成员进行政治教育，强化社会成员的政治行为。这就导致了思想政治教育的产生。

其三，社会维系与发展的需要。思想政治教育的产生要受社会的制约，不能脱离社会而存在，教育的体制、目标都应反映社会的要求。思想政治教育的产生与发展，本身对于维系社会生存，实现社会稳定与有序发展，起着不可替代的作用。它是阶级社会中社会发展的必然之需，是凝聚不同社会阶层的"社会水泥"，是社会意识的"整流器"，是社会思潮的"指南针"，是社会心理的"导航仪"。

人并不是为了需要来到人间，但是到了人间就会有需要。并且已经得到满足的第一个需要本身、满足需要的活动又会引起新的需要。虽然人的政治需要、国家培养合格人才的需要、统治阶级维护政治统治的需要，导致了人类一种专门的政治性的思想教育——思想政治教育应时而生，但无论是就个人而言，还是就国家、统治阶级而言，政治需要是不断增长和发展的。这种发展的需要对于思想政治教育又会提出新的要求，而这就成为思想政治教育发展的动力。因此，政治需要不仅是思想政治教育产生的原因，更是思想政治教育发展的推动力。事实上，满足社会成员及国家、统治阶级的政治需要始终贯穿于思想政治教育活动的全过程，一次思想政治教育活动目的的实现就是对政治需要的满足，并成为新的思想政治教育活动开展的缘由与动力。

## 二、政治教化与精神引导：思想政治教育的话语组成特性

学界一般认为"'思想政治工作'概念的形成包含四个阶段：政治工作——思想工作——政治思想工作——思想政治工作。这四个阶段事实上也是概念从抽象到具体演进的四个环节"①。同理，思想政治教育也基本上经历了"由政治教育、思想教育，到政治思想教育，再到思想政治教育"的过程。对于每个称谓各自的含义以及相互之间的关系，目前可见到的思想政治教育原理方面的教材或著作基本上都有所涉及，且意思大致相同，此处不再多论。现在我们关心的是，为什么"思想"与"政治"的结合，是"思想政治工作"、"思想政治教育"，而不是其他？

"思想"与"政治"的结合，可以形成"思想政治"与"政治思想"，继而形成"政治思想工作"与"思想政治工作"、"政治思想教育"与"思想政

---

① 刘建军、曹一建：《思想理论教育原理新探》，高等教育出版社 2006 年版，第 4 页。

治教育"。对于"思想"与"政治"结合形成"政治思想工作"与"思想政治工作",有的学者作了细致区分与详尽论证。在这些学者看来,由于"思想工作"、"政治工作"太为宽泛,于是人们就将"政治工作"与"思想工作"相结合而构成"政治—思想工作",简化为"政治思想工作"。"'政治思想工作'概念的提出是一个重要的进步,表现出政治工作的深化,而且它从字面上突出了两个极为关键的字眼即政治和思想,将二者结合成一个概念。但这一概念在实际的运用中也显示出某种不足之处。这是由词汇构成时发生的某种变异造成的。人们本来是把'政治'和'思想'结合起来,以便表示更为丰富的内容的,但当'政治'和'思想'按前后顺序而形成一个新词时,人们却意外地发现它变成了一个含义更狭窄的概念'政治思想'。这个概念不仅不能表示'政治'和'思想'相加所具有的丰富内容,而且甚至不比'政治'或'思想'中的任何一个词含义更为丰富。这正像一个一厢情愿的化学家把两样不同的元素放在一起,指望生成一个更大的东西,结果却发现这两样东西相互抵消而变成了一个更小的东西。'政治思想工作'这一概念只是表示政治工作中的思想工作,但不能表示政治工作之内的非思想工作,更不能表示政治工作之外的思想工作。"正因为将"政治"放置于"思想"前面,未能达到要求与目的,那将"思想"放置于"政治"前面,组成"思想—政治工作"如何呢?经过尝试,结果成功了。"这个变化表面看来只是个别字眼的位置调整,但事实上发生了内容的变化:由原来的'政治思想'一个词,变成了两个词,但这不是倒退。在这里,'思想'和'政治'并列在一起,各有其独立性,虽然可以作为一个词来看待,但由于这两个词的性质,并不相互融合,而是始终保持着两个意象,不至于使人发生字面上的误解。'思想政治工作'在任何人的眼中,都是'思想—政治工作',这正是它比'政治思想工作'优越的地方。"① 这部分学者的论证是深刻的,是对"思想政治工作"概念形成的深入探究,是对"政治思想工作"与"思想政治工作"的科学区分。但是,我们认为"思想"与"政治"的结合之所以由"政治思想工作"变化为"思想政治工作",或者说之所以产生"思想政治工作"的概念,

---

① 刘建军、曹一建:《思想理论教育原理新探》,高等教育出版社 2006 年版,第 6—8 页。

不仅仅是因为语义范围的问题，不仅仅是词语位置的变换，而是因为"思想"与"政治"的结合形成了一个新的词语"思想政治"。"思想政治"不是"思想—政治"，而是指国家意识形态与社会、个体之间发生的关系总和。这一概念的产生既弥补了"政治工作"、"思想工作"范围太大，"政治思想工作"范围太小的不足，也弥补了实践中将"政治工作"、"政治思想工作"演变成了一种类似于产品加工的机械式操作，而忽略了这些工作所要求的提升工作对象的政治素质、维护社会稳定的目标，忽略了改变或巩固工作对象思想的根本重任。也就是说，"思想政治"是个区别于"思想"、"政治"、"政治思想"的肩负新的历史使命的新词汇。"思想政治工作"不完全等同于"政治思想工作"，也不等同于"政治工作"＋"思想工作"，而是"政治工作"与"思想工作"有机融合的一项新的工作，是一项以政治思想等意识形态内容的教育与灌输为主的工作，它区别于经济工作等诸工作的关键在于它从事的是一项思想工作，是一项受政治制约的思想的改造工作。这才是"思想政治工作"发展到今天成为主流词汇的真正原因之所在。

"思想政治工作"中词语有机结合的事实，对于"思想政治教育"这一概念而言依然有效，但相较而言，"思想政治教育"这个概念更具有深层的意义。"思想政治教育"是由"思想"、"政治"、"教育"，以及三个词汇的相关组合概念发展而来。"思想"、"政治"、"教育"三词及相关组合词在"思想政治教育"中的具体意指为：

其一，在"思想政治教育"中，教育是活动的方式，是手段，它限定了思想政治教育的活动状态与运行模式——必须按照教育的方式进行，遵循教育的规律，实现教育的目的。

其二，"思想"在思想政治教育中有三层含义：一是指具有思想教育的内涵，并且这一内涵更多展示的是思想政治教育的渠道与着力点；二是强调与体现了思想政治教育的功效，即充分考虑受众的思想变化规律，根据其思想接受的特性进行教育，以解决人的思想问题；三是指思想政治教育活动的作用对象，即人的思想。

其三，在思想政治教育中，"政治"有两层含义：一是指思想政治教育的内容必须具有政治性，主要进行的是意识形态的灌输；二是指教育要受政治的制约，从事的是全过程全方位受政治制约的思想教育。

其四,"思想"与"教育"结合形成"思想教育","政治"与"教育"结合形成"政治教育","思想"、"政治"、"教育"结合会形成"政治思想教育"。这些组合词语都影响着思想政治教育的形成、发展,限定制约着"思想政治教育"的语义。"政治教育"限定了思想政治教育的内容与性质,即必须具有政治性,非政治性教育不属于思想政治教育的范围,但思想政治教育不是硬性的、强制性的政治教育,而是注重思想引导、注重影响与改变人的思想的政治教育,它采取的手段主要以柔性为主。思想政治教育采取柔性教育策略的特性恰恰合于"思想教育"的规定。"思想教育"限定了思想政治教育的主渠道,展现了思想政治教育的思想、精神引导特性,区分了一般教育与思想政治教育。但"思想教育"只是对思想政治教育作了一定范围、一定程度的限定,并不意味着是其本质的体现。思想政治教育的主要特性是由"政治"一词来体现的,或者说是由思想与政治的组合"思想政治"来限定的。从教育的内容来看,凡是与政治相关的所有内容都归属于思想政治教育,但一个阶级、政党、国家、社会在对民众进行思想政治教育的过程中,"政治思想"的教育却是最主要的。因此,"政治思想教育"就成为思想政治教育的主要内容,但不是全部。

总之,"思想政治教育"一词的组成不是简单的词语排列,而是由"思想"、"政治"、"教育"及其相关组合词有机结合而形成的一种新的教育活动与学科。在思想政治教育的组成中,教育是途径,思想是根基,政治是统帅,是方向。"思想政治教育"就是关于"思想政治"的教育,而不是其他。这样,从话语分析的角度来看,思想政治教育的特殊性主要表现在从阶级、国家角度来讲,它主要进行的是政治教化,目的在于强化意识形态的影响与控制,而从人的角度来讲,则主要是对人的精神引导,实现思想的改造。具体来说:一是思想政治教育直指向人的思想问题,这一思想问题不是人的一般性的思想问题,而是一个人如何与所在阶级、国家、社会主流保持思想一致的问题。二是思想政治教育所关心与强调的是人的政治意识、政治觉悟、政治倾向性问题。这一问题的解决不能依靠强制力来完成,而是需要通过教育这一特殊手段,并且它所关心的不是一时的态度改变,而是持久的思想的改造。三是思想政治教育不同于一般知识教育之处在于它不仅要传授知识,还要传播思想,更要实现思想的改变;它不同于思想教育之处在于,它解决的不是所有思想问题,而是与政治紧密相关的思想问题;它不同于政治教育之处在于,它不仅要有高度的政治性,还要融政治教育于日常生活之中,达到"随风潜入夜,润物细无声"的境界。

## 三、政治维护与思想建构:思想政治教育的实践特性

关于事物的本质,列宁指出,人的思想由现象到本质,由所谓初级本质到二级本质,不断深化,以至无穷。……不但现象是短暂的、运动的、流逝的、只是被约定的界限所划分的,而且事物的本质也是如此。① 上述历史起源、运动发展、概念组成方面所反映的思想政治教育特性,只是对思想政治教育本质的初级、浅层认识,思想政治教育是否一直持有上述特性,这些特性是否能反映思想政治教育的本性,尚需要在教育实践中得以验证。

如前所述,在阶级、国家、社会、个人政治需要的影响下,思想政治教育得以产生并迅速发展起来,进而伴随社会的发展和国家体制的完善,融入日益完善的阶级统治与社会治理之中。在实践中,虽然在不同的阶级、不同的国家那里,思想政治教育有着不同的样式,人们对思想政治教育的认识也各不相同,但在各样的不同表征背后却有着诸多共性,这些共性更多的表现为对思想政治教育的理性认识与理念概括。从中我们可见思想政治教育的三个特性,即思想政治教育是实现或维护阶级统治的工具;思想政治教育在维护阶级利益的同时,对社会的稳定与发展也起到了积极推动作用;思想政治教育对阶级、国家、社会利益的维护又最终归于人,为人的发展服务是其目的。也就是说,无论在实践中以什么样的形式展现,无论是对政治思想、政治价值观念的灌输与教育,还是对社会和谐与稳定的维护,以及对人的精神引导与促进人的发展,思想政治教育都表现出了强烈的政治性,展现出了政治维护的功能。这是因为对于统治阶级、社会群体、个人来说,都会赞同亚里士多德所言,"保全政体诸方法中,最重大的一端还是按照政体(宪法)的精神实施公民教育。"② "邦国如果忽视教育,

---

① 《列宁全集》第55卷,人民出版社1990年版,第213页。
② [古希腊]亚里士多德:《政治学》,吴寿彭译,商务印书馆1965年版,第275页。

其政制必将毁损。一个城邦应常常教导公民们使能适应本邦的政治体系（即其生活方式）。"① 不仅如此，这种政治维护又是通过对受众精神、思想的影响即引导受众进行思想与精神的建构来完成的，而这一切又都合于人的政治社会化的发展需求，从政治、道德方面推动着人的健康发展。对此，我们可以从两个方面加以认识：

一方面，按照社会存在决定社会意识的原理，思想政治教育属于做意识形态方面的工作，它是社会经济基础的反映，它传播的是由经济基础决定的上层建筑的内容。也正是从这个意义上讲，思想政治教育具有维护阶级统治的特征，它是一个阶级实施意识形态控制力的重要手段。这一工具性具有浓厚的政治性，我们称之为政治维护。这一政治维护不单单是对统治阶级政治利益的维护，也包括对国家政治职能、社会公共权力、社会政治文化、人的政治利益的维护，同时还涉及国家的稳定、社会秩序的维持、人的全面发展的实现等方面。从一般意义上讲，思想政治教育所维护的"政治"是指，"其一，最高意义上的政治，即国家政治、政党政治、阶级政治、民族政治"；"其二，统治意义上的政治，表明它在政治体系中的地位，是指统治阶级的政治"；"其三，文化意义上的政治，这是指社会意识形态，是指政治思想，而不是指政治实体"②；其四，活动意义上的政治，即指人们按照一定要求从事一定政治活动，实现自己的政治利益；其五，关系意义上的政治，即指人与人、人与阶级、人与国家、人与社会之间及其相互间的政治关系。政治维护性使思想政治教育获得阶级的支持与社会的肯定。反过来讲，正因为阶级的支持与社会的肯定，思想政治教育的政治维护性才表现得极为明显；也正因为思想政治教育具有政治维护这一特性，世界各国不管坚持何种社会制度与意识形态，都不约而同地加大了思想政治教育的力度。

另一方面，认识到思想政治教育的政治维护性，并不意味着就完全揭示了其本质，因为政治教育，甚至一般性教育在阶级社会中都带有政治性，具有政治利益维护之效能。而要找到思想政治教育最基础的东西，则必须分清

---

① ［古希腊］亚里士多德：《政治学》，吴寿彭译，商务印书馆1965年版，第406页。
② 孙其昂：《政治性：思想政治教育的内容本质》，载《南京社会科学》，2006年第3期。

它与其他教育活动的质的区别。与一般教育相比，思想政治教育的确也实现着对人的知识教育与社会生活引导，关注人的发展问题，但它对人的精神世界的关照更为强烈，它关注更多的是人的思想巩固或转换问题，直指向人的精神世界，实现对人的精神与价值引导，使思想在人的意识中获得生命力。也就是说，在一个稳定的社会中，思想政治教育所发挥的是一种文化性的功能，它着重从思想上把握人，从而弥补了刚性制度在社会建设方面的不足，以其深入人心的柔性教化与关怀来滋润人的精神世界。这就形成了思想政治教育的另一特性：思想建构。这一思想建构，不仅仅是通过教育让人们获取政治知识，认知政治文化，提升思想认识水平，更主要的是引导人们进行选择与接受，促使人们实现思想的内化。"在辩证哲理看来，人才的政治方向不是与生俱来的，而是通过后天学习，通过思想政治教育和在实践中培养出来的。这一过程就是人的内化和人的政治社会化的过程，人们通过思想政治教育把思想、政治观点、政治信念等传播给人，人将它内化为内心信念，形成与社会相适应的思想、政治观点、政治态度、政治品德、政治信念，从而确立人的思想政治方向。"[①] 思想政治教育固然要将人类的价值观念、政治思想等精神方面的内容传递下去，但它更关心的是人的思想接受问题，即如何让受众接受其所传输之思想，并吸收内化为自身，实现自身精神的成长。换句话说，它"要发展的并不是生理与心理的东西，而是人的精神，通过它对精神的建构，而把心理和生理的东西'带'出来，……最重要的是'引出'受教育者的精神来，因为精神是人的价值和力量的表现"[②]。

  由此，思想政治教育通过政治思想的灌输实现意识形态控制力，满足了阶级统治的需要，通过制度约束、文化价值规范来协调人与人的关系，化解社会矛盾，规避社会风险，促进了社会的发展，通过昭示价值、理想，揭示生活的意义，引导人们思考自身、发展自身，推动了人的发展。思想政治教育对于阶级、政党、国家、社会的价值与意义，决定了思想政治教育的社会地位与发展的社会支持度，是其存在与发展的外在约束与支撑；思想政治教

---

  [①] 仓道来：《思想政治教育学》，北京大学出版社 2004 年版，第 55 页。
  [②] 金生鈜：《理解与教育：走向哲学解释学的教育哲学导论》，教育科学出版社 1997 年版，第 113 页。

育对人的需要的满足,是其存在与发展的内在制约与动力。总之,政治维护与思想建构都是思想政治教育的本性,虽然有时可能会因条件、任务的变化二者表现出不同的强势,但相对而言,政治维护具有工具性,思想建构具有目的性,两者的有机统一共同形成了思想政治教育的整体与本质。

(此文载于《学校党建与思想教育》2013 年第 1 期)

# 思想政治理论课在大学生思想政治教育中的功能分析

## ——以"中国近现代史纲要"为例

王红霞*

**摘　要**：高校思想政治理论课承担着对大学生进行系统的马克思主义理论教育的任务，也是对大学生进行思想政治教育的主渠道。"中国近现代史纲要"课程作为一门以史学知识为基础的思想政治理论课，其在大学生思想政治教育中的功能问题应当成为当前高校思想政治教育工作者普遍关注和潜心探索的一个重要课题。按学科设置目的及课程自身性质来看，"中国近现代史纲要"兼有思想政治理论课程和历史课程的特性，在教学过程中必须紧紧把握这个特点，特别是要突出其思想政治理论课的功能。

高校思想政治理论课承担着对大学生进行系统的马克思主义理论教育的任务，也是对大学生进行思想政治教育的主渠道。"思政课"在引导大学生坚定对马克思主义的信仰、对中国特色社会主义的信念，增强对改革开放和社会主义现代化建设的信心以及对中国共产党和人民政府的信任都发挥着十分重要的作用。而其中"中国近现代史纲要"课程则承担着更加特殊的任务："中国近现代史纲要"主要讲授中国近代以来抵御外来侵略、争取民族独立、推翻反动统治、实现人民解放的历史，能够帮助大学生了解国史、国情，从

---

\* 王红霞，聊城大学马克思主义学院讲师，法学硕士学位，研究方向为马克思主义中国化和中国近现代史基本问题。

而深刻领会历史和人民是怎样和为什么选择了马克思主义的指导,选择了中国共产党的领导,选择了社会主义的发展道路。

## 一、可以帮助大学生全面掌握中国近现代历史发展的过程,正确认识国情,辩证分析矛盾,正确认识问题和解决问题

学习"中国近现代史纲要",有助于高校大学生了解近代中国和现代的国史和国情。今天的中国是历史的中国的发展,要使明天的中国比今天的中国发展得更快、更强、更好,不但要懂得中国的今天,还要懂得中国的昨天和前天。作为当今的大学生,特别要从中国昨天那充满血泪与战火、反抗与斗争、侵略与压迫的历史中,去寻找促进历史向前发展的客观规律,去吸取付出高昂代价所换来的血的教训。中国过去近180年的历史,给我们留下了沉痛而深刻的教训,腐败就会自我断送,落后就要挨打:1840年以后,中国封建社会逐步变成了半殖民地半封建社会。统治中国的清王朝,从皇帝到权贵,大都昏庸愚昧,不了解世界大势,不懂得御敌之策。许多官员贪污腐化,克扣军饷。不少将帅贪生怕死,临阵脱逃。他们大多害怕拥有坚船利炮的外国侵略者,甚至为了自身的私利,不惜出卖国家和民族的利益。他们尤其害怕人民群众,担心人民群众动员起来以后可能危及自身的统治。所以,他们不仅不敢放手发动和依靠人民群众的力量,而且常常压制与破坏人民群众和爱国官兵的反侵略斗争。在这样腐败的政府领导和指挥下的战争,怎么可能不失败?而国家综合实力特别是经济技术和作战能力的落后则导致近代的中国屡遭侵略、长期挨打。

1999年的"五八事件"(1999年科索沃战争期间发生的中华人民共和国驻南斯拉夫联盟共和国大使馆被北约军机轰炸)也从侧面给我们敲响了警钟。这个教训告诉我们,要自立自强于世界民族之林,就要在坚持我们先进的社会制度的前提下,一方面要遏制腐败行为,从严治党治政,不让腐败行为侵蚀我们的灵魂,以保持队伍的纯洁,增强党的战斗力;另一方面,还要集中精力发展社会生产力,改变长期以来我国在经济发展和科学技术上的落后状态,尽快缩短我国与世界先进国家科技水平的差距,避免历史的悲剧重演。

## 二、可以使大学生深刻了解国史,激发其爱国热情,增强其民族自尊心、自信心和自豪感

学习了"中国近现代史纲要",才能了解到正是外国资本帝国主义对中国的入侵给中华民族和中国人民带来了深重的苦难和灾难,从而激发学生的爱国主义情感;了解了中国近现代的历史,才会懂得近代中国必须首先推翻半殖民地半封建的社会制度,争取到民族独立和人民解放,才能够集中精力为进行现代化建设开辟道路,从而充分认识近代以来中国进行革命的必要性、正义性和进步性;学习了中国近现代的历史,才能使学生自觉地继承和发扬近代以来中国人民的爱国主义思想、革命传统、民族精神和时代精神,从而增强他们的民族自尊心、自信心和自豪感。

通过学习"中国近现代史纲要",我们会看到,中华民族是有着爱国主义传统的伟大民族,鸦片战争后,这一优良传统得到了最充分的发挥。从外国侵略者踏上中国土地的那一天起,中国人民就从没有停止过反抗斗争。从林则徐的"虎门销烟"、关天培的壮烈殉国、左宗棠的收复新疆、冯子才七旬上阵取得镇南关大捷到杨靖宇的东北抗日、方振武的毁家纾难、佟麟阁的以死报国和张自忠的壮烈捐躯,无不是动人心魄、感人肺腑的爱国主义壮丽诗篇的充分彰显;从三元里人民的抗英斗争、太平天国农民运动转战大半个中国威震京津,到义和团的"扶清灭洋"、台湾人民的反日斗争,无不是爱国主义优良传统的最佳体现。因此"近代中国人民包括统治阶级中的爱国人物在反侵略斗争中表现出来的爱国主义精神,铸成了中华民族的民族魂。正是由于中国人民前仆后继、英勇顽强的斗争,才使我们的国家和民族历尽劫难、屡遭侵略而不亡。那些不畏强暴、赴汤蹈火、血战疆场、宁死不屈的民族英雄,乃是中华民族的脊梁"[①]。

通过对中国近现代历史的学习,可以激发学生的民族自豪感和爱国主义思想。我们伟大的祖国有着光辉灿烂的悠久历史,是世界四大文明古国之一,曾经很长的时间走在世界各国的前列。中华民族以高超的智慧和能力,创造

---

[①] 《中国近现代史纲要》,高等教育出版社2010年版,第32页。

了光辉灿烂的古代文明，对世界科学和文化的发展作出了卓越的贡献，至今仍然是我们中华民族的骄傲。通过大量史料的讲授，可以促进学生在祖国优秀的文化宝库中不断汲取营养、陶冶情操，进而体验中华民族的伟大创造力及其对整个人类的卓越贡献，同时感受作为一个中国人的自豪。我们能够坚信，在半殖民地半封建的落后的社会形态下，中华民族顽强地生存下来并且取得了民族的独立和人民的解放。在今天，虽然我们的祖国生产力还不发达，科学技术还比较落后，我国还将在很长的一段时间内处于社会主义初级阶段，但是因为我们有了先进的指导思想——马克思主义的指导，有了先进的执政党——中国共产党的领导，有了先进的社会制度——社会主义制度，有了坚贞不屈的中国人民的顽强拼搏和艰苦奋斗，我们的祖国一定能够跨进世界先进国家的行列，也一定能够最终实现中华民族的伟大复兴。

### 三、可以帮助大学生增强对四项基本原则的认识，提高执行党的方针政策的自觉性，从而自觉拥护中国共产党的领导

邓小平反复讲：历史告诉我们，中国走资本主义道路不行，中国除了社会主义道路没有别的道路可走。"青年人不了解这些历史，我们要用历史教育青年，教育人民"。他一贯主张，"评价人物和历史，都要提倡全面的科学的观点，防止片面性和感情用事，这才符合马克思主义，也才符合全国人民的利益和愿望"。他明确地提出，总结历史是为了开辟未来。他强调，"每个党、每个国家都有自己的历史，只有采取客观的实事求是的态度来分析和总结，才有好处"。他指导起草的党的第二个历史问题决议，正是以全面的科学的观点评价人物和历史的一个范例。

四项基本原则是立国之本，改革开放是强国之路，是通过对中国近现代历史经验的总结而得出的唯一正确的结论。近代以来中国的先进分子和人民群众为救亡图存进行了艰苦卓绝的探索，但是通过对中国近现代历史的学习，我们会发现在领导阶级上，无论是地主阶级的"洋务自救"运动，农民阶级试图推翻清政府的腐朽统治、建立理想社会的太平天国运动，还是资产阶级改良派的维新变法运动以及资产阶级革命派为了建立民主平等的资产阶级共

和国所作的努力，都没能完成救亡图存的历史任务，都没有改变旧中国半殖民地半封建的社会性质。在政权建设上，无论是外国侵略势力在背后操纵中国政权，还是本国封建帝王的专制制度，都没有也不可能真正给人民以平等的权利，只有坚持人民民主专政，才能真正让人民当家做主。在指导思想上，无论是太平天国农民运动提出的天朝田亩制度，还是资产阶级革命派提出的"三民主义"，都不可能指导中国革命真正取得胜利，只有马克思列宁主义才真正是中国革命的指南。在发展道路上，正是地主阶级的恪守祖制、闭关锁国使中国逐渐落后，农民阶级进行的反抗斗争并没有改变贫困状况，而资产阶级的引进、西化也未能使中国由弱转强。只有在中国共产党领导下的以坚持四项基本原则为基础的改革开放，才是真正的强国之路。

因此，正是历史的发展呼唤新的阶级的领导和新的指导思想的指导，要求旧民主主义革命必须让位于新民主主义革命，资产阶级共和国必须让位于人民共和国，要求资产阶级的领导让位于无产阶级的领导，资本主义民主思想让位于马克思列宁主义。这样会使我们充分认识到是历史和人民选择了马克思主义，选择了中国共产党的领导，并带领中国人民实现了民族独立和人民的解放，所以我们应该更自觉地接受马克思主义的指导，自觉拥护中国共产党的领导，更加坚定地坚持社会主义发展道路、坚持人民民主专政的国家政权、坚持中国共产党的领导、坚持马列主义、毛泽东思想的指导。

## 四、可以帮助大学生更加坚定走中国特色社会主义道路的信念

重视历史的学习与研究，注意总结和汲取历史经验是中国共产党的一个优良传统。1996 年 6 月 21 日，江泽民在纪念中国共产党成立 75 周年座谈会上的讲话中就曾着重谈过学史的问题。他指出："以史为鉴，可以知兴替，今天的中国是历史的中国的发展，作为当代中国的领导干部，如果不了解中国的历史，特别是中国近代史、现代史和我们党的历史，就不可能认识和把握中国社会发展的客观规律，继承和发扬我们党在长期斗争中形成的光荣传统，也就不能胜任领导建设有中国特色社会主义的职责。"

中国革命、建设和改革开放的历史证明，只有中国共产党的领导和社会

主义制度才能救中国，只有中国特色社会主义和改革开放才能发展中国。学习了中国近现代的历史，既可以使大学生了解中国共产党人奋斗的历史，又可以使学生看到中国未来发展的光明前途。可以使学生认识到，只有中国共产党以马克思主义为指导思想，把共产主义作为最终奋斗目标，把推翻"三座大山"、建立社会主义新中国作为新民主主义革命的共同理想，才最终建立了社会主义的新中国。新中国成立后，中国共产党又带领全国人民探索什么是社会主义、怎样建设社会主义的伟大理论问题，为实现中华民族的第二大历史任务——国家的繁荣富强和人民的共同富裕而努力奋斗。

改革开放以来，我们党终于找到了建设中国特色社会主义的正确道路。中国特色社会主义道路，就是在中国共产党的领导下，立足基本国情，以经济建设为中心，坚持四项基本原则，坚持改革开放，解放和发展社会生产力，巩固和完善社会主义制度，建设社会主义市场经济、社会主义民主政治、社会主义先进文化、社会主义和谐社会，建设富强民主文明和谐的社会主义现代化国家。正是在中国特色社会主义共同理想的激励下，走中国特色社会主义道路，我国经济始终保持持续快速健康发展的良好势头。经济社会的基础设施建设突飞猛进地发展，国家发展经济和抵御各种风险的物质技术基础大大增强。我国人民生活水平也实现了由贫困到温饱、由温饱到总体小康的历史性跨越。这些都充分证明，只有中国特色社会主义才能发展中国，才能实现中华民族的伟大复兴。通过对这些历史的学习，使大学生充分认识到中国选择社会主义道路的必要性和正确性，牢固确立只有社会主义才能救中国，只有中国特色社会主义才能发展中国的信念，从而更加坚定走中国特色社会主义道路的信心和信念。

（此文载于《学校党建与思想教育》2013 年第 3 期）

# 新媒体环境下青少年道德理性的养成

华 敏*

**摘 要**：新媒体的传播在一定程度上有利于青少年个性自由的发展和主体意识的培养，但新媒体环境下多元价值观的碰撞也对青少年的道德成长尤其是道德理性的养成带来了巨大的冲击。因此，应注重新媒体环境下青少年的道德理性养成教育，以道德认识的引导为源头，明确其道德选择的价值取向，重点培养其道德选择的能力，使之能应对不同的道德情境。充分利用新媒体传播中的有益因素，推动新媒体成为青少年道德成长与发展的有效平台和有益载体。

新媒体是基于计算机网络和数字技术而发展起来的传播形态和媒体形态，以博客、播客、微博、网络论坛、E-mail 等为代表的互联网传播和以手机短信为代表的移动终端传播具有虚拟性、即时性、交互性、开放性和信息海量性等特点。青少年思维活跃，易接受新事物，新媒体传播极大地改变了青少年的生活方式、行为习惯和思维方式，也严峻地拷问着青少年思想道德教育的方式及其效果，对青少年的道德成长尤其是道德理性的养成带来了强力的冲击。鉴于此，我们必须合理引导青少年对新媒体信息的鉴别、选择和使用，强化道德理性的养成教育，让新媒体传播中的有益成分成为促进青少年道德成长的有效载体。

---

\* 华敏（1977— ），女，山东聊城人，聊城大学马克思主义学院副教授，研究方向为思想政治教育理论与实践。

## 一、道德理性的内涵及其作用

理性是一种权衡和选择的能力,道德理性作为人类理性的重要组成部分,是道德主体基于自身的道德认识和道德价值观对道德问题的思考、判断、选择并对象化为现实的能力。道德理性不仅是对现有道德知识体系的学习和接受,更是对现有人类道德价值观的理性思考与批判。道德理性决定着个体道德水平的高低,标志着个体在社会领域中的成熟度。

道德理性之于人类社会发展和个人道德成长都有推动和引导的作用。理性是建构社会秩序的基础动力,从社会发展角度来讲,个体道德理性的稳定是保证社会秩序稳定的主要力量。个体基于对道德的理性认识和逻辑判断,通过对自身道德行为和对社会的理性思考及批判而形成个体道德理性。个体道德理性和社会道德理性是同步发展的,以个体的道德理性成长为基础再汇集成集体的、社会的道德理性,在此过程中,推动了平等、自由、民主、正义等核心价值观的发展,最终会推动人类社会的整体进步。从个体道德发展角度来讲,道德理性是个体选择道德行为的决定因素。"个体的道德行为是对个体道德理性的直接反映和投射"①。道德理性作为个体道德自我教育、自我改造与自我提升的重要主体性因素,可以通过道德理性的思考和判断获得新的道德知识,甚至可以重新修正自身的道德价值观,可以说道德理性是个体道德最重要的自我建构因素,决定着个体道德行为的选择。

新媒体环境是社会道德环境中的微环境,其发展致使青少年面临的道德情境日趋复杂,尤其对青少年个体道德理性的有效教养和有效培育,是机遇与挑战并存。因此,必须合理引导青少年对新媒体的选择使用和能动控制,使其主动自觉地接受道德理性的导引,强化道德理性的养成教育,这应该是现代社会进行道德教育的核心性问题。

---

① 冉亚辉:《论个体道德理性及其价值》,载《中国德育》,2009年第5期。

## 二、明确的道德价值取向是新媒体环境下青少年道德理性培育的基点

"人的道德行为不是人的本能性的适应活动，它必须以一定道德认识为基础"①。道德理性主要作用于道德主体的道德认识过程，作为道德认识起点的道德价值原则应该具有明确的价值导向性，我国各类学校道德教育所倡导的基本价值准则集中反映了社会的主流道德价值观念。但在虚拟的新媒体环境下，不同的文化、价值观和思想倾向以各种形式在网络上散播、渗透，由于新媒体传播的信息内容缺乏自觉的思想道德主导性，容易导致青少年道德价值取向的迷失。

一方面，鱼龙混杂的新媒体信息削弱和降低了青少年的道德判断能力，导致价值取向紊乱。在青少年价值观教育中，传统官方媒体和学校教育者的教育权威正在被日益消解。通过网络，青少年接触到各种各样的价值观念、生活方式和社会思潮，包括一些庸俗化和自由化的价值理念，其价值观与我国社会主导价值观的要求存在较大差异。网络中的虚幻意识造成了虚拟世界和现实世界的反差，虚拟与现实虽有关联，但毕竟差异甚大，这种差异也造成了青少年在价值目标选择上的互相干扰。这些都会导致青少年道德判断力的降低，价值观念在新媒体的冲击下变得飘忽不定和逐渐模糊。内心原本建立起来的社会本位价值开始动摇，个体开始对自身价值观念产生了质疑，以至于在社会道德生活中并存着双重甚至是多元的价值标准，最终将导致青少年道德选择的困惑和价值取向的紊乱。

另一方面，新媒体环境下青少年的道德价值取向个人主义和功利化取向凸显。新媒体的互动、开放性激活了青少年的主体意识，使他们产生了强烈的自我表现欲望。他们可以随心所欲地从网上索取所需，在主动、积极、放松状态下自由获取信息，打破了权威的限制，这使他们的主体性得以充分发挥，自我价值得以体现，但同时又导致他们个体意识膨胀，自由意识增强，个人主义价值取向凸显。再者，由于新媒体传播中过度强化市场经济的交换

---

① 鲁洁、王逢贤：《德育新论》，江苏教育出版社2000版，第94页。

原则、利益激励、竞争等机制，加之现实生活中呈现的种种"道德贬值而金钱升值"的社会现象，一定程度上助长了青少年浮躁、功利、利己的心理和思想，价值取向功利化日趋明显。

因此，明确的道德价值取向是道德理性培育的基点。新媒体环境下，对青少年的道德价值取向必须予以引导，应遵循以下几点：

第一，明确道德价值取向的层次性。道德价值体系中的第一层次，必须是体现人与社会、群体发生关系时的道德行为和思想，称之为社会取向。主要包括两个方面：一是社会生活所必需的最起码的公共生活准则，如爱国守法、尊重人的价值和尊严等；二是评判人与环境、人与群体关系的道德规范，如保护环境、办事公道、和谐文明等。道德价值体系中的第二层次是涉及个人需要和利益时所体现的道德标准，即以什么态度对待个人道德价值，称之为个人取向。层次之分说明，作为一个社会人无论是在现实情境还是在虚拟情境中，都应该把社会价值取向放在个人价值取向之前，而不应在虚拟世界之中颠倒混淆。

第二，坚定我国社会主导道德价值导向。不同社会在每个时代都有占主导地位的道德价值和规范。当今中国，基本的道德价值规范就是社会主义核心价值体系。青少年由于心智发展的不成熟和不稳定性，面对新媒体传播中西方意识形态和多元价值观的冲击时容易迷失方向，务必为青少年树立起社会主义核心价值观的"标杆"，这是对青少年进行道德教育不可动摇的大方向。坚持社会主导道德价值导向的同时，也允许多种价值观念存在，尊重他人不同的价值选择和追求。

第三，利用新媒体主导社会舆论，渗透主导性的道德价值。新媒体传播是舆论形成和发展的一大推手，我们要主动借助其优势，利用好新媒体这个平台。特别是要利用网络的力量大力宣传社会主义核心价值观，掌握网络思想理论的话语权和主导权，发挥它传播主导道德价值观念的承载作用。积极协调推进主流网站建设，稳固网络主阵地的同时，还要拓宽宣传渠道，微博、博客、播客、拍客等丰富多彩的载体平台同样发挥着舆论传播器的作用。但是，必须要建设和完善新媒体的监控体系，严格把关，摒除不良信息的肆意流通，才能传递道德正能量，主导性的道德价值观念才会植入青少年的内心。

## 三、道德选择是新媒体环境下青少年道德理性培育的关键

道德选择是指道德主体以道德价值取向为指导,在各种道德冲突中作出的自觉选择,是形成道德理性的关键因素。它既是道德主体态度倾向的表达,又是对道德现象、道德行为真伪的判断和选择。道德选择的最终指向是善,在纷繁芜杂的新媒体环境中要注重培养青少年道德选择的意识和能力,促使其择善而行应对不同的道德情境。

由于新媒体环境的开放、隐匿而又缺乏外在的有力监管而出现的道德失范现象正是青少年道德选择能力缺失的突出表现。新媒体的最大特点就是它的隐匿性,在进行网际交往和信息传递时都可以给自己戴上各种面具,不受传统道德规范的约束,这就为青少年的道德失范行为提供了可乘之机。例如,青少年隐匿真实身份随意谩骂和攻击他人、浏览不良网站、虚拟交往欺骗他人;更为严重的还有违法和犯罪行为,如匿名传播谣言、剽窃他人成果、入侵他人计算机、窥探他人隐私等违法行为,利用网络实施诈骗、盗窃等青少年犯罪行为等。对于自控能力和责任感比较弱的青少年来讲,在现实世界与虚拟世界的冲突中,在向善的道德选择上很容易偏离正确轨道。

道德选择能力是道德理性养成的核心要素,新媒体环境下青少年道德选择能力的培养应从以下几方面入手:

第一,给予青少年道德选择的自由。传统道德教育一直沿袭了灌输式的道德教育,却较少关注青少年的道德接受意愿和道德选择的自由。他们从小到大的各种选择很多都是由家长或老师替他们做出的,既然这种选择不是青少年自主决定的,也就消解和弱化了其承担道德责任的基础,最终可能造就出的是缺乏社会责任感的人。给予青少年道德选择的自由,即让他们按照自己的意愿独立自主地在各种客观可能性中去决定采取什么行动,这就是伦理道德上所讲的自由。究其实质,自由其实就是选择的自由,自由是培养青少年道德选择能力的基础,是其承担道德责任的内在根据。当然,"自由不是任性。你想干什么就干什么,恰恰就是奴隶,是不自由的表现——是做了自己

动物性的情绪、欲望,以及社会性的偏见、习俗的奴隶"①。

第二,培养青少年的批判性思维。"批判性思维恰是中国学生所缺乏的",这是国外众多媒体对我国学生的点评。我们传统的道德教育强调对既定道德规范和价值观的传承和接受,所使用的方法是说教、榜样、说服、限制性鼓励等。然而"把那些预定好的东西兜售、强加给别人,不仅不能产生思想,而且会扼杀了德性的发展,因为它们缺乏人性所需要的自由探索、审慎思考和理性的观念"②。青少年面对网络社会中多元道德价值观的并存与冲突,必须以批判的态度,通透的眼光审视各种道德和价值观,根据所处的文化背景来作出自己的选择。

第三,加强青少年的媒介素养教育,提高信息鉴别能力。媒介素养是人们面对媒介的各种信息的选择能力、理解能力、质疑能力、评估能力、思辨性应变能力以及创造和制作媒介信息能力。在媒介的选择判断上,青少年对媒介的表征和建构功能缺乏足够的判断和警惕,容易受到一些不良信息的影响,从而造成价值取向的迷惘,甚至与主导价值取向背道而驰。因此,有必要通过媒介素养教育使青少年对媒体信息建立起独立的批判精神,提高他们利用有效信息的能力和抵御信息污染的能力,使其在有限的时间内接收到更多、更新、更有价值的信息,达到学习知识、陶冶情操、培养美德的目的。

第四,塑造健全的网络道德人格,培养青少年网络自律精神。青少年由于心智发展不成熟、人格不健全,很容易导致对网络等多媒体应用的迷恋。从外部教育来讲,学校教育者和社会心理工作者必须转变传统的心理教育观念和模式,应当给青少年网民提供服务和引导,而不是提供说教或灌输。要以青少年的身心健全发展为本,以心理健康为中心,促进"网络人"的人格现代化。要切实重视和充分运用信息网络技术,组建高度集约、水平高的心理健康教育网的互联和资源共享,促进网上与网下的心理健康教育的衔接、沟通,建构起全方位的现代心理教育模式。从内部的自我教育来讲,要重视青少年的道德自律。网络道德自律就是指青少年对自己的道德责任有发自内

---

① 李泽厚:《美学四讲》,天津社会科学院出版社2002年版,第438页。
② 薛文平:《网络德育的回归:从服从与灌输到自主与选择》,载《现代教育科学》,2004年第10期。

心的认同,从而将外在的道德准则转化为内在的道德意识,在虚拟环境中按照现实道德要求来约束自己。这其实就是一个理性判断、选择的过程。因此,健康、健全的网络道德人格和自律精神的培养,有助于青少年正确认识网络世界和现实世界的差距,能在发生心理冲突时作出合理的判断与选择,并采取应对策略。

## 四、结语

新媒体传播的影响力日趋扩大,青少年是使用新媒体的主要群体之一,但由于其心智发展的不成熟和不稳定,直接导致对新媒体传播中的失范传播和价值冲突缺乏理性判断的能力,对诱惑性的思想、观念和行为缺乏冷静的自控力。因此,必须加强青少年对新媒体使用的行为指导并提高其对媒介信息的鉴别能力,形成健康的网络道德人格,引导青少年主动自觉地接受道德理性的导引。同时强烈呼吁社会有关部门加强对新媒体传播的监管力度,推动新媒体传播成为青少年个性道德成长发展的有益载体和有效平台。

(此文载于《思想理论教育》2013年第18期)

图书在版编目(CIP)数据

国际共运史与社会主义研究辑刊. 2014年卷 / 程玉海，张祥云，秦正为主编. —北京：中央编译出版社，2014.7
ISBN 978-7-5117-2225-6

Ⅰ. ①国… Ⅱ. ①程… ②张… ③秦… Ⅲ. ①国际共产主义运动史-文集 ②社会主义-文集 Ⅳ. ① D1-53 ② D091.6-53

中国版本图书馆 CIP 数据核字(2014)第 145287 号

## 国际共运史与社会主义研究辑刊

出 版 人：刘明清
出版统筹：董 巍
责任编辑：王丽芳
责任印制：尹 珺
出版发行：中央编译出版社
地　　址：北京西城区车公庄大街乙5号鸿儒大厦B座(100044)
电　　话：(010)52612345(总编室)　　(010)52612349(编辑室)
　　　　　(010)52612316(发行部)　　(010)52612317(网络销售)
　　　　　(010)52612346(馆配部)　　(010)66509618(读者服务部)
传　　真：(010)66515838
经　　销：全国新华书店
印　　刷：北京京华虎彩印刷有限公司
开　　本：787毫米×1092毫米　1/16
字　　数：289千字
印　　张：18.75
版　　次：2014年7月第1版第1次印刷
定　　价：80.00元

网　　址：www.cctphome.com　　邮　　箱：cctp@cctphome.com
新浪微博：@中央编译出版社　　　　微　　信：中央编译出版社(ID: cctphome)
淘宝店铺：中央编译出版社直销店(http://shop108367160.taobao.com)

本社常年法律顾问：北京市吴栾赵阎律师事务所律师　闫军　梁勤
凡有印装质量问题，本社负责调换，电话：(010)66509618